KB105439

목민심서는
읽었지만

'무·배추와 사람은 산지(産地)에서는 제값을 못 받는다'고 해서
바깥세상을 한바퀴 돌며 무던히도 애를 썼다. 그리고 다시 돌아와 보니
'동네 처녀 예쁜 줄 모른다'는 말대로 언제나 쉽고 편한 대상이라고
생각했던 가족과 이웃이 소중하고 그것이 나의 중심이란 것을 뒤늦게 알게 되었다.

목민심서는 읽었지만

이상배

ChosunMedia
조선뉴스프레스

머리말

공직 50년, 고집스럽고 미련하게 외길을 걸어왔다. 아궁이 속에서 미처 타지 못한 숯덩이 하나를 세상에 내보이는듯, 잠시 부끄러움을 무릅쓰고 기록을 남긴다.

반세기동안, 다양한 역할을 맡아 묵묵히 공직의 수레를 끌어왔다. 그러나 세인의 큰 관심을 끄는 요란스런 일이나 화려한 언동은 삼가왔다. 번듯한 솟을대문 위를 부러워하며 쳐다보지 않았고, 묵묵히 내 발끝만 보고 소처럼 걸어왔다.

누가 소맷자락을 끌어도 눈길을 주지 않았다. 그렇게 살다 보니 가까운 주변을 살피는 일에 소홀히 했고, 주변 분들에게 좀 더 너그럽게 대하지 못한 점을 두고두고 후회한다.

공직생활 중에 십수 년을 정치 쪽에서 일했다고 다른 분은 나를 '정치인'으로 분류할지 모르나 나는 끝까지 '행정인'으로 남고 싶다.

정치는 잘못되더라도 행정은 잘 되어야 한다는 일념이 있기 때문이다.

공무원 한 사람, 한 사람은 정부라는 큰 엔진의 구성요소이기에 톱니바퀴가 맞물리듯 제 역할을 빈틈없이 수행해야 한다. 그래서 전문관료를 테크노크라트(Technocrat)라고도 부른다. 행정도 기술이다. 아무에게나 맡겨서는 될 일이 아니다. 특히 공직은 사명감을 가진 사람이 맡아야 한다. 그 위에 엄격한 채용과정과 고도의 교육·훈련을 받은 품성 바른 인재가 어우러져야 할 것이다.

직업 관료는 무엇보다 정직하고 경우에 밝아야 한다. 그리고 천직관과 열정을 갖추어야 한다. 공직은 남을 위해 일하는 자리이지 결코 자신을 위한 자리가 아니다. 공직자는 자기 몸을 닦는 것이 가장 먼저이고 그 다음 집안(가족)을 가지런히 하는 것이며 이후에 나라일을 하는 것이라 했다.

지금도 공직에서 땀 흘리며 국가와 민족을 위해 헌신하는 공직자들을 격려하는 뜻으로 미흡한 글을 전하고자 한다.

2019년 12월
이상배

차례

제1장
상주와 만주에서 보낸 어린 시절

제4장
제2의 공직, 국회로 가다

제5장
정부공직자윤리위원장으로 공직을 마치다

제6장
늘 하고 있는 말

부록 : 연설 속에, 생활 속에

프롤로그

별난 시대를 겪어온 세대

1945년 8월 해방과 함께 국민학교에 입학했다.

운이 좋게도 일본 제국주의 식민교육은 받지 않았다. 3학년 때 5 · 10 선거(제헌국회 구성을 위한 첫 국회의원 선거)가 있었다. 그때 우리 상주을(乙) 선거구에서는 전진한(錢鎭漢) 의원이 당선되어 초대 사회부 장관이 되었다. 5학년 때는 6 · 25 전쟁이 발발했다. 소백산맥 줄기의 우리 마을은 북한 인민군이 쳐내려오고 퇴각하는 길목이라 마을 곳곳이 온통 전쟁터였다. 그렇게 비극적일 수 없었다.

대학교 3학년 때 4 · 19 혁명이 일어났다. 동숭동 강의실을 뛰쳐나와 데모에 앞장서기도 했으며 순수한 20대의 열정으로 남북학생회담을 외친 일도 있었다. 대학 졸업반 때 5 · 16 혁명이 일어났다. 그리고 지명수배가 되기도 했다. 현대사의 고비 고비와 거대한 소용돌이속에서 나름대로 젊음을 성실하게 보냈다.

1962년 대학교를 졸업하고 내무부에서 공식을 시작했다. 산과 들, 하천과 도로, 그리고 주택까지 국토를 개조하고 국민소득을 증대시키는 일들에 앞장섰다. 일밖에 몰랐던 세대였다. '하면 된다', '우리도 한번 잘 살아보자'는 희망을 국민에게 열심히 선했다. '한강의 기적'은 그런 피와 땀에서 나왔다.

그 무렵, 김지하 시인이 그의 시 〈오적(五賊)〉에서 재벌, 국회의원, 고급공무원, 장성, 장·차관을 오적으로 표현했는데 나는 재벌과 장성 빼고는 모두 경험한 셈이다. 오적 중에 삼적을 경험한 나는 역사에 죄를 지은 것인가? 그러나 나는 공칠과삼(功七過三)이란 말을 생각한다. 나름대로 국가발전에 기여했기 때문이다.

중국의 덩샤오핑은 마오쩌둥의 홍위병을 앞세운 문화혁명을 내란(內亂)이라고 규정했다. 그러나 마오쩌둥에 대해서는 공칠과삼이라 하여 그의 공을 인정하였다. 그래서 마오쩌둥의 초상화가 지금까지 톈안먼(天安門) 앞에 걸려있지 않은가!

5천년의 가난을 물리치려 몸부림 친 세대, '일하는 해', '더 일하는 해', '밤낮 없이 쉬는 날 없이 일만 했던 세대', '먹고 사는 것을 해결할 수 있다면 어떤 고통도 감내했던 세대'였다.

그 결과 세계 열 손가락 안에 든 오늘의 대한민국을 있게 한 세대가 아닌가. 나는 허물보다는 땀 흘리며 보람을 거둔 세대라고 자부하고 싶다.

제1장

상주와 만주에서 보낸
어린 시절

용정(龍井)의
옛집을 찾아가다

    1939년(단기 4272년 · 1962년 1월 이전까지는 단기 연호를 썼다.) 10월 10일(음력 8월 28일) 경상북도 상주군 은척면 봉중리 평범한 농촌 가정에서 태어났다. 상주 시내에서 북쪽으로 20㎞ 떨어진 곳으로 문경시와 인접해 있다. 백두대간 갈령재(청화산)에서 청계산을 지나 남산, 성주봉(聖主峰), 칠봉산, 뭉우리재, 갈띠재, 작약산으로 둘러싸여 있고 성주봉 바로 뒤로는 국사봉(國師峰)이 있다.

    분지 가운데로는 낙동강 이안천의 지류가 감돌고 있는 곳이다.

    죽은 사람을 살린다는, '은'으로 된 '자'가 묻혀있다고 해서 은척(銀尺)이 되었고 경주의 '금척(金尺)'과 더불어 신라의 전설로 전해지고 있다.

    살기 좋은 곳이라 하여 우복동(牛腹洞)으로 불리기도 하며 동학 남접

(南接)의 마지막 거점(북접의 거점은 전북 정읍)으로 동학당이 잘 보존되어 있는 곳이기도 하다.

돌 무렵, 나는 부모님의 '품에 안겨' 만주로 갔나가 1945년 해방 한 달 전 7월 부모님의 '손을 잡고' 고향으로 돌아왔다. 일제 식민지 시절, 경상도 지역은 다른 지역에 비해 먹을 양식이 적어 많은 이들이 고향을 등지고 정처 없이 만주와 일본으로 떠났다. 그래서일까. 중국의 조선족과 일본의 교포 중에는 유독 경상도 사람이 많다. 우리 부모님 역시 그런 사정이 있었던 것으로 짐작이 된다.

몇 년 전 만주 용정(龍井)에 들린 김에 기억을 더듬어 코흘리개 여섯 살로 돌아가 옛 마을을 찾아보았다. 용정 부근 덕신촌(德新村)이란 지명을 기억하고 있었던 것이다. 부모님의 꽃다운 젊은 시절이 떠올랐다.

지명은 '덕신향(鄕)'으로 바뀌어 있었고 풍경은 그때의 옛 모습과 조금 닮은 것 같은데 기차역은 없어지고 거리와 집들 역시 모두 달라져 있었다. 70여년이란 세월이 지나고 다시 마주한 것이니 생소한 것은 당연했다. 우리가 살던 옛집은 찾을 수 없었지만 그때 살았던 집을 머릿속에 그려보면 방과 부엌이 같은 공간이었고 부엌은 방보다 많이 낮았다. 측간은 따로 있었고 측간 밑에 돼지를 기르고 있었다. 이웃들은 모두가 우리 동포들이었고 이웃 간에는 담이나 울타리가 없었다. 중국사람은 만두집 아저씨가 있었고 '탕후루(줄사탕)'를 사 먹던 기억이 난다.

어린 시절의 일 중에서는 고향으로 돌아오던 귀향길이 잊히지 않는다.

용정에서 서울을 거쳐 상주 함창까지 이어진 멀고도 긴 회귀(回歸)이었다. 그때 지나온 곳 중 상삼봉역(上三峰驛)을 기억한다. 그곳에서 승객들의 짐 검사가 있었다. 귀향 도중 어느 역에서 도시락을 사러 기차에서 내린 아버지의 뒤를 따르려다 몇 걸음 늦게 내려 플랫폼을 맴돌던 기억은 지금 생각해도 아찔하다.

기차가 막 출발하려는 시각, 울고 있는 아이를 본 역무원이 기차 안으로 던지다시피 해서 겨우 태워주었다. 그리고 가족들과 함께 하게 되었지만 만약 그 기차에 오르지 못했다면 어떻게 되었을까.

차창 밖 풍경도 떠오른다. 수평선이 길게 이어진 바닷가를 많이 지나왔었다. 지금 지도를 보면 상삼봉에서 회령을 지나 동해안을 끼고 청진, 함흥, 원산을 거쳤다. 내 생전에 다시 그 길을 되돌아 갈 수 없을 것 같다.

돌아온 고향 마을은 산으로 둘러싸여 일찍 해가 지는 곳이었다. 군불 때는 연기와 함께 호롱불과 관솔불이 발갛게 피어오르는 저녁 풍경을 잊을 수 없다. 앞산과 뒷산에는 산짐승 들짐승들이 많았다. 지금은 고라니 멧돼지 정도만 남았으나 그때는 늑대와 여우도 많았다. 밤에는 숨이 넘어가는 듯한 산짐승들의 울음소리가 들리고 늑대가 마을에 나타나 가축을 물어가기도 했다. 지금도 그 집은 남아 있다. 상전벽해의 얘기다. 요즘 어느 시골 집 뒷산에서 늑대가 울겠는가. 화롯불을 지피고 늑대와 여우 울음소리를 듣던 그 유년의 뜰이 꿈결같다.

집안에는 사람을 무는 해충들이 많았다. 이, 벼룩, 빈대까지 있었는데 특히 이가 많았다. 지금은 맹독성 농약으로 분류되는 D.D.T를 그땐 맨살에 뿌리고 지냈다. 겨울철에는 속옷을 뒤집어 밤새 밖에 걸어놓아 이가 얼어 죽게 했다. 이는 속옷 겨드랑이나 매듭이 있는 부분에 잘 꼬이기 때문에 나는 속옷을 늘 뒤집어 입었는데 그때 버릇이 지금껏 남아 아내에게 가끔 핀잔을 듣곤 한다.

국민학교
다닐 때

해방되던 해 9월 은척공립국민학교에 입학했다.

해방 후 첫 입학이라 서당에서 공부하던 아이들까지 모두 입학하다 보니 나이 많은 아이들도 있었고 5학년 때 결혼한 친구도 있었다. 그때는 모두가 가난하고 고된 환경 속에서 꿀벌처럼 잉잉거리며 열심히 공부하고 동무들과 어울려 잘 놀고 집안일도 많이 거들었다. 그때 국민학교 아동 수는 각 학년 2개 반, 한 반에 60명 정도니까 전교생은 700명이 넘었다. 지금은 전교생이 15명 정도라니 세상이 변해도 너무 변했다. 책과 필통, 벤또(도시락)는 보자기에 싸서 어깨나 허리에 매고 다녔다. 추운 날, 점심시간이 되면 장작을 때는 난로 위에 양철로 된 벤또를 층층이 쌓아 데워 먹기도 했다. 회충약 대용으로 운동장에 큰 솥을 걸어놓고 해인초(海人草)를 삶아 전교생이 같이 먹었던 일이 기억에 남는다. 쥐꼬리 모으기, 고철 모으기 운동도 있었다. 학교에서 토끼도 길렀는데 방학 때 토끼를 돌보는 당번은 하기 싫었다.

학교에 갔다 오면 집안일을 거들어야 했다. 소 뜯기는 일은 기본이고 소 먹이와 소꼴도 한 짐씩 해 날라야 했다. 겨울철엔 땔감으로 산에 가서 갈비(솔 낙엽), 고주박(마른 나무뿌리), 삭다구리(마른 솔가지)도 한 짐씩 해와 어머니한테 칭찬을 받기도 했다.

한 번은 동네 아이들과 같이 소 뜯기러 갔는데 소가 하도 설쳐서 코를 꿰어 나무에 매어 놓았다. 소를 쫄쫄 굶긴 셈이었다. 해질 무렵 집으로 몰고 가는데 개울을 건너면서 배가 몹시 고프고 목이 탔던지 소가 개울물을 한참동안 마시는 게 아닌가. 소의 배가 몹시 불러 보였다.

사립문에 들어서니 할머니가 "아이고, 우리 손자가 소를 배불리 뜯겼구나" 하시면서 칭찬해 주신 일이 기억난다. 그렇지만 소한테는 참 미안한 일이었다.

어린 시절 지게를 지고 산길을 오르내리면서 지게 작대기의 소중함을 알게 되었다. 지게 작대기는 보잘것없는 나무 막대에 불과하지만, 이것이 없으면 짐을 지고 일어설 수 없고 세울 수도 없으며 균형을 잡고 걸을 수도 없다. 어쩌면 어린 시절 의지했던 작대기가 내 삶의 한 부분을 지금껏 지탱하고 있는지 모른다.

나는 지금도 모교 은척국민학교의 교훈을 기억하고 있다. 그 교훈은 팔순의 가슴에도 순정처럼 새겨져 있다. '사람다운 사람이 되자.'

어린이 놀이 속에도
나라가 있었다

'인생은 놀이의 연속'이란 말이 있듯이 장난감도, 에버랜드도 없던 시절, 그 시절에도 놀이는 참 많았다.

뜨락에선 때기치기(딱지치기), 공기놀이, 마당에선 자치기, 구슬치기, 비석치기, 비 온 뒤엔 못치기(못꽂기), 겨울엔 팽이치기, 썰매타기, 연날리기를 했다. 그물로 참새를 잡았고 냇가에서 미역도 감았으며 친구들과 물장난을 치며 고기를 잡았다. 학교에 갔다 오다 밀서리, 콩서리를 하고 서로 입에 묻은 검불을 보며 깔깔대기도 했다. 술래잡기, 굴렁쇠 굴리기, 병정놀이, 나물뜯기, 메뚜기 잡기 등을 하며 늘 등 뒤에 흙과 검불을 달고 살았다.

어느 겨울철 아들이 추울까봐 어머니께서 솜을 넣어 지어주신 바지를 입고 방천 위에서 친구들과 함께 잔디를 태우고 끄면서 놀다가 바지를 손바닥만큼 태우고 돌아와 어머니께 야단맞은 일이 생각난다.

　어릴 때 놀이습관 가운데 지금까지 남아있는 것이 하나 있다. 시골길을 가다가 길섶 밭가에서 자라는 들깻잎을 보면 한 잎 따서 왼손 엄지와 검지 사이에 올려놓고 가운데를 약간 누른 다음 오른손 바닥으로 탁치면 "빵~"하고 소리가 난다. 지금도 고향 가는 길에서 가끔 그 들깻잎놀이를 해 본다.

　어린이들이 고무줄놀이를 하면서 '원숭이 엉덩이'부터 '백두산'까지 꼬리에 꼬리를 문 노래가 이어졌다. 그리고 바로 다음에 '대한의 노래'를 이어 불렀다.

　백두산 뻗어내려 반도 삼천리
　무궁화 이 강산에 역사 반만년
　대대로 이어 사는 우리 삼천만
　복 되도다 그 이름 대한이라네

　6·25 전쟁이 일어나기 전 그때 학교 밖에서는 이런 경구가 노래처럼 흘러 다녔다.
　"미국사람 믿지 말고
　소련에 속지 마라.
　일본사람 일어선다.
　조선사람 조심해라."
　여기에 중국이 빠진 것은 당시 국공(國共) 간 내전 중이어서 빠진 것 같다는 이야기를 훗날 들었다.

또 이런 경구도 따라 불렀다.

"단기 4283년이 되면 38선이 이사 간다."

4283년은 서기 1950년, 그러니까 6·25 전쟁이 일어난 해다.

'4283'이라는 숫자를 뒤에서부터 읽으면 '3824'가 된다. '38선이 이사를 간다'는 뜻이 된다.

전쟁이 일어나기 전에 이런 말이 나돌아 우리는 무슨 뜻인지 모르고 떠들며 놀았다. 전쟁이 난 뒤 38선은 휴전선으로 정말 이사를 갔다. 기이한 일이다.

자연 속에서 넘은
보릿고개

어머니가 저녁 때 국수를 만드신다. 홍두깨로 밀가루 반죽을 널찍하게 밀고 접어서 칼로 자르신다. 나는 코를 훌쩍이며 어머니 앞에 앉는다. 그리고 칼질하는 어머니 손등을 열심히 살핀다. 마지막 남은 '국수 꼬랭이'는 내 차지니까.

그런데 어머니의 칼질은 멈추지 않으신다. 한 가닥이라도 더 만들어 식구 수 대로 한 그릇 가득 담아내려는 것이다. 아쉽지만 어쩔 수 없다. 국수는 나물과 수북이 섞여서 나오기 마련이다. 나에게 돌아올 '꼬랭이'는 조금밖에 없다.

쇠죽솥 아궁이 불에 구운 '국수 꼬랭이'가 그렇게 맛있을 수가 없었다. 기름을 짜낸 콩깻묵 덩어리도 물에 불려서 끓여 먹었다. 원조물자로 들어온 분유를 샘물에 타서 먹고 설사를 하기도 했다. 그때는 먹을 것이 없던 시절이었다.

그래도 새싹이 돋는 봄이 되면 먹을거리가 많았다. 산에 올라가 참꽃(진달래)을 따 먹고 잔대뿌리 칡뿌리 캐서 먹고, 찔레순 꺾어 먹고, 송구(소나무 속 껍질) 벗겨 먹고, 들녘으로 나가서는 냉이 씀바귀 뜯고, 아카시아 꽃 피면 주린 배를 한껏 채웠다. 마을 앞 개울에서 송사리 피라미를 잡고 돌 밑에 엎드려 있는 새우 가재를 잡아 호박잎에 싸서 아궁이 불에 구워 먹었다.

나의 어린 시절은 봄이 좋았다. 배부르도록 먹을 게 많아서….

초근목피(草根木皮)의 보릿고개는 그렇게 넘어갔다.

다행히도 우리 고장은 전국 제일의 양잠(누에를 치는 일) 지역이었고 곶감을 많이 생산하는 지역이라 밭에는 뽕나무와 감나무가 많았다. 오디를 실컷 따 먹을 수 있었고 번데기도 많이 먹었다. 떨어지는 감꽃에서 푸른감을 거쳐 홍시, 곶감까지 모두 먹을 수 있었다. 푸른 감은 삭혀서 먹었다.

그때는 그렇게 놀면서도 학교 공부도 열심히 했다. 부모님, 선생님 말씀을 잘 듣고 잘 따랐다. 나는 국민학교 1학년부터 고등학교 3학년까지 성적표 12장을 지금껏 가지고 있는데 이것은 어머님께서 아들을 기특하게 생각하시며 차곡차곡 모아두신 덕택이다. 가끔 빛바랜 성적표를 볼 때마다, 내 성적표를 보시던 부모님의 얼굴이 떠오른다. "공부 그만하고 자거라"는 말씀만 하셨지 "공부해라" 하는 말씀을 하신 적이 없었다.

내가 잘 때까지 부모님은 주무시지 않고 무슨 일이든 하시면서 나에게 정성을 쏟으시고 지켜봐 주셨다.

5학년 때
6·25 전쟁이 일어났다

6·25 때 내가 살던 곳은 백두대간이 지나는 소백산맥 자락으로 새재, 속리산, 추풍령으로 이어지는 6·25 전쟁의 격전지였다. 그때 나는 국민학교 5학년이었다. 전쟁이 일어나기 두 달 전인 1950년 4월, 군에 가 있던 친척 형님이 휴가를 나왔다. 군복 입은 모습이 근사하게 보였다. 나는 형님의 군모를 써보기도 하고 거수경례하는 법도 배웠다.

그때 형님 계급은 갈매기 셋에 작대기가 하나. 일등중사였다. 늠름한 그 모습이 좋아서 형님에게 응석을 부렸던 기억이 난다. 그런데 두 달 후 끔찍한 전쟁이 터질 줄 누가 알았겠는가. 전쟁 이후 형님의 모습은 다시 볼 수 없었다.

대한민국이 건국될 당시 국민 생활은 말이 아니었다. 산이 많고 논밭이 적은 산골은 사정이 더했다. 집안 사정이 어려워 국방경비대에 자원입대한 젊은이가 많았다. 친척 형님도 집안이 넉넉하지 못해 국방경비대에 들어가 군 복무를 하던 중이었다. 그들 중에는 경상도 출신이 다른 지역보다 많았다고 하는데, 이는 먹고 살기가 그만큼 어려웠기 때문일 것이다.

내가 살던 마을에서는 전쟁이 발발하고 얼마 후 인민군과 국군, 미군(유엔군)의 쫓고 쫓기는 전투가 상당 기간 지속되었다. 서로가 일진일퇴 하는 격전지가 되었다. 하루는 국군, 다음날은 인민군, 그 다음날은 미군, 또 그 다음날은 인민군이 총을 겨누며 마을의 골목과 집들을 훑고 지나갔다. 마을 앞산과 뒷산 능선에서 아군과 적군의 전투가 계속 되었고 서로가 서로에게 총부리를 겨누었다. 그때 마을 사람들에게 가장 무서웠던 것은 '쌩~' 하며 날아오는 포탄 소리와 인민군 따발총 소리였고, 가장 놀라웠던 것은 생전 처음 본 미군 흑인병사였다.

특히 집에서 멀지 않은 곳에서 벌어졌던 화령장(化寧場) 전투와 함창(咸昌) 전투는 한국전쟁사에서 치열했던 큰 전투로 기록되고 있다. 인민군이 마을을 차지했을 때 그들은 밥을 내놓으라고 했고, 닭도 마구 잡아먹었다. 아낙네들은 무서워 숨어버렸기에 인민군 심부름을 마을 청년들이 할 수밖에 없었다. 그런데 인민군이 떠나면서 청년들에게 무슨 증표 같은 것을 한 장씩 주었다. 청년들은 무심코 주머니에 넣었는데 다음 날 국군이 마을로 들어왔다.

국군이 마을 청년들을 검문하다가 주머니 속에 든 증표를 발견했다. 그들은 그 길로 붙잡혀가 외진 곳에서 죽었다. 지금도 몇 집이 같은 날 제사를 지낸다. 죽느냐 사느냐 하는 전투의 와중에서 일어난 무고한 희생은 인민군에 의해서도, 국군에 의해서도 발생 되었다. 참으로 비극적인 일이었다. 세월이 흘렀으나 전쟁의 깊은 상흔이 우리에게 한(恨)이 되어 아직도 아물지 않고 있다.

전투가 치열할 때는 총탄이 사방에서 날아왔다. 포탄이 집 마당에 떨어져 소가 죽었고 이웃 아주머니는 피투성이가 되었다. 길가 무논(水畓) 바닥에 죽어 엎어져 있는 인민군 분대장과 마을 앞 시냇가에 죽어있는 미군 병사의 모습도 보았다.

이런 일도 있었다. 미군들이 탱크를 몰고 냇가를 따라 올라오고 있었는데 산 위에서 인민군이 박격포를 쏘아댔다. 탱크가 불타고 미처 몸을 피하지 못했던 미군들은 총탄에 맞아 쓰러졌다. 전쟁이 끝난 뒤 불탄 그 탱크 위에서 나는 또래 친구들과 어울려 마냥 즐겁게 전쟁놀이를 했다.

6·25 당시 우리집은 아버지, 어머니, 나 그리고 아홉 살, 다섯 살 된 누이동생까지 모두 다섯 식구였다. 할아버지와 할머니도 모시고 살았는데 6·25가 일어나기 두어 해 전에 돌아가셨다. 우리집 식구들은 낙동강까지 피란 갔다가 사흘 만에 되돌아왔다. 마을에서 몇 집만 계속해서 피란을 갔고 대부분의 마을 사람들은 죽어도 고향 땅에서 죽겠다며 피란 도중에 되돌아왔다. 마을 사람들은 후미진 곳에 파놓은 방공호 속에서 비행기 폭격과 대포 공격을 피하면서 두렵고 무덥던 그해 여름을 버텨야 했다. 인민군 치하에서 두세 달을 그렇게 보냈던 것이다.

그때 다니던 국민학교는 인민학교로 바뀌었고, 그 학교에서 "장백산 줄기줄기… 압록강 굽이굽이" 하는 노래를 가르쳤다. 면사무소는 하루아침에 인민위원회가 되어 보도연맹에 간여하던 사람들이 위원회 일을 맡아보는 것 같았다. 경찰지서는 치안대가 접수하고, 완장을 찬 사람들이 왔다 갔다 하는 것을 보았다. 마을 어귀에는 "때는 왔다 나가자 의용군으로"라는 표어가 나붙었다.

어느 날 어른들 사이에서 인천상륙작전이 성공해 국군이 온다는 이야기가 돌았다. 통신수단이라고는 전혀 없던 시절에도 소문은 잘 돌았다. '서울 소식은 시골가서 들어라'는 말이 있지만 얼마 후 인민군의 패퇴(敗退)가 시작되었다. 퇴각하던 그들은 처내려올 때와 마찬가지로 우리 마을을 지나갔다. 그들은 대오를 지어 가기도 하고, 몇 명씩 무리 지어 가기도 했다. 마을 사람들에게 먹을거리를 달라고 했다.

인민군이 물러가고 국군과 경찰이 들어온 후에도 인민군 잔당들이 지리산과 소백산맥 곳곳에 남아 주민들을 괴롭혔다. 공비 토벌작전이 오랫동안 이어졌다. 낮에는 경찰, 밤에는 공비들이 설치는 마을도 있었다. 그 와중에 불쌍한 이웃들만 억울하게 희생되었다.

국군과 유엔군은 포항, 안강, 영천, 칠곡, 낙동강 전투에서 대구 이남지역을 지키기 위해 얼마나 치열한 전투를 했는지 모른다. 인천상륙작전으로 전세는 역전되고 국군과 유엔군이 북상했는데 얼마 후 중공군의 대규모 인해전술로 1·4 후퇴가 시작되었다. 국군과 유엔군이 잘 막아내어 이번에는 우리 마을까지 중공군이 내려오지 않았다. 밀고 밀리는 전투가 계속 되다가 1953년 7월 휴전(정전)이 되고, 휴전선이 만들어졌다. 휴전이 되기 전, 우리 정부는 휴전을 반대했었다. 전국의 학생들에게 휴전 반대 리본을 달게 했다. 그때 나는 중학교 2학년이었다.

기차 통학을 하던 학생들이 기차 안에서 군인들을 만나 야단을 맞기도 했다. 그 군인들은 생사를 넘나들며 3년간 싸웠으니 전쟁에 몸서리가 났을 것이고 휴전을 빨리하고 싶었을 것이다.

당시 전투상황을 잘 표현한 모윤숙 시인의 〈국군은 죽어서 말한다〉가 많이 읽혔고 유호 작사, 박시춘 작곡의 〈전우야 잘 자라〉가 널리 불렸다.

전우의 시체를 넘고 넘어 앞으로 앞으로
낙동강아 잘 있거라. 우리는 전진한다.
원한이야 피에 맺힌 적군을 무찌르고서
꽃잎처럼 사라져간 전우야 잘 자라.

우리 국군의 희생 위에 오늘의 대한민국이 있다는 사실을 모든 국민이 가슴 깊이 새겨야 한다. 지난날 땀 흘리고 피 흘린 분들이 오늘의 우리를 지키고 지탱해준 것이다.

휴전 후에도 매년 6월 25일이 되면 6·25 기념식을 하고 〈6·25 노래〉를 불렀다. 박두진 작사, 김동진 작곡의 이 노래는 아쉽게도 지금은 들을 수 없게 되었다. 6·25 전쟁을 치른 후 남북관계는 지금도 휴전·정전 상태다.

북쪽은 지금까지 남조선 적화통일이라는 입장을 고수하고 있다. 우리만 느슨하게 변해 자꾸 "평화, 평화"만을 외치니 나는 걱정이 앞선다. 북쪽이 하자는 대로 따라가 본들 저쪽의 계산은 늘 이쪽 마음 같지 않았던 것이 우리의 역사다.

우리의 남북관계를 동서독에 비유하는 사람들이 많다. 그러나 동서독 간에는 6·25와 같은 처절한 전쟁이 없었다. 그러기에 독일은 통일을 쉽게 이룰 수 있었다. 우리와는 사정이 전혀 다르다. 우리에게는 서로간에 원한과 적개심이 쌓여 있다. 1950년에 발발한 6·25 전쟁은 아직도 끝나지 않았다. 끝내도 될 전쟁인데 지금까지 이어지고 있다.

그때를 생각하며 국민학교 때 배운 〈6·25 노래〉를 읊어본다.

아 아 잊으랴 어찌 우리 이 날을.
조국을 원수들이 짓밟아 오던 날을.
맨주먹 붉은 피로 원수를 막아내어
발을 굴러 땅을 치며 의분에 떤 날을.
후렴 : 이제야 갚으리 그날의 원수를.
쫓기는 적의 무리 쫓고 또 쫓아
원수의 하나까지 쳐서 무찔러
이제야 빛내리 이 나라 이 겨레.

그런데 언제부턴가 '신(新) 6·25의 노래'란 것이 생겨났다. 그 노래에는 1절에서 남침 이야기가 빠지고 '민족 간의 싸움'이라 했고, 2절에서는 6·25의 책임이 외세에 있다고 했다. 역사를 왜곡하려는 친북행태가 여러 분야에서 나타나고 있다.

6·25 전쟁 중에 남북한이 모두 국토 통일의 기회를 가졌었다. 남쪽은 국군과 유엔군이 압록강까지 반격했는데, 30만명에 달하는 중공군이 인해전술로 쳐들어와 1·4 후퇴까지 하게 되었다. 북쪽은 대구와 부산지역만 남

겼는데 맥아더 유엔군사령관의 인천상륙작전으로 패퇴하게 되었다.

통일의 기회를 놓친 것을 두고 남쪽은 중공군 탓임을 기억해야 하는데 잊어버린 지 오래다. 북쪽은 아직도 맥아더 사령관 탓을 한다. 매년 9월 28일 무렵이면 연례행사처럼 맥아더 동상에 불을 지르고 넘어뜨리려 한다. 최근에는 지방의회까지 나서서 야단들이다.

나는 6·25 전쟁 기간에 유엔군으로 참전하여 우리나라를 도와준 16개국을 잊지 못한다. 생전 처음 보는 미군 병사들, 쌕쌕이와 폭격기, 70년 가까이가 흘렀으나 그때 기억은 지금도 생생하다. 당시 참전해 우리를 도와준 나라는 전사자가 많은 순으로 미국, 영국, 터키, 오스트레일리아, 캐나다, 프랑스, 그리스, 콜롬비아, 태국, 에티오피아, 네덜란드, 필리핀, 벨기에, 남아프리카공화국, 뉴질랜드, 룩셈부르크 등 16개국이다.

그밖에 의무지원으로 6개국, 물자지원으로 32개국이 우리를 도와주었다. 그들이 없었다면 오늘의 대한민국은 존재할 수 없었을 것이다. 참전국 군인 가운데 6·25 전쟁 기간에 전사자가 5만7933명, 부상이 48만1155명, 실종이 1047명, 포로가 5773명이다. 특히 미군 장성들의 아들 중 142명이나 참전해 35명이 목숨을 잃거나 부상을 당했으며 당시 미 8군 사령관 밴 플리트 대장의 외아들도 전투기를 몰고 북한 영공으로 들어갔다가 돌아오지 못했다. 국회에서 해외 파병, 유엔군 파병을 놓고 찬반 의견이 맞설 때, 나는 6·25 참전국들을 생각했다.

아버지의 열정과
나의 최선

나의 아버지는 정직하셨다. 엄격하셨다. 부지런하셨다.

나의 아버지는 자식이 잘하지 않으면 안 되도록 만드신 분이셨다.

나의 아버지는 일생을 지역 발전에 바치신 분이셨다.

나는 엄한 아버지와 자애로운 어머니 밑에서 자랐다. 아버지는 3대 독자였던 나에게 결코 소소한 잔정을 보여주지 않으시며 나를 강인하게 키워주셨다.

방학 때 서울에서 고향집에 내려가면 가장 먼저 아버지가 일하시는 논밭으로 찾아갔다. 오래 떨어져 지낸 외아들에 대한 반가움이 크셨을 테지만 당신은 하시던 일을 멈추지 않으셨다. 논둑 인사를 올리는 내 모습을 잠시 일별하시곤 다시 하시던 일을 묵묵히 하셨다. 나는 논밭에 들어가 아버지

일을 거들 수밖에 없었다. 다른 아버지 같으면 "먼 길 오느라 고생했다"거나 "가서 쉬어라"는 말씀을 하셨겠지만, 아버지는, 내 아버지는 달랐다. 내가 신발을 벗고 바지를 둥둥 걷고서 논밭에 들어간 뒤에야 이렇게 말씀하시는 것이었다.

"그래, 공부는 잘 하고 있느냐. 집에 오면 아비가 하는 일을 거드는 것도 네가 할 도리이다."

그리고 집으로 돌아오면 다시 큰절을 올려야 했다.

그 후 내가 공무원이 되어 차를 타고 고향집 앞까지 갔다가 아버지에게 몹시 꾸중을 들은 일이 있다.

첫아들을 낳고 아내와 처음 내려간 길이었다. 인사를 마치자마자 꾸지람이 떨어졌다.

"당장 차를 동네 밖으로 빼도록 해라. 동네 어른들이 널 어떻게 보겠느냐… 청렴과 겸손이 관리의 본래 모습인데 고향집 앞까지 차를 타고 오는 것은 좋지 않다."

물론 그때는 지금과 달리 차가 거의 없던 시절이었다. 이후 고향집을 찾을 때는 동구 밖에 차를 세워놓고 걸어가는 것이 습관이 되었다. 차에서 내려 마을 분들과 인사를 나누면서 집까지 걸어갔다. 사실 비포장 길을 달리면 뿌옇게 이는 먼지를 마을 분들이 덮어쓸 수밖에 없다. 차를 타고 가다가도 아는 어른들이 보이면 차에서 내려 인사를 드렸다. 또 행선지가 비슷하면 태워 드리곤 했다. 이 모두가 아버지의 가르침에서 비롯된 것이다.

아버지는 늘 "사람은 정직해야 한다. 남의 눈 밖에 나서는 안 된다" 또는 "공부든 일이든 정성을 쏟아야 한다. 적당히 하거나 대충대충 하는 것은 결코 안 된다"는 말씀을 힘주어 하셨다.

또 아버지께서는 "남에게 손을 벌리거나 궁색한 티를 내서는 안 된다"는 점을 강조하셨다. 내가 공직에 첫발을 내디딜 때부터 군수, 시장을 거쳐 내무부 자연보호담당 부국장이 됐을 때까지 아버지는 손수 농사지으신 쌀과 고추, 마늘 같은 것을 보내셨고 매달 돈 4만원을 부치셨다. 남에게 틈을 보이지 말라는 뜻이 담긴 것으로 받아들였지만 한편으로는 참으로 죄송스러운 일이었다. 군수·시장까지 지냈는데 계속 부모님께 부담을 드렸으니….

또 마지막 임종을 앞두시고는 하나밖에 없는 며느리인 내 아내를 불러 오래 간직하셨던 통장을 내놓으셨다.

"이건 네가 두 아들을 낳아 기르는 동안 그 아이들이 대학에 들어가면 학자금에 보태도록 마련한 것이다. 아이들 교육만은 제대로 시키거라."

임종 때까지 손자들의 교육문제를 챙기신 아버지의 부정(父情)을 나는 결코 흉내 낼 수 없을 것이다.

내가 국민학교 4학년이 되었을 때 아버지는 자식 공부시키겠다고 장터에다 가게를 차리시고 장날이면 읍내까지 오십 리 길을 자전거로 다니셨다. 자전거 뒤에 당신의 키보다 더 높이 짐(상품)을 싣고 다니셨다. 비포장 오십 리 길을 다니시니 자전거 바퀴가 돌멩이에 부딪히면 짐이 휘청거리기 일쑤였다. 시냇물을 건너야 했고 도로를 가로지르는 논물길도 지나야 했으며 높은 재를 몇 고개나 넘어야 했다. 특히 경사가 심한 갈령재를 넘으실 때는 그 무거운 짐자전거를 온 힘을 다해 끌어 올리셔야 했던 아버지…. 짐이 많으면 하루에 두 번씩도 다니셨다. 왕복 이백 리 길이 아닌가. 그 모습을 떠올리면 깜짝깜짝 놀라고 가슴이 아려온다.

자신을 희생하시고 자식의 장래를 위해 차린 가게는 여러 가지 생활용품을 파는 잡화점이었다.

나는 내가 맡은 일, 그것이 공부든 행정이든 정치든 아버지처럼 온 힘을 다하고 정성을 다 쏟을 수밖에 없었다. 아버지가 갈령재를 오르시던 그때의 마음을 헤아리면서….

가끔 들리는 고향집, 부모님의 사진 앞에서 "저, 왔습니다.", "다녀오겠습니다." 마치 지금도 살아계신 듯이 인사를 올린다.

차를 타고가다 선산 앞을 지날 때면 "다녀오겠습니다", "오늘도 잘 하겠습니다" 하고 마음속으로 되뇌인다. 출필고(出必告) 반필명(返必命)을 계속하고 있는 셈이다.

부모님의 선산이 모두들 명당이라고 해서 나에게 큰 위안이 되고 있다. 두 아들이 살아가는 모습을 보면서, 나의 아버지와 두 아들의 아버지가 비교될까봐 걱정된다.

은척(銀尺)면민들의 정성으로 세워진 아버지의 송덕비 비문이다.

이암우(李巖雨) 송덕비

동재(東齋) 李巖雨 공(公)은 경주인으로 시조 알평(謁平)의 원대손(遠代孫) 거명(居明)의 38세손이며 승문교검(承文校檢) 세촌공(細村公) 문좌(文佐)의 17세손으로 조고(祖考)는 규행(圭行)이고 고(考)는 종순(鍾順)으로 1914년 음 12월 29일 상주군 은척면 봉중리에서 출생하여 1984년 음 1월 19일 고향에서 타계했다.

공(公)의 성품은 청렴강직하고 평소에 근검절약하여 농촌의 빈곤을 극복하는

데 주민의 모범이 되어 존경받았으며 지역사회 개발의 선구자로서 사재를 희사하여 1962년 3월에는 상주 은척 황령간 도로를 확장 보수하고 그해 7월에는 면민들의 오랜 숙원이던 상수에서 은척까지 버스기 운행되도록 하여 그 당시 주민들의 교통 불편을 해결하는 데 앞장섰으며,

이듬해인 1963년 은척 시장의 중흥을 위하여 장소 선정과 부지 확보에 물심양면으로 기여한 바 있으며 1971년 9월에는 면내의 10개 이동조합을 통합하여 은척단위농업협동조합을 설립하고 초대 조합장이 되었다.

농사기술 보급을 위한 농촌지도소 지소 유치와 노인복지 시설 확충에 힘썼으며 교육에 대한 열망과 각별한 노력으로 은척중·상업고등학교 설립을 추진함으로써 위민공덕(爲民功德)의 명성이 자자했으며 고명한 인격과 높은 경륜으로 농민운동의 선도자로서 지역사회의 봉사자로서 공의 덕(德)은 실로 이곳 주민들에게 끼친 은혜가 지대하므로 크게 감동하여 그 공덕을 후세에 전하고자,

여기 속리산 정기를 받은 재혈난(裁穴難)에 칠봉산을 바라보는 을좌(乙坐)로 음택(陰宅)짓고 천고의 서운(瑞雲)이 감도는 청정 명당, 공의 묘소 앞에 이 지역 주민들의 정성을 모아 비(碑)를 세우노니 공은 유택에서 범어리 들판을 끼고 도는 호적천(虎積川) 물소리를 들으면서 영면(永眠)하겠지만 공이 남기신 은덕은 우리들 향토민의 가슴속에 길이길이 살아남아 귀감이 될 것이다

1987년 8월 16일

어머니의 정성과
나의 다짐

나의 어머님(金福禮, 慶州金氏)은 헌신밖에 모르신 분이셨다.

자신을 위해서는 단 한 가지도 챙기지 않으시면서 남편과 자식을 위해 평생을 바치신 분이시다. 아버지께서 워낙 엄하셨기에 어머니께서는 늘 참고 사셨다. 조용하고 부지런하시며 남편의 그림자, 자식의 버팀목 같은 분이셨다. 스스로를 내세우신 적이 없으셨다. 그러나 자식인 나에게는 끝없는 바다의 물결처럼 언제나 찰랑찰랑 가없는 사랑을 베풀어 주셨다.

고등학교와 대학교에 다닐 때 방학이 되어 고향집에 내려가 보면, 어머니는 늘 치성을 드리셨다. 마당 한쪽에 차린 소반 위에 흰 사발 정화수(井華水)를 올려놓고 그냥 비는 것이었다. "신령님께 비옵니다. 우리 아들 잘되게 해주십시오" 하고 들릴락 말락 하는 목소리로 두 손을 모으셨다. 그것이야말로 순수한 어머니의 정성이고 자식에 대한 그리움의 표현이었을 것이다. 지금 생각해 보면 중학교 이후 늘 집을 떠나 외지에서 공부한 3대 독자 외아들에 대한 어머니의 그리움이 얼마나 깊을까.

공무원이 되어서도 늘 외직으로 떠돌거나 서울에 머물러 고향을 떠나 있을 수밖에 없었던 점이 어머니께 한없이 죄스럽고 또 안타까움으로 남아있다.

중학교 때는 집을 떠나 상수 읍내에 있는 상주중학교를 다녔다. 부득이 자취방을 얻어야 했다. 월요일 새벽에 집을 나서 토요일 오후에 집으로 돌아왔다. 집에서 학교까지 거리는 오십 리 길. 집으로 가는 발걸음은 떨 듯이 가벼웠으나 다시 학교로 돌아가는 발걸음은 몹시도 무거웠다.

군이 월요일 새벽에 집을 나서는 것은 하루라도 더 부모님 곁에 있고 싶었고 일요일 저녁 자취방에서 혼자 있는 게 싫었기 때문이다. 월요일 새벽에 집을 나설 때는 부모님께서 십 리 밖 '소고개재' 마루 성황당까지 데려다 주셨다. '소고개재'는 경사가 급하고 꼬불꼬불 열두 굽이 고갯길을 넘어야 했다. 산마루에 닿으면 먼동이 트거나 날이 밝기 시작했다. "이제 됐다. 내려 가거라" 하시면 인사를 드리고 "어머니도 빨리 내려가요" 하고 뛰어가곤 했다. 몇 굽이를 지나 고개를 돌리면 어머니는 아직도 그 자리에 그냥 서 계셨다. 나는 큰 소리로 "빨리 내려가요" 하면서 외쳤다. 그러면 어머니는 모습을 감추셨다. 그러나 고갯길을 다 내려와 뒤를 돌아보면 어머니는 여전히 잿마루에 서 계셨다. 손을 흔드시면서….

어느 추운 겨울 새벽, 어머니는 나를 바래다주고 집으로 가는 길에 내(川)를 건너시다 살얼음이 낀 돌다리에 미끄러져 그만 냇물에 풍덩 빠지셨다. 물에 젖은 치마가 이내 얼어붙었다. 걸음을 걸을 때마다 얼음 부딪히는 소리가 날 수밖에 없었다.

동네 앞을 지날 때 우물가에서 마주친 아낙네들이 어머니 머리 뒤로 "자식 공부 요란하게 시키네" 하며 비웃는 소리를 들었을 때 좀 부끄럽기도 했지만 내심 '자식 잘되게 하겠다'고 마음을 다지셨다고 한다.

이 말씀을 들은 자식이 어찌 공부를 소홀히 할 수 있었겠는가. 잘하지 않을 수 있었겠는가.

어머니는 머리가 좋으신 분이셨다. 대가족이 한 울타리 속에서 같이 살던 그 시절에 어머니는 큰 오라버니의 맏아들과 거의 비슷한 시기에 태어나 대접을 제대로 받지 못하고 자라셨다. 그러나 조카가 공부하는 것을 어깨 너머로 보고 조카만큼 공부한 셈이 되었다. 나는 국민학교에 입학할 무렵 천자문의 반쯤은 어머니한테 배웠다.

어머니의 좋은 머리 유전자를 나는 고스란히 이어받았다고 생각한다. 어머니는 평범하셨지만 나에게는 많은 교훈을 남기신 분이시다. 남의 집에 갈 때는 빈손으로 가지 말라는 가르침이라든가, 내 집에 찾아온 손님을 빈손으로 돌려보내지 말라는 소박하지만 넉넉한 가르침은 지금 생각해도 훌륭한 교훈이다.

나는 감히 어머니를 '바다'라고 부르고 싶다. 바다의 물 만큼이나 넓은 정으로 나를 평생 적셔주셨다. 또 어머니는 '산그늘' 같은 깊은 사랑과 눈에 넣어도 아프지 않을 정(情)으로 나를 감싸 주셨다.

요즘 젊은 엄마들은 일을 한다고, 일을 해야 한다고 자식을 낳기도, 키우기도 어렵다고 한다. 그리고 하나 낳은 자식에게 온갖 정성을 쏟지만, 그 시절 못이 박힌 두 손으로 정화수 떠놓고 끝없이 기원하시던 내 어머니와 비교할 수 있겠는가. 어머니가 더욱 그리워진다.

눈물 밖에 드릴 게
없습니다

토요일 오후 수업이 끝나면 점심은 없이 바로 오십 리길 고향집으로 달려간다. 산을 네 개 넘고 내를 다섯 번 건넌다.

남적재, 이시내재, 비지재, 소고개재를 넘고 이시내, 중소내, 하흘내 두 번, 요라이내까지 건너는데 꼬불꼬불 산길도 달려 넘고, 배가 고프면 냇가에 엎드려 꿀꺽꿀꺽 물배를 채운다.

아들한테 줄 먹거리를 있는 대로 마련해 놓으신 어머니. 담 너머로 눈길을 두고 기다리시다 먼 신작로 미루나무 가로수 사이로 아들 모습이 나타나면 반갑게 달려 나와 두 손 가득 책 보따리를 받아 주시던 어머니.

"얼마나 배고플까, 점심도 안 먹고…. 이것 먹어라", "아이고, 얼마나 힘들까."

일요일 하루 종일 집에서 마을에서 재미있게 보낸다.

월요일 새벽엔 네 시간을 넘게 달려 아홉 시 수업시간에 맞춘다. 수업이 시작되면 공부만 한다.

아들 잘되기 하나만을 생각하시는 부모님. 아들은 공부를 해야 한다, 훌륭한 사람이 되어야 한다. 그게 부모님의 정성에 보답하는 길이니까.

새벽 고향집을 나올 때 어머니가 싸주신 도시락을 반으로 나누어 점심과 저녁으로 때우고 양은솥에 쌀을 씻어 안치고 불을 때어 밥을 한다. 밥이 다 되면 파이 자르듯 열세줄 금을 긋는다.

화요일 아침부터 토요일 아침까지 내가 먹을 밥이다. 불을 때지 않으니 겨울에는 언밥, 여름에는 쉰밥. 그래도 소화가 다 되고 배탈이 나는 법이 없었다. 밥 짓는 일은 월요일 저녁에 한 번만 하고 나머지 시간은 공부만 한다. 매일 밥 짓는 일이 귀찮기도 하지만 시간이 아까웠다. 공부 말고는 할 일도 없었다. 토요일이면 집으로 돌아가는 낙(樂)이 전부였던 시절이었다.

20대에 군수가 되고 30대에 시장이 되고 40대에 도지사가 되었던 나는 세속적인 잣대로 보자면 고속 출세를 한 셈이지만 그 점 때문에 효도다운 효도를 해드리지 못했다. 원래 산골마을에서 질박하고 순후한 정서를 간직한 채 정다운 이웃들과 어울려 사셨던 어른들이 관리들만 드나드는 관사에 사시기는 어려운 일이었다.

물론 부모님께서도 결코 그렇게 하실 분들이 아니셨다. 아버지께서는 1984년 내가 내무부 민방위본부장 때에 세상을 뜨셨고, 어머니께서는 내가 대통령을 모시던 행정수석비서관 시절, 1990년 4월 초파일에 세상을 뜨셨다.

서울 생활이란 게 직위의 높고 낮음에 관계없이 다 그렇고 그런 삶이 아닌가. 홀로 되신 어머니를 서울로 모실 때가 떠오른다. 송파구 가락동의 한 아파트에 살 때였다. 어머니는 평생을 사셨던 고향집에 머무시기를 원하셨지만 고향 어른들 중에 더러 뒤에서 이런 말씀을 하셨던 분들이 있었던 모양이었다.

"아들이 도지사도 지내고 서울에서 그렇게 높은 자리에 올랐다는데, 왜 저 양반은 혼자 집을 지키고 있노?"

그 말은 어머니도 나도 듣기 거북한 말이었다.

이래서 나는 어머니를 서울로 모셨다. 새벽 같이 문안인사를 드리고 출근하면 자정 무렵이 되어서야 들어서는데 그때까지 어머니는 늘 주무시지 않고 나를 기다리셨다. 아내에게 "어머니가 낮에 무얼 하셨냐"고 슬그머니 물어보면 아내 역시 안타깝다는 말뿐이었다. 성냥갑 같은 서울의 아파트, 아는 사람 없고 흙냄새 한번 맡을 수 없는 시멘트 아파트, 얼마나 답답하셨을까.

낯선 노인정을 몇 번 기웃거리시더니 그곳에 정을 못 붙이시고 거실과 답답한 당신의 방을 오가시면서 말년에 얻으신 혈압과 싸우시는 게 하루의 일과셨다. 그때 어머니의 모습이 지금도 송곳처럼 나를 찌른다.

요즘 노인들은 팔순도 쉽게 넘겨 이곳저곳에서 팔순 잔치를 한다는 소리를 들으면서 나는 지금도 한없는 죄책감에 사로잡힌다. 과연 그때 어머니를 고향마을에 계시도록 하고 내가 자주 내려가는 것이 효도가 아니었던가, 처음부터 두 분을 모셨어야 옳았던가… 이 점을 아직도 곰곰이 되뇌곤 한다.

효도를 할 수 있을 때는 효도를 모르다가 효도를 할 수 없을 때가 되면 그제야 효도를 알게 되는 것일까. 어머니 얘기만 나오면 눈물이 난다. 어머니 정이 그리워서일까. 이제야 철이 들어서일까. '소고개재' 마루에서 어머니와 헤어지던 그때가 엊그제 같은데….

가수 현인이 부른 〈비 내리는 고모령〉의 한 소절이 떠오른다.

어머님의 손을 놓고 돌아설 때엔
부엉새도 울었다오, 나도 울었소.
가랑잎이 휘날리는 산마루턱을
넘어오던 그날 밤이 그리웁고나.

자식 하나 꽃피우려고 자신의 일생을 쏟아 부으신 어머니. 이제 저는 눈물밖에 드릴 게 없습니다.

제2장

소백산맥 기슭에서
한강가 서울로

대구로 가나
서울로 가나

상주중학교 졸업을 앞두고 진학할 고등학교를 정해야 했다. 그때는 전국 어느 곳이나 가고 싶은 고등학교를 선택하여 지원하고 각 고등학교에서는 학교별로 입학시험을 치러 학생을 선발했다. 아버지는 대구로 갔으면 좋겠다고 하셨다. 아마도 집안 형편 때문이었을 것이다. 담임선생님께 대구에 있는 고등학교로 진학하겠다고 했더니 안 된다고 하셨다. "우리 학교에서 매년 한두 명은 경기고등학교에 갔는데 일등을 한 네가 안 가면 안 된다"는 것이었다.

그래도 아버지 말씀을 따르려고 고집을 부렸다. 선생님은 나를 교장실로 데려가셨다.

"애가 대구로 가겠다고 고집합니다."

교장 선생님은 "그래도 네가 경기고등학교에 가야지. 우리 학교의 명예를 위해서다"라고 타이르셨다.

생각 끝에 "그럼 원서를 두 장 써주십시오"라고 말씀드렸다.

하나는 대구, 하나는 서울… 그렇게 원서 두 장을 받아 들고 상주역에서 김천행 기차를 탔다. 김천역에 도착해 역전 국밥집에서 저녁을 먹고 그 자리에서 몇 시간을 기다리니 몹시도 지루했다. 밤 12시를 넘겨 기적소리가 들렸다. 그때는 서울이나 부산에서 역마다 서는 완행열차가 초저녁에 출발해 밤 열두 시나 새벽 한 시경에 중간기착지인 김천역에 도착했다.

무조건 기차를 타고 보았다. 그 기차가 서울행이었다. 그리고 경기고등학교에 입학하게 되었다. 선택은 의지로 이루어지는 것이지만 의지와 관계없이 이루어지는 경우도 있나 보다.

입학시험을 보러 올라와 합격자 발표까지 2주일가량 서울에 머물렀는데 그때 누하동(樓下洞) 고향 선배의 하숙집에서 같이 지냈다. 그 선배는 경복고등학교에 다녔는데 나를 잘 대해 주었다. 그 후 다시 올라와 얼마간 그 집에서 하숙을 하다가 자취방을 구해 나갔다.

경기고등학교 입학시험에 합격하고 고향에 돌아와 부모님께 인사를 드리니 어머니는 그냥 좋아만 하시는데 아버지는 별말씀이 없으셨다. 서운함과 기쁨이 같이했을 것으로 짐작이 갔다.

광화문에 있었던
경기고등학교

1955년 당시 경기고등학교는 광화문 세종문화회관 자리에 있었다. (경기고등학교→우남회관→시민회관→세종문화회관) 판자로 둘러친 울타리 안에 교실이 있는 임시 판자 교사(校舍)였다. 화동에 있는 본 교사는 미군 부대가 쓰고 있었다. 내가 서울시장으로 있을 때, 영국의 찰스 왕세자와 다이애나 세자빈이 방한한 일이 있었다. 관례에 따라 시장 부부가 왕세자 부부를 환영하는 음악회를 세종문화회관에서 마련했는데 문득 까까머리 고교 시절이 떠올랐었다.

1학년 대부분과 2학년 때는 서울의 달동네에서 자취하면서 학교에 다녔다. 문화동, 공덕동, '자하문 밖' 등 여러 곳을 옮겨 다녔다. 문화동에서는 산골목을 내려와 약수동, 장충단, 을지로 6가, 시청 앞을 거쳐 광화문 학교까지 걸어 다녔다. 공덕동에서는 청파동, 만리동, 남대문, 시청 앞을 지나야 했다. '자하문 밖'에서 다닐 때는 한지(韓紙) 만드는 공장 근처에 자취방을 얻었는데 그 집은 초가집이었다. 그곳에서 학교 갈 때는 작은 고개를 넘고 다시 자하문 큰 고개를 넘어야 했다. 등하교 때 만나는 어른들이 가끔 "여기도 경기고등학교 학생이 있네" 하며 말을 걸어오기도 했다. 버스가 40분 간격으로 있었지만 걸어서 다녔다. 무더운 여름과 추운 겨울에는 몹시 힘들었다.

서울시장 시절, 주말에 달동네 70여 군데를 빠짐없이 찾아다니면서 그곳에 사는 분들의 어려움을 해결해 드리려고 애쓴 것은 아마도 고등학교 시절의 경험 때문이라 생각된다. 눈물 젖은 빵, 눈칫밥을 먹어보지 않은 사람은 어려운 사람의 마음을 읽기 어려운 것이다.

부모님은 서울로 보낸 아들이 별 탈 없이 공부를 잘해야 할 텐데… 하시며 걱정이 태산 같으셨다. 그때는 방학 때만 집에 갈 수 있었기에 부모님과 편지를 자주 주고받았다. 그 편지에는 우편환(郵便換)이 담겨 있었는데 한 달 동안 쓸 생활비와 용돈이었다. 나는 매달 생활비 사용 내역을 깨알같이 적어 답장을 드렸다. 그러면 다시 한 달 동안 쓸 돈을 부치셨다. 아마도 아들이 잘 지내는지, 생활은 어떤지 살피려는 방법으로 매달 생활비 사용내역을 받아 보신 것 같다.

경기고등학교 3학년 때는 학교와 가까운 효자동에 하숙집을 마련했다. 자취가 아니니 밥 지을 일도, 시장이나 가게에 갈 일도 없었다. 공부에 더욱 매진할 수 있었다. 1958년 대학입학 때에는 법과대학에 수석으로 입학할 것이라고 학교에서 기대를 모았었다. 나 역시 그런 기대를 가졌으나 뜻대로 되지 않고 겨우 합격만 했다. 그것도 감사한 일이었다.

4·19 데모 학생들은
순수했다

1960년 4월 19일 오전 9시가 지난 시각. 서울대 법과대학 1층 강의실, 3학년 민법 강의가 막 시작되고 있었다. 나는 수업에 아랑곳없이 오직 창밖 복도만 바라보고 있었다.

드디어 약속대로 인쇄물이 도착했다. 4·19 선언문이었다.

나는 반사적으로 튀어 나가 인쇄물 뭉치를 받아 들고 강의실로 들어와 4·19 선언문을 뿌리며 "법대! 데모 참가!"를 외쳤다. 강의실 안이 술렁이자 학생들은 강의실을 빠져나가기 시작했다. 강의하던 김증한 교수님도 "나는 오늘 이 기분으로 강의할 수 없다"며 나가시고 학생들은 대학로로 나갔다. 나는 다시 2층에 있는 도서관으로 올라갔다. 전날 고려대학교 학생들의 대규모 시위가 있었고 오늘 분위기가 심상치 않은 상황인데도 도서관에서 고

시공부를 하는 학생들은 여전했다. 그들을 보자 화가 치밀어 올랐다.

공부도 좋지만, 오늘은 그런 날이 아니지 않은가!

어디서 그런 용기가 났을까. 나는 강제로 학생들을 도서관에서 쫓아냈다.

강의실과 도서관에 있던 학생들은 수의과대학과 중앙공업연구소 사이의 큰길(지금의 대학로)에 집결하였고 거기서 스크럼을 짜고 중앙청 쪽으로 행진을 시작했다. "부정선거 다시 하라!"는 구호를 외치며 앞으로 나갔다. 시위대는 경찰 진압부대와 마주치게 되었다. 검은 정복에 정모를 쓴 경찰은 10여m쯤 앞에서 대나무 장대를 들고 학생 시위대의 행진을 막았다. 꽤나 순진한 경찰들이었다.

맨 앞줄에서 행진하던 나는 경찰관들이 내려치는 장대를 손목으로 막다가 차고 있던 손목시계가 날아가 버렸다. 바로 옆에는 이상우 선배가 있었다. 그때 앞줄 데모대의 모습이 어떻게 찍혔는지 몰라도 4·19 기념우표가 되어 나오기도 했다. 학생 데모대는 계속해서 앞으로 나가고 이를 저지하려는 경찰 대오는 힘을 쓰지 못하고 뚫리곤 했다.

학생 시위대가 행진할 때 길가 시민들이 박수를 치고 마실 물도 떠주었는데 그렇게 고마울 수가 없었다. 이것이 당시 국민의 마음이었다. 자유당 정권의 부정선거를 온 국민이 규탄하고 있었다.

원남동, 안국동, 종로를 거쳐 시위대는 국회의사당(지금의 서울시의회 건물) 앞에 이르렀다. 시내 각 대학교에서 온 학생들이 속속 합류하여 태평로 거리를 가득 메웠다. 연좌해서 외치는 구호 소리가 메아리쳤다. 이어 데모 주력부대는 광화문으로, 그리고 광화문에서 중앙청 앞으로, 중앙청 앞에서 다시 효자동 경무대(지금의 청와대) 쪽으로 진출하기 시작했다.

이때부터 시위대와 경찰 진압부대의 충돌은 치열했다. 해무청(海務廳) 앞(지금 정부종합청사 뒤 삼거리)에서부터는 전쟁터를 방불케 했다.

그때 경복궁 담 쪽으로는 큰 하수도관이 쭉 놓여있었는데 데모대는 이 하수도관을 굴리면서 앞으로 나아가고, 일부 학생들은 소방차를 빼앗아 몰기도 했다. 당시 서울대학교 문리대에 다니던 나의 하숙집 선배는 경복궁 담장 위로 올라가 몸을 날려 총을 든 진압 경찰관을 덮치기도 했다. 참 겁 없던 젊음이었다.

학생들은 계속해서 효자동 전차종점 쪽으로 밀고 갔다. 시위대의 주력부대가 당시 국민대학 앞을 얼마쯤 지났을 무렵 총성이 울리기 시작했다. 총성이 계속 나는데도 앞서 가던 시위대는 하수도관 뒤에 엎드려 앞으로 나가려 하고 일부 학생들은 진명여고쪽 길과 건물 뒤로 피신하려고 몸을 일으켜 달려나갔다. 이때 많은 학생들이 희생되었다. 길에 엎드려 있던 학생들은 총탄을 피할 수 있었다. 효자동 길은 참혹했다. 피를 흘리며 쓰러진 학생들이 늘어났다. 긴박했던 시간이 지난 뒤 총소리는 멎었고 흰 가운을 입은 의대생들과 용감한 학생들이 시신을 날랐다. 법대 앞 연건동 하숙집에 돌아오니 오후 4시를 넘고 있었다.

그날 이후 비상계엄령이 선포된 가운데 4월 25일에는 서울시내 각 대학교 교수단 시위가 있었고 4월 26일에는 마침내 이승만 대통령의 하야(下野) 발표가 나왔다. 그리고 그 다음날인가 이 대통령은 동숭동에 있는 이화장(梨花莊)으로 거처를 옮겼다.

이화장으로 가는 길은 바로 법과대학 정문 앞을 지나게 되어 있었다. 그날 법대생들은 정문 앞으로 나와 이화장으로 향하는 이 대통령에게 박수를 보냈다. 시민들도 길 양쪽에 나와 박수를 치곤했다. 이 대통령은 느리게 이동하는 차창 밖으로 손을 흔들었다.

내가 이 대통령을 가까이서 본 건 이 날이 두 번째였다. 첫 번째는 효자동 하숙집에서 화동에 있는 경기고등학교까지 등하교를 하면서 경무대 앞을 걸어 다닐 때였다. 이 대통령과 영부인 프렌체스카 여사가 애완견과 함께 길옆까지 나와 산책하는 모습을 아주 가까이서 본 적이 있다.

4·19 혁명은 그해 2월 28일 대구지역 고등학생 데모에서 시작되어 3월 15일 마산데모, 그리고 4월 19일 서울데모를 정점으로 끝이 났지만 만약 그때 이 대통령이 고집을 부렸다면 나라가 어떻게 되었을까.

나는 이 대통령이 장기 집권을 하기는 했지만 훌륭한 분이라 생각한다. 독립운동으로 광복을 맞게 하고 대한민국을 건국했으며 한반도의 공산화를 막았다. 또 일본에 맞서 평화선을 긋는 등의 일을 누가 할 수 있었겠는가. 그분은 4·19 뒤에 일이 잘못되어 가고 있음을 알고는 바로 하야한 것이다.

다만 측근들에 둘러싸여 국민의 뜻을 제대로 헤아리지 못한 것은 큰 잘못이었다. 나이 든 대통령을 측근들과 자유당이 잘못 보좌한 것이다. 어느 때나 주변의 아첨꾼들이 문제다.

대통령 하야 후에는 학생들의 현실참여가 활발했다. 서울시내 경찰들과 함께 교통정리까지 한 적이 있다.

일본 고사카(小坂) 외무상의 첫 한국 방문을 반대하기 위해 외무부 장관실로 정일형 장관을 찾아간 일도 있다. 민족통일연맹이 결성되어 "오라 남으로, 가자 북으로"를 외치며 판문점 남북학생회담을 시도하기도 했다. 남북의 대학생들이 서로 만나 막걸리를 마시며 〈아리랑〉을 부르고 통일을 논하면 잘 되지 않을까 하는 순수한 생각에서였다.

방학 때는 농촌 봉사활동을 가는 학생들이 많았다. 그러는 사이 3학년 2

학기가 되었다. 이제는 그동안 소홀히 했던 공부를 다시 해야 되겠다는 생각에 강의도 열심히 듣고 공부도 밤늦게까지 했다.

3학년 말이 되니 같은 학년에서 고등고시 합격자가 한두명 나왔다. 법과대학에 다니는 대부분의 학생들에게는 고등고시 합격이 가장 큰 목표였다. 조금씩 조바심이 나기 시작했다.

부모님께서 힘든 뒷바라지를 하시고 어머니는 손금이 다 닳도록 정화수를 떠놓고 자식 잘되기를 빌고 있는데 그분들을 실망시켜선 안 된다고, 기대에 어긋나서는 안 된다고 마음을 다잡았다. 친구들과 같이, 때로는 혼자서 두꺼운 고시과목 책들과 씨름했다. 7개 시험과목 책들을 스무 번 이상씩 읽었다.

그러다가 4학년이 되고 이제 올해가 마지막이라는 각오로 더욱 열심히 고시 공부를 하던 중 5월 16일이 되었다. 군사혁명이 일어난 것이었다.

이상한 얘기가 들리더니 4·19 혁명 이후 학생활동을 같이 하던 친구들이 용공분자가 되어 하나둘 잡혀가기 시작했다. 나도 예외는 아니었다. 다만 나는 고시공부를 하느라 절간에 있어서 바로 잡혀가는 것은 면했지만 지명수배가 되어 쫓기는 몸이 되었다. 경찰과 특무대 사람들이 2인 1조가 되어 추적하고 있었다.

가깝게 지내던 친구 집은 물론 여학생 친구 집까지 한밤중에 들이닥쳐 "이상배를 어디에다 숨겼느냐"고 다그치면서 집을 뒤지니 그 부모님들이 얼마나 놀랐겠는가. "너, 빨갱이하고 사귀었냐?"고 닦달했다고 한다. 지금 생각해도 여간 죄송한 일이 아니다.

두어 달쯤 지났을까. 이제 사회가 안정되었다고 판단한 혁명군은 어느 정도 여유를 보였다. 같이 활동했던 친구들은 몇 사람을 제외하고 대부분 풀려났다. 지명수배된 학생들도 자수하면 괜찮다고 했다.

쫓겨 다니던 나는 서울토 와시 조선호텔 앞 경남극장 근처 지하실을 찾아갔다. 그곳에 특무부대가 있었다. 지하실 입구에 들어서는데 누가 뒤에서 등을 치면서 "이상배, 너 어디 갔다 왔어?" 하고선 "따라 오라"고 했다. 얼마나 놀랐는지 지금도 그때 기억이 생생하다.

조사실 같은 곳으로 데려가더니 자술서와 서약서를 쓰라고 했다. 그리고는 한참이 지난 뒤 "가서 열심히 공부하라"면서 내보내 주었다.

이제 불안함도 없어지고 시험공부에 전념할 수 있게 되었다. 그렇지만 그해 8월 제13회 고등고시 사법과 시험은 상법 두 문제 가운데 한 문제(운송인의 책임을 논하라) 때문에 과락이 되어 떨어지고 같은 해 10월 행정과 시험에선 평균 68점의 좋은 점수로 합격할 수 있었다. 당시 고등고시는 7개 과목 평균 60점 이상, 과목당 40점 이상이 합격선이었다. 한 과목이라도 40점 미만이 있으면 합격할 수 없었다. 요즘과 달리 자격시험이었기 때문에 합격자가 많지는 않았다. 이듬해 대학 졸업과 동시에 어려운 신원조회를 거쳐 내무부에 배치되어 직업공무원이 되었다.

군 복무는 당시 병역법 42조에 따라 2대 이상 독자는 징집이 면제되었기에 다른 친구들보다 먼저 공무원이 될 수 있었다.

4·19와 5·16을 겪은 어려움 속에서도 자기희생을 할 줄 알고 나라걱정도 할 줄 알았다. 세월에 따라 생활은 달라져도 정신은 변하지 않았으면 한다. 4·19 데모학생들은 순수했다. 유공자라고 설치지 않았고 졸업 후에 정치판을 기웃거리는 일도 없었다.

기성세대와 학생들과의
간극

4·19 혁명이 있었던 그해는 연말까지 학생들의 목소리가 매우 컸다.

나는 법과대학 내에 학회 단체인 '극동문제연구회'를 만들어 극동지역에 관한 공부를 하면서 '공산당 선언'을 놓고 토론하기도 하고, 한편으로는 '기성세대와 학생 간의 통일문제 심포지엄'을 개최했었다. 기성세대 측에서는 변영태(전 국무총리), 신상초(《경향신문》 논설위원) 같은 분들이 참석하였고, 학생 측에서는 몇 개 대학 대표가 나왔다. 당시 육사 생도대장이었던 박창암(朴蒼岩) 대령의 배려로 육사 생도까지 참여했었다. 그분은 훗날 '혁명검찰부장'을 지낸 분으로 내가 존경하는 분이다.

다음은 심포지엄이 끝난 뒤 《대학신문》에 실린 나의 프로필이다.

〈극동문제연구회장 이상배 – 심포지엄을 마치고〉

조그마한 학회에서 커다란 일을 치렀다. 통일문제는 누구나 관심을 가지는 바로서 그 해결이 앞으로 두 막연한데 하나의 모색으로서 극동문제연구회에서는 거창한 심포지엄을 가졌다. 가뜩이나 궁금하던 문제를 풀어주려고 노력한 동 학회 회장 이상배 군을 소개한다.

고향은 경북 상주. 부모님과 2매(妹)는 고향에, 상주중을 톱으로 나와 곧장 경기고등학교에 입학, 졸업 시는 95점이란 우수한 성적을 얻은 수재. 취미가 독서라서 얼른 보아 '북 웜' 같으나 남 못지않은 정열파요, 행동파다. 그러기에 고시 중에도 일방 연인을 찾고 고시가 끝나자 곧 심포지엄을 주선했다.

당년 21세인 군은 투지만만한 자세로 내일을 향해 달리고 있다. 한편 이런 심포지엄을 끝마치고서 그는 다음과 같이 그의 소감을 말한다.

"조국통일 문제에 관하여 기성세대와 학생을 대립 토론케 함으로서 뚜렷한 통일방안을 모색하려는 의도에서 심포지엄 형식을 취했으나 시간관계로 그 본의를 달하지 못했음을 유감으로 생각하며, 설사 바쁘다고는 하더라도 이러한 통일문제 토론회에서까지 무성의를 들어내는 기성세대의 일면을 보았으며 결과적으로 볼 때, 기성세대 측의 견해는 통일 불가능에 가까운 것이었으며 학생측의 견해는 뚜렷한 통일방안을 제시하는 것보다도 현 정부 및 기성세대에 대한 온갖 불만의 토로였다. 본 심포지엄을 계기로 하여 앞으로 기성세대는 젊은 학생들의 주장을 받아드릴 태세를 가질 것이며 학생들은 기성세대의 경험에 바탕한 충언을 받아들여 상호조화 하여 조국통일의 길로 매진하기를 바란다."(鎭)

—《대학신문》1960년, 단기 4293년, 11월 7일자

그때 대학생들은 사회주의와 공산주의에 대한 호기심이 많았다. '공산당 선언'이 많이 읽혀지고 '볼가 강의 뱃노래'를 많이 불렀다. 성북동, 평창동, 한남동 등의 큰집 대문 앞을 지날 때는 그 집 대문 값이 보통사람의 전셋집 값보다 비싸다는 생각이 들어 미워했다. 높이 쌓은 담도 거부감을 주었다. (그때 강남지역은 개발되지 않았었다.)

1970년대에는 '난쟁이가 쏘아올린 작은 공'(조세희 저)을 감명 깊게 읽었다.

어려운 사람도 잘 사는 사람도 역지사지(易地思之)로 생각을 바꾸었으면 좋겠다고 생각했다. 세상은 더불어 사는 곳이니까….

해야 할 일과
하고 싶은 일

사회인이라면 누구나 자신만의 과업(課業)이 있다. 해야 할 일을 하고 정해진 과업을 제시간에 마쳐야 한다. 그러나 보통사람과 다른 길을 간 사람도 있다. 예컨대 알파고를 탄생시킨 데미스 허사비스나 빌 게이츠, 스티브 잡스 같은 이는 해야 할 일, 정해진 과업을 제쳐두고 자기가 하고 싶은 일을 한 사람들이다.

나는 그들과 다르게 해야 할 일만 했다. 해야 할 일 말고는 욕심을 부리지 않았다. 그것은 올바른 길에서 벗어나는 일로 생각했다.

어렸을 때는 부모님께, 학창 시절엔 선생님께 칭찬을 들어야 했기에 착하고 공부 잘하는 아이로 성장했다. 고등학교 입학 무렵 중학교 담임과 교장 선생님께서 "너는 경기고등학교에 가야 한다"고 했을 때부터 주위의 압

박을 받기 시작했다.

어렵게 입학한 뒤에는 그분들의 기대에 어긋나서는 안 된다는 생각에 열심히 공부했다. 고등학교를 마치고는 서울 법대에 진학했고 정부에 들어가서는 남보다 일을 잘하기 위해 노력했다. 공무원으로서는 물론 국회의원이 되어서도 남의 눈 밖에 나는 일이 있어서는 안 되었다.

선비적인 삶, 모범적인 인생, 남들에게 밉상 받지 않는 생활을 하려고 노력했고 정해진 큰길로만 가다 보니 샛길이나 옆길은 모르고 지냈다. 기차가 철로 위를 달리듯 정해진 틀에서 벗어난 적이 없었다.

나는 공직에 있으면서 다음 세 가지를 지키면서 살아왔다.

첫째는 높은 가치 기준을 정해놓고 그 길을 따라갔다. '태양을 향해 쏜 화살은 해바라기를 향해 쏜 화살보다 더 멀리간다'고 하였다. 제일, 최고, 완벽을 추구하게 되고 일 잘한다는 평가도 들었다. 그러다 보니 가족을 비롯하여 주위 사람들을 힘들게 했다. 지금도 미안하게 생각한다.

둘째는 원칙을 지키고 상식에 벗어나지 않으려 했다. 규칙을 다 행하려 하면 더불어 살아가기 어렵다는 말도 있으나 정해진 원칙을 지키고 경우에 벗어나는 일이 없어야 하며 물 흐르듯 순리대로 살아가야 한다는 것이 평소 지론이다. 2008년 한나라당 공천파동 당시 정치적 동지들로부터 탈당과 무소속 출마를 권유받았지만 시류(時流)를 거스르지 않았다.

셋째는 매사에 열정과 정성을 쏟았다. 사람은 자신이 어떻게 마음먹고 일하느냐에 따라 그 결과는 엄청나게 달라진다. 직장의 일도, 우정도, 애정도 열정을 쏟고 정성을 쏟아야만 좋은 결과를 얻을 수 있다. 지성감천(至誠感天)이고 진인사대천명(盡人事待天命)이라 하지 않는가.

나는 공직에서 물러나서도 공직에 있을 때나 마찬가지로 처신에 조심하며 살아가고 있다. 물러났다고 아무렇게나 살아서야 되겠는가.

나를 아는 사람들은 지금도 "이 장관", "이 시장", "이 지사", "이 의원"이라 부르는데, 그 이름값을 해야 할 것이 아닌가. 힘들지만 체면을 차리고 품위를 지키면서 욕먹지 않으려고 애쓴다.

원나라의 허형이 말하고 남명 조식(曹植) 선생이 강조한 가르침을 되새기곤 한다.

'벼슬길에 나아가면 크게 이룬 것이 있어야 하고, 물러나 은거하면 굳게 지킨 것이 있어야 한다.' (出則有爲 處則有守)

경상북도 대구에서
공직의 길을 가다

국민학교, 중학교, 고등학교를 다니는 동안에는 부모님을 생각하며 공부만 열심히 했다. 그러다 보니 학교 성적은 좋았지만 마음의 여유가 없어지고 강박관념에 사로잡히게 되었다.

'음악, 미술, 체육 가운데 한 가지는 잘하는 게 있어야 하는데…' 하면서 늘 못다 한 아쉬움을 갖고 있었다.

대학생이 되어서는 '공부'와 더불어 '학생운동', '연애'를 모두 해보기로 했다. 그렇게 하다 보니, 1~2학년 때 학교 성적은 신통치 않았다. 주말에는 가끔 여학생들과 데이트를 하기도 했다. 다방이나 제과점에서 만나거나 극장에 간 것이 전부였지만 좋은 추억으로 남는다. 그때 본 영화로 '페이튼 프레이스' '남태평양' 등이 생각난다.

공부만 하다보면 샌님 소리를 듣게 되고 사회성이 부족해진다. 그래서 학생운동, 학생활동도 나름대로 열심히 했다. 그렇다고 학생운동에만 열중하다 보면 큰일을 하는 것 같지만 나중엔 긴달같이 되어 사회진입에 어려움을 겪게 되고, 연애에 빠지다 보면 뒤에 남는 게 없다.

나는 운 좋게 고등고시에 합격하고 4·19 데모, 민족통일연맹, 극동문제연구회 등에도 남 못지않게 참여했다.

무슨 일이든 불광불급(不狂不及)이요 과유불급(過猶不及)이라 했다.

1962년 잡지《법정(法政)》3월호에 내가 쓴 '고등고시 합격기'가 실렸었다. 게재 이유는 좋은 성적으로 합격했기 때문으로 생각한다. 제목은 '인생예외자'. 공부·연애·학생운동을 같이하면서 '공부할 때는 책장이 뚫어지도록 집중하고, 늘 부모님을 생각하며 보답해야 한다는 마음을 잊지 않았다'고 적었다. 언젠가 그 잡지를 국립도서관에서 겨우 찾았는데 목차에는 제목이 나와 있었으나 내용은 훼손되어 찾을 수 없었다.

공무원이 되어 내무부 배치를 지망한 것은 어린 시절의 꿈인 군수(郡守)가 되기 위해서였다. 그때 군수 직급은 사무관 또는 서기관이었다.

내무부에서 1개월여에 걸친 오리엔테이션을 마치고 고향인 경상북도에서 수습생활에 들어갔다. 고등학교, 대학교 7년간의 서울생활을 끝내고 경상북도 대구에서 첫 공직의 길을 걷기 시작한 것이었다.

제3장

울진군수에서
서울특별시장까지

첫눈에 꽂힌
인연

1962년초 고향인 경상북도 도청에 배치되어 수습사무관으로 여러 부서를 한 달씩 옮겨 다니며 행정을 배우기 시작했다. 당시 도청 청사는 경상감영이 있던 대구시 포정동에 있었다. 대구시가 경상북도에서 분리되기 전이다.

어느 날 퇴근길에 일단의 여인들이 내 앞을 지나가고 있었다. 그들 중 한 여인이 나를 설레게 했다. 노란색 코트에 머플러를 두르고 튀지 않는 색깔의 하이힐을 신은 여인이었다. 가녀린 몸매에 고운 얼굴이었다. 그녀의 모습과 얼굴에 마음이 갔다. 지금까지 보아왔던 영문과, 불문과 학생들과는 달라 보였다. 시절 인연이라고 할까. 누구에게나 그때 그 시절에만 주어지는 인연이 있다고 하는데 이 경우가 그런 것 같았다.

처음 만났던 순간 그녀가 바로 나의 아내가 될 것 같다는 예감이 들었다.

우리는 도청에서 직장 커플이 되어 데이트하면서 동화사(桐華寺)가 있는 팔공산(八公山)에 자주 갔었다. 2년 가까이 사귄 끝에 1963년 12월 18일 우리는 결혼했다. 주례는 이상조 교수님, 사회는 고선 신배님이 맡았다. 결혼식장은 종로예식장, 신혼여행지는 온양온천의 철도관광호텔이었다. 우리 나이가 스물다섯 살, 스물세 살이었으니까 동료들보다 빠른 결혼이었다.

나의 목표인 군수를 하려면 결혼을 해야 하고 내가 3대 독자인 점, 그리고 서로가 깊이 사랑했던 점이 이른 결혼을 하게 만들었다. 서로 마음에 맞는 결혼이었지만 부모님께서는 조금 서운하셨을 것이다. 물론 한 번도 내색하신 적은 없으셨다. 그때는 고등고시에 합격하면 대개는 중매결혼으로 이어지던 시절이었다.

아내(朴華子, 密陽朴氏)는 나와 56년간을 함께 살면서 부모님을 모시고 두 아들을 키우며 집안을 잘 지켜주었고 공직자 부인으로 남의 입에 오르내리지 않게 서민적 처신과 더불어 내조를 훌륭히 해냈다.

국회의원 선거 때는 열심히 선거운동을 해주었고 유권자들에겐 나보다 더 인기가 있었다. 평생 나의 부족함을 채워주는 일을 잘해주었다.

두 아들도 우리와 같이 연애결혼을 해서 잘 살아가고 있다. 그들의 출입은 나주의 전주이씨, 전주의 전주최씨 집안이다. 양남(嶺南, 湖南) 화합의 틀이 짜 맞춘 듯이 이루어졌다.

두 아들이 결혼한 뒤 느끼는 허전함과 딸이 없는 아쉬움도 함께 가진다. 특히 명절날 오후에는 가는 사람만 있지 오는 사람은 없다.

금혼식도 한참 지난 지금, 주름살이 돋은 아내의 손을 잡으며 진심으로 본다. '고맙소. 회혼식이 머지 않았소.'

군수 영감님은
어디 계시는가?

지금도 경상북도 북부지역 같은 곳은 보수적인 색채가 짙은 곳이다. 내가 군수로 있었던 1960년대 중반은 전통적인 지역 분위기가 살아있던 시절이었다.

고을 원님이 잠시 쉬어갔던 곳이나 머물렀던 곳은 '원님터', '원터'라고 불렸다. 그렇게 보면 나는 군내 180여 개 마을(里)을 모두 다 방문했으니 '원터'를 엄청나게 많이 만든 셈이 되었다. 삼산리(三山里)라는 마을을 찾아갔더니 "군수가 60년만에 찾아왔다"고 떠들썩했다. 찻길이 없어 벌목장을 오르내리는 GMC 화물차로 계곡을 따라 찾아갔다. 70대 어르신들은 "열 살 무렵 군수가 온 적이 있다"며 젊은 나를 반겼다.

울진군은 원래 강원도에 속해 있다가 1963년 1월 행정구역 개편으로 경상북도에 속하게 되었다. 강원도에 속해 있을 당시에는 도청에서 열리는 회의에 다녀오려면 거의 1주일이 걸렸다고 한다. 첫날은 강릉에서 자고, 다음날은 대관령을 넘어 원주에서 자고, 셋째 닐은 춘천에서 자고 회의에 참석한 후 하루를 더 묵고 그 다음날 원주에서, 또 강릉에서, 그리고 다음날 울진에 도착하게 된다는 것이다. 당시 도로 사정, 교통편 등을 감안하면 그럴 수밖에 없었을 것이다.

나는 1966년 3월 군수로 발령을 받았다. 부임하자마자 군내(郡內) 장로격인 노인 어른들이 군수를 찾아왔다. 한복을 정중하게 차려입은 백발의 노인들이 군수실에 들어서는데 20대의 나는 미상불 위축이 되어 군수실 문 앞까지 가서 그분들을 맞이했다. 이분들이 들어서자마자 두리번거리시며 이렇게 말하는 것이었다.

"아니, 군수 영감님은 어디 계시는가?"

민망해진 내가 공손히 고개를 숙이며 "어르신들, 제가 군수입니다" 하고 인사를 올리자 노인들은 믿기지 않는다는 표정이었다. 그도 그럴 것이 당시 군청 과장과 읍·면장들이 대부분 50대 장년들이었다. 그때 온정면장은 56세로서 내 나이 두 배하고도 두 살이 더 드신 분이었다.

아무튼, 일단 자리에 앉은 후 노인들께 담배를 건넸다. 그러나 한 분도 담배를 들지 않았다. "자, 어르신들… 담배 태우시죠" 하고 재차 권하자 좌장인 듯한 백발노인은 송구스러운 자세로 이렇게 되받았다.

"아니, 영감님 앞에서 어떻게 담배를 피우겠습니까?"

정말 그때는 시골 어른들께서 그런 의식을 가지고 계셨고 스물일곱의 젊은 나를 '군수 영감'이라 불러주었다. 이렇게 되니까 나도 그 어른들 앞에서 감히 담배를 피울 엄두도 못 내고 서로 찻잔만 앞에 두고 초대면을 하게 되었다. 다들 한학을 하신 분이고 경전을 줄줄 외시는 분들이기에 정말로 말실수나 하지 않을까 등에서 진땀이 흐를 지경이었다.

"관향(貫鄕)은? 출입(出入)은? 시하(侍下)신가요?"

"안항(雁行)은 어떻게 되시는지요?"

처음 만나 하는 인사말들이 이랬다.

그때 나의 대답은 "경주입니다", "밀양 박씨입니다", "양친 시하입니다", "삼대 독신입니다"라고 또렷하게 말했던 기억이 난다.

이런 관내의 보이지 않는 분위기 때문에 관사에서 신혼기를 갖게 된 우리 내외는 큰소리로 웃어 본 일이 없었고, 밖을 마음대로 걸어 다니지도 못했다.

관사에까지 민원인들이 수시로 문을 두드리고, 관내 유지들이 으레 찾아왔기에 내 아내는 신혼 초부터 한복을 입어야 했다. 그런 상황에서 군수 부인이 투명한 원피스를 입는다든지 시원한 샌들형 구두를 신고 관사를 오가거나 시내 외출을 한다는 것은 상상할 수도 없는 일이었다.

봄, 가을이나 겨울에 한복을 입는 일은 어쩌면 입고 벗는 일이 번거로울 뿐 별로 문제가 되지 않는다. 그런데 문제는 여름에도 아내는 한복을 입어야 한다는 것이었다.

여름이면 태백산맥을 넘지 못하는 바람 때문에 유난히 무덥던 울진군 관사에서 속옷까지 단정히 차려입고 치렁치렁한 한복을 입은 채 종일 손님을 맞이하거나 관내 유지 부인들과 봉사활동을 해야 하는 아내의 고충은 정말 이만저만한 것이 아니었다.

그렇게 한복을 입고 사시사철 정경부인 같은 태도를 유지해야 했던 아내는 아이를 갖고 그곳에 부임한 지 얼마 안 되어 출산하게 되었다. 그랬더니 이번에는 이상한 소문이 돌기 시작했다.

"군수가 아들을 낳았대."

요즘 같으면 군수가 아들을 낳든 딸을 낳든 무슨 상관이 있겠는가. 그러나 그때만 해도 군수라고 하면 50세 이상의 장년을 연상하던 때였고, 그 나이든 군수가 아이를 보았다는 것은 젊은 후처나 시앗을 보고 뒤늦게 득남을 했다는 뜻이 되는 것이다.

"군수가 아들을 낳았대…."

그러니까 이 말 뒤에 짓궂은 뉘앙스가 담겨 있었다. 군수가 새 장가를 들었거나 일이 잘못되어 늘그막에 망신스럽게 됐다는 뜻이다. 그 시절 아내는 유난히 앳되어 보이는 새댁이었고 인물도 곱상한 편이었으니, 그런저런 말이 나왔을 수도 있었을 것이다. 그러나 이 소문은 얼마 뒤에 내가 '젊은 군수'라는 사실이 알려지면서 슬그머니 사라졌다.

두 아들을 모두 장가보내고 손자녀까지 본 아내는 할머니가 된 요즘에도 한복만 쳐다보면 고개를 돌린다. 아무리 고운 천으로 예쁜 한복을 해준다고 해도 싫다고 한다. 젊은 날, 복 더위에 한복을 입고 나이에 걸맞지 않게 점잖을 빼야 했던 그 고역이 할머니가 된 지금에 와서도 가슴에 맺혀 있는 듯하다.

한복을 보면 고개를 돌리는 아내….

공직자 아내로 50년 이상을 나의 아바타 노릇을 해온 아내에게 감히 한복을 입으라고 권하지 않는다. 결혼해 평생을 조신(操身)하고 겸손하게 살았던 아내는 주위 사람에게 늘 다정하고 친근한 인상을 주었다. 물론 남편인 나에게는 다른 면도 많이 보여주었지만….

대통령의 짧은 대답,
"음, 괜찮아"

울진군은 동쪽으로는 관동팔경의 월송정과 망양정이 있는 동해안의 절경을 끼고 있고, 서쪽으로는 태백산맥과 낙동정맥의 험준한 산줄기 아래 왕피천과 불영계곡 같은 절경이 있다.

산림이 울창하여 금강송 보호구역으로 지정되어 있고 산양을 비롯한 멸종위기 야생동물이 많이 서식하고 있어 생태 경관 보호지역으로 관리되고 있다.

이러한 울진군에 간첩침투가 잦은 것이 큰 골칫거리였다. 해안에 상륙하면 바로 깊은 산으로 들어갈 수 있고 강릉과 포항의 중간지역으로 즉각 대응태세 지원이 늦어지는 어려움이 있어 다른 지역보다 간첩침투가 빈번했다.

1967년 4월 하순 박정희 대통령께서 울진군청을 찾아주셨다. 군수로 부임한 후 왕피천 강가에 경비행기가 착륙할 수 있도록 활주로를 닦았는데 박 대통령 일행은 그 활주로에 헬기를 디고 내려오셨다. 울진군 순시는 전국 취약지역 방문의 일환이자 간첩침투 대비태세를 독려하기 위해서였다.

이후락 비서실장, 박종규 경호실장, 키가 유난히 컸던 서종철 국방장관도 수행했다. 박 대통령은 군청사로 들어서시며 맨 앞에 도열해 있던 나를 보시고는 "아, 젊은 군수로군. 일 잘한다는 얘기는 들었어"라고 짧게 치하하셨다. 그리고는 성큼성큼 일제 강점기부터 쓰던 낡은 목조건물로 들어오셨다.

의례적인 상황보고가 끝나자 박 대통령께서는 슬그머니 화장실을 찾으시는 눈치셨다. 군청 화장실이라고 해야 나무판자와 시멘트로 적당히 처리한 엉성한 시설이었다. 안내를 하면서 내가 어쩔 줄을 몰라 하자 박 대통령은 아버지가 아들에게 이르듯이 "오지에 있는 우리나라 군청 시설이 다 이렇지 뭐, 괜찮아" 하시면서 주저 없이 화장실로 들어가셨다.

그 화장실은 손을 씻을 만한 수도시설이 없었기에 나는 당황해서 청사 안으로 들어가 세숫대야에 물을 가득 담았다. 보안상 다른 사람을 시키기도 그렇고, 그때는 젊은 나이였기에 집안 어른에게 예를 다하듯이 오지까지 찾아주신 대통령을 진심으로 환영하는 뜻에서 찰랑거리는 세숫대야를 들고 급히 뛰어갔다.

그런데 이게 웬일인가. 화장실을 나서던 대통령과 부딪치기 직전이 되어 세숫물이 그분 발 위로 쏟아지고 말았다. 참으로 불경스럽고 송구스럽기

짝이 없는 일이었다.

4월 하순 바닷가의 바람이 아직은 쌀쌀한 때인데 구두와 바지 끝을 적신 박 대통령은 짤막하게 이렇게 말씀하셨다.

"음, 괜찮아."

하시고는 군수실로 발걸음을 옮기셨다. 오랜 세월이 흐른 지금에도 그때 그 순간을 생각하면 민망하고 아찔하다. 그러나 "음, 괜찮아" 라고 하신 말씀이 아직도 여운을 남긴다. 50년이 훌쩍 지난 지금 다시 한번 그때를 추억해 본다.

왕피천(王避川)의
추억과 회한(悔恨)

대규모 울진·삼척 공비 침투사건 이전인 1967년에도 간첩침투 사건이 있었다. 단오 무렵이었다. 울진군 서면에 공비가 침투해 민간인을 살해하고 도망친 사건이 일어난 직후 도지사로부터 전화가 왔다.

"이 군수! 지금 바로 서면에 가서 그분들을 위문하고 오세요."

그렇지 않아도 현장을 확인할 생각이었다. 당시만 해도 군청사가 있는 울진읍에서 서면까지 국도라고는 하나 차 한 대 겨우 지나갈 정도로 도로 사정이 나빴다. 왕피천 계곡을 따라 산을 깎아 만든 협소한 비포장 길인데다 도로를 가로지르는 논물길이 많았고 노면은 요철이 심했다. 경찰서장, 교육장과 군수지프에 동승해 위문을 하고 돌아왔지만 오가는 동안 공비들이 나타나 총을 쏠 것 같은 불안감에 내심 무섭기도 했다. 동해안에는 길게 철조망이 둘러쳐져 있었고 군(軍)이 해안경비를 맡아 수시로 출몰하는 공비와 간첩을 막고 있었다.

군수는 군부대와의 협조는 물론이고 경찰서장, 교육장, 농협조합장과 자주 머리를 맞대고 지역 현안을 고민해야 한다. 고맙게도 행정 경험이 많은 그분들은 군정에 잘 협조해 주었고 인격적으로도 배울 점이 많았다.

가끔 우리는 고기잡이를 가곤 했다. 업무가 끝나는 토요일 오후쯤 왕피천 하구에서 만났다. 바다와 맞닿은 하구는 깊은 웅덩이와 같아서 물속에 들어가면 물이 가슴팍까지 차오고 발은 쑥쑥 빠지곤 했다. 내가 양손에 족대를 쥐고 서 있으면, 경찰서장과 교육장이 양쪽에서 고기를 몰아왔다. 이렇게 세 사람이 그물을 들어 올리면 이리저리 몸을 비트는 힘센 뱀장어가 몇 마리씩 그물 속에 들어 있었다.

나이 드신 조합장은 양동이에 고기를 담아 머리 위에 올려놓는 역할을 했는데 고기잡이가 끝나면 인근 조합장 댁에 가서 매운탕과 막걸리로 즐거운 시간을 보내곤 했다. 참으로 좋은 분들과 어울려 군정 협조가 잘 이루어졌었다. 젊은 군수보다 30년 가까이 나이가 많은 분들이었다. 지금은 모두 만날 수 없지만 그때 그분들께 결례가 없었기를 바라는 마음이다.

그 시절, 잊히지 않는 기억이 있다. 울진에서 태어난 생후 6개월 된 아이가 감기에 걸렸다. 군 보건소장, 읍내 의원, 한의사 모두에게 치료를 받았으나 잘 낫지 않았다. 아이는 여러 날을 보채며 아파했는데 나와 아내는 속이 타들어 갔다. 때마침 시장·군수회의가 대구 도청에서 열렸다.

회의 전날 대구에 도착해 아내에게 아이의 안부를 전화로 물었더니 심상치 않다고 말했다. 이튿날 회의를 마치자마자 9시간을 달려 밤늦게 울진에

도착했다. 의사 말이 "감기가 심해져 뇌막염이 되었다"고 했다. 마음속으로 원망과 함께 화가 났으나 감정을 드러낼 수는 없었다.

아내와 함께 아이에게 인공호흡을 해주면서 밤새 안고 있었으나 모두 허사가 되었다. 나와 아내는 계속 울기만 하다가 새벽녘 깜빡 조는 사이 군청 분들이 아이를 어디에다 갖다묻었다. 아이가 묻힌 곳을 부모가 모르는 것이 좋다고 해서였나 보다. 아침이 되도록 울음을 그치지 않는 아내가 걱정스러웠다. 마음을 달래줄 이가 남편밖에 없으니 더 안타까웠다. 나는 아내를 차에 태우고 여러 곳을 방황하다가 왕피천 불영사(佛影寺)로 갔다. 아내에게 아이의 영혼을 부처님께 맡기자고 위로했다. 그리고 부처님께 여러 번 절을 하고 빌었다.

4대 독자를 면해준 아이를 잃고서 생명과 출세에 대해 큰 후회를 했다. 아무리 멀더라도 아이를 위해 대구의 큰 병원에 갔어야 했는데…, 시장·군수회의가 있던 그날이라도 아이를 대구에 데리고 갔어야 했는데…, 울진지역 의사들을 믿었고 망설였던 것이 지금까지 큰 회한(悔恨)으로 남아있다.

오동잎이
떨어지고 있네요

1971년 서른두 살 때 경북의 대표적인 양반고을인 안동시의 시정(市政)을 맡아 매사에 조심하면서도 지역에 활기를 불어넣으려 열심히 뛰면서 일했다.

아내도 시장 부인으로서 불우한 이웃들과 복지시설을 찾아다녔고, 그때 한참 맹렬하게 진행되던 새마을 사업현장에도 어지간히 바쁘게 돌아다녔다.

1973년, 큰아들이 국민학교 3학년에 다니고 작은아들은 유치원에 다녔다. 아내는 이런저런 공식행사에 나갈 때는 교통편이 마땅치 않아서 당시 보건소에서 쓰던 가족계획용 흰색 큰 지프를 타고 다녔다. 반드시 공적인 일에만 차를 이용하는 것이 공직자의 부인으로서 아내가 잘 지켜준 불문

율이었다.

그해 4월 아내는 대구에 있는 큰 병원에 가서 진찰을 받아야겠다고 했다. 안동에서 대구에 가려면 포장이 안 된 길을 두 시간은 족히 달려야 했다. 마침 알고 지내던 유지분의 차가 있어서 갈 때는 신세를 질 수 있었다. 오후 2시쯤 되었을까. 아내에게서 전화가 걸려왔다. "병원 볼 일은 잘 끝났다"면서 머뭇거리더니 무언가 할 말이 있는 듯 했다.

"여기 대구는 비가 오기 시작하는데… 거기는 어때요?"

창밖을 내다보니 시청사 정원에도 부슬비가 내리고 있었다.

"여기도 비가 오는데… 뭐 다른 얘기 있어요?"

그러자 아내는 눈치 없는 내가 답답했던지 하고 싶었던 말을 조심스럽게 꺼냈다

"저… 비도 오고해서 그러는데요. 보건소 차 좀 쓸 수 없을까요? … 몸이 으슬으슬한 게 아무래도 감기 같아요."

하지만 그 얘기를 듣는 순간 화부터 냈다. 공사(公私)를 잘 구분해 주던 아내의 그때 처신이 무분별하게 보였으니 말이 곱게 나갔겠는가. 나는 수화기에다 대고 이렇게 쏘아붙인 후 전화를 끊었다.

"보건소 차가 당신 꺼요?"

그러고 나서 밀려드는 결재서류를 보느라 정신없이 오후 일을 하고 있는데, 퇴근 시간이 다 된 오후 6시쯤 전화가 걸려왔다. 전화기에서 아주 낯선 목소리가 들렸다.

"저, 여기 도리원에 있는 병원인데요. 사모님께서 교통사고를 당해 응급치료 중입니다."

사고 후 찌그러진 택시의 문을 열지 못해 망치로 두들겨 겨우 문짝을 뜯고 아내를 끄집어내어 지나가던 트럭에 옮겨 실어 비를 맞으면서 도리원 병원까지 왔다고 한다.

병원에서 상처 부위를 마취 없이 그냥 꿰매었는데도 의식불명 상태였던 아내는 저녁이 되어서야 의식이 약간 돌아왔다고 한다.

그때 병원 측에서 연락처를 물으니 "시장"이라면서 겨우 입을 열고 "어디냐"고 하니까 "안동"이라고 해서, 처음에는 안동시장 상인으로 알았다가 나중에 시청이라는 것을 알게 되어 급히 전화를 걸게 됐다는 것이었다.

도리원은 안동과 대구 중간쯤인 곳이다. 나중에 안 일이지만 나에게 퉁명스런 전화를 받은 아내는 두 번 다시 전화할 생각을 못 하고, 병원 앞에서 비를 맞다가 택시를 세내어 돌아오게 된 것이었다. 요즘 말로 치면 총알택시를 탄 셈이었다.

앞자리에 운전기사와 조수가 타고 뒷좌석에 아내가 탔는데 빗속을 과속으로 달리다가 커브 길에서 그만 사고가 난 것이다.

나는 아내를 안동도립병원으로 데리고 와 응급처치를 받게 했고 도립병원 신현수 박사의 도움을 받아 밤새 대구에 있는 경북대학교 부속병원으로 후송했다. 안동에서 대구까지 비포장 길에 차가 조금만 덜컹거려도 아내는 아파서 우는 것이었다.

수술 후에 알게 되었지만 가장 큰 상처는 대퇴부 복합골절이었다. 뼈가 그냥 부스러진 상태였다. 아내는 오전 8시부터 오후 4시까지 장장 여덟 시간에 걸친 대수술을 받았다. 그때 수술을 맡아주신 김익동 박사님은 지금까지도 잊을 수 없다. (훗날 경북대 총장을 지내셨다.)

다음 날 아침, 병원에 배달된 신문에는 가로수를 들이받아 흉측하게 일그러진 사고택시 사진과 함께 앞좌석 사망자에 대한 기사가 실려 있었다. 조수는 현장에서 바로 사망했고, 운전기사는 중상이라는 내용이었다. 나는 아내의 목숨을 보전해 주신 부처님과 조상님께 마음속으로 수없이 감사드리며 아내를 2층 회복실로 옮겼다.

의식을 찾고 내가 옆에 서 있는 것을 확인한 아내는 자신의 몸보다는 내일을 먼저 챙겨주었다.

"돌아가 보셔야죠. 일이 쌓여 있을 텐데…."

나는 그때 처음으로 한 도시의 행정을 책임진 공직자의 무거운 책임감과 공인으로서의 의무감, 그리고 내 융통성 없는 공직관 사이에서 갈등을 느꼈다. 가장으로서 아내 하나 제대로 돌보지 못한다는 자괴감마저 들었다.

이렇게 4월에 병원 신세를 지기 시작한 아내는 그해 가을이 다 되어서야 목발을 짚고 퇴원할 수 있었다.

그동안 나는 아내를 대신하여 유치원과 국민학교에 다니는 두 아들을 돌보면서 아내 없는 공인의 생활을 벅차게 견뎌내고 있었다.

하루는 큰아이가 다니는 학교에서 연락이 왔다. 아이가 없어져 찾고 있다는 것이었다. 얼마나 놀랐던지. 한참 후에 학교 밖 구석진 담 밑에서 울고 있는 아이를 찾았다. 엄마가 보고 싶어 그랬단다.

퇴원하던 날, 우리 내외는 처음으로 함께 창밖을 내다보았다. 아내는 할 말도 많고 가슴속에 묻어둔 말도 많았을 텐데, 옷가지를 챙기는 나를 건너다보며 이런 말을 했다.

"여보, 제가 입원했을 때는 저 창밖에 서 있던 오동나무에 잎이 나기 시작하더니, 벌써 오동잎이 지고 있네요."

그리고 보니 아내를 뉘어 놓고 무심히 내다보던 병원 뒤뜰의 그 오동나무 잎이 어느새 낙엽이 되어 떨어지고 있었다.

지금도 나는 "여보, 오동잎이 지고 있네요"라는 말로 융통성 없던 나를 슬며시 감싸 준 아내의 인내심과 슬기로움을 잊지 않고 있다.

목민관이라는
자리

나는 군수·시장·도지사·서울특별시장을 두루 거쳤다. 목민관(오래된 말이지만 개념이 분명해서 목민관이라 쓴다.) 자리를 모두 경험했다. 이는 전무후무한 기록으로 남을 것이다. 나는 여러 공직 중에서도 목민관으로 일하면서 큰 보람을 느꼈다.

목민관은 '관할 내 주민은 물론 풀 한 포기, 나무 한 그루, 돌덩이 하나까지 그의 손길을 기다리고 있다'고 생각해야 한다. 다산(茶山) 선생은 '타관(他官)은 가구(可求)나, 목민관(牧民官)은 불가구(不可求)'라고 했다. 지도자(목민관)는 백성이 좋아하는 바를 좋아하고, 싫어하는 바를 싫어해야 한다. 그래서 백성의 부모라고 부른다.

다른 목민관들도 다 겪은 일이겠지만 내가 겪은 몇 가지 일화는 아직 기억 속에 생생하게 살아있다.

　1971년 안동시장 때의 일이다. 시 재정이 넉넉지 않아 어른들을 위한 공간은 그런대로 몇 군데 마련해 놓았으나 어린이를 위한 시설은 거의 없었다. 나는 시가지를 가로지르는 천리천 일부 구간을 과감하게 복개했다. 그리고 그 위에다 시 예산으로 어린이 놀이터를 만들었다. 놀이터에는 든든한 쇠줄로 만든 그네를 매어 놓았고 시소와 미끄럼틀도 마련했다. 아이들이 좋아할 것을 생각하니 흐뭇한 마음이 들었다.

　《목민심서》의 자유(慈幼) 편에 백성의 어린이를 사랑하는 목민관의 자세가 나온다.

　'어린이를 사랑하는 것은 선왕(先王)들의 큰 정치이니 역대로 이를 행하여 아름다운 법으로 삼았다. 백성이 곤궁하면 자식을 낳아도 거두지 못하니 가르치고 길러서 내 자식처럼 보호하라.'

　그런 목민관의 마음에서 놀이터를 개방했는데 얼마 되지 않아 엉뚱한 일이 생겼다. 놀이터 근처에 사는 어린이 자매가 그네를 타다가 그만 발판 모서리에 부딪혀 다치고 말았다. 그 이야기를 전해 듣고 급히 달려가니 언니 아이가 얼굴을 다쳤다. 그나마 크게 다치지는 않아 다행이었다.

　돌이켜 생각하면, 아무리 좋은 뜻을 가지고 일을 시작해도 어린이 시설을 만들 때 주의력이 약한 아이들을 예상해야 했다. 세심하게 챙기지 못한 자신을 탓했다. 물론 담당 공무원들에게 "내 아이들이 이용한다는 마음가짐으로 늘 임하라"고 강조했건만….

1986년 경상북도지사 때의 일이다.

농한기 취로사업(자조근로사업)이 한창일 때 문경군 가은읍에 들릴 일이 있었다. 현장에는 많은 사람이 나와 흙을 나르고 있었다. 세숫대야 같은 것을 머리에 이고 흙을 나르는 한 부인이 눈에 띄었다. 그 부인은 도지사 일행이 있는 곳에 가까이 오지 않고 먼 곳으로 돌아서 고개를 숙이고 다녔다. 의아하게 생각한 나는 그 부인을 찬찬히 지켜보았다. 놀랍게도 목 밑에 고구마만큼 큰 혹이 붙어 있었다.

남자들도 그런 혹을 달고 있으면 남 앞에 나서기가 편치 않을 텐데 나이도 많지 않은 여성이니 오죽했겠는가. 나는 작업이 끝나기를 기다려 부인 곁에 다가가 말을 건넸다. 어떻게 해서 이런 불편한 혹이 생겼는지 물었더니 별다른 계기도 없이 조금씩 자라던 혹이 결혼 후에 커졌다는 것이었다. 자식들 보기도 민망하고 나다니기도 그렇지만 별도리 없이 참고 견딘다는 것이었다.

나는 그곳 읍장에게 부탁했다. 부인의 불편함을 내 눈으로 본 이상 어떻게 해드려야겠다고 생각했다. 읍장에게 시간을 내어 이 부인을 데리고 대구 동산병원 강진성 박사를 찾아가도록 했다. 물론 수술비를 선금 조로 30만원인가를 건넸다. 그리고 진행 과정을 알려달라고 했다.

강 박사는 성형외과 분야에 권위 있는 의사로 나와는 잘 알고 지내던 사이였다.

일주일쯤 지났을까. 진행 과정이 궁금해서 알아보았더니 그 부인은 치료는커녕 아직 대구에 가질 않았다. 심지어 "도지사님이 준 그 돈을 생활비에 보태 쓰겠다"고 우겨서 읍장이 설득하고 있다는 것이 아닌가. 나는 지시대로 이행하지 않은 읍장에게 지나치리만큼 야단을 쳤다. 그 돈을 부인이 그냥 가진다는 것은 지사의 본의와 전혀 다르기 때문이었다.

그리고 얼마 후 강 박사로부터 반가운 소식을 듣게 됐다. 수술이 성공적으로 끝났고 부인이 정상적인 활동을 하게 되었다는 것이었다. 강 박사는 부인의 형편을 감안해 수술비 부담을 줄여주기까지 했다. 물론 그 부담도 지사가 주선해서 말끔히 정리했다.

한 번은 청도지역을 돌아보던 중 어느 마을 어귀에서 한 중년부인이 라면 한 봉지를 사 들고 가게를 나오는 모습을 보았다. 얼핏 쳐다본 그 부인의 얼굴은 검고 노랬다. 황달기가 분명했다. 면장에게 알아보니 그 부인은 혼자서 어렵게 지내는 처지였다.

그날로 보건소로 모시도록 해서 집중적인 치료를 받게 하고 생활에도 도움을 주게 했다. 사실, 이러한 질병 치료나 가난 문제는 구조적으로 고쳐야 하고 제도적 수단으로 모두에게 고루 적용되어야 한다.

《목민심서》의 진궁(賑窮) 편을 보면, 목민관은 눈에 띄는 어려운 분들을 행정적 절차를 뛰어넘는 기동력으로 돌봐야 하고 인간적인 방법으로 접근을 해야 한다고 적고 있다. 목민관은 스스로 일어날 수 없는 분들을 일으켜 세워야 한다는 의미다.

서울시장 때도 비슷한 일들이 있었다. 당시엔 서울에 달동네가 많았는데 서울역 인근 양동이나 중림동 지역에 가보면 6·25 전쟁 후 한 번도 손을 안 댄 듯한 판잣집이 많았고, 판잣집 안방에는 하루 한 번도 햇볕을 쬐지 못하는 편찮은 분들이 있었다. 봉천동 난곡지역에 가면 하루 한두 끼로 긴 여름날을 넘기는 분들도 있었다. (지금 이 지역은 재개발이나 뉴타운으로 탈바꿈되었다.)

시장인 나로서는 남아있는 판공비로 우선 급한 불을 끄고, 모자라면 사비를 털어서라도 누워있는 분들을 치료받도록 했다. 또 쌀이나 연탄이 보이지 않을 때는 채워 넣는 일이 중요한 일 중의 하나가 되었다.

목민관을 오래 하다 보니 나에게 습관이 하나 생겼다. 나는 지갑이나 주머니에 돈을 지니지 못한다. 있으면 쓴다. 어려운 노인이나 어린아이를 대하거나 파출소 같은 곳을 지날 때면 수고한다고 조금씩이라도 정을 전했다. 그래서 지갑이 늘 비어 있다.

목민관은 어려운 분들에게는 어버이 같은 보호자 역할을 해야 한다. 가족을 보살피는 마음으로 최선을 다 해야 한다. 물론 모든 분을 다같이, 똑같이 돌보는 것은 국가나 사회제도가 할 일이지만 자신이 직접 보고 들은 현장의 어려운 분들을 돌보는 것은 목민관의 도리라고 생각한다.

목민은 '서류'가 아닌 '가슴'으로 해야 한다.

"실제
상황입니다"

일은 사람을 따라간다는 말이 있다. 일 많이 하는 사람에게 일이 몰린다
는 얘기다.

나는 1983년 1월부터 1984년 10월까지 2년 가까이 내무부 민방위본부
장으로 일했다. 민방위본부는 민방위대 교육·훈련과 민방공 업무, 소방
업무를 담당하는 부서다. 비교적 차분하게 지내왔던 민방위본부에 갑자기
일이 쏟아졌다. 거듭된 민방공 실제상황 때문이었다.

첫 번째는 1983년 2월 25일 일어났다. 북한 공군의 이웅평 대위가 미그
19기를 몰고 서해 북방한계선을 넘어 귀순한 사건이다. 미그기가 북방한
계선을 넘는 순간, "여기는 민방위 본부입니다. 지금 서울·인천·경기 지역
에 경계경보를 발령합니다" 라고 모든 방송에서 경보가 발령되고 동시에

사이렌이 요란하게 울렸다. 처음 맞는 민방공 실제상황에 시민들이 깜짝 놀랄 수밖에 없었다.

두 번째는 그해 5월 5일 어린이날에 일어난 중공 민항기 불시착 사건이다. 역시 민방공 경계경보가 발령되었다. 민항기를 돌려보내는 과정에서 중공과 처음으로 외교접촉이 이루어지기도 했다. 민방위본부장을 맡은 뒤부터 나는 사무실에서나 집에서나 늘 대기상태로 긴장해 있었다. 예기치 못한 민방공 사태나 대형 화재에 대비해야 했기 때문이었다. 특히 이날은 어린이날인데도 아이들과 함께 지내지 못했다.

세 번째는 그해 8월 7일 중국 공군의 미그21 전투기의 불시착 사건이다. 당시 서울지역에 경계경보, 인천·경기지역에 공습경보가 발령되었다. (미그기 조종사는 중국 선양에서 타이완으로 귀순하던 길에 우리나라에 불시착했던 것이다.)

7개월 동안 이렇게 세 번의 민방공 실제상황 경보가 발령되었다.

경보 발령 후 결과를 보면 귀순이다, 불시착이다 해서 과잉대응 논란도 있었지만, 적기(敵機)가 휴전선을 넘어 한반도 상공으로 진입할 때의 상황은 공습 직전의 상황으로 간주하지 않을 수 없는 긴박한 순간이었다.

민방공 경보 발령은 우리 공군과 미 공군의 합동 판단에 따라, 민방위본부가 함께한 것이었다. 이러한 일이 있은 후 얼마동안은 내무부장관이 각 시도를 순방할 때는 다른 보고에 앞서 민방위 업무를 먼저 보고하도록 했다. 다음은 당시 보도된《경향신문》1983년 8월 8일자 인터뷰 기사다.

…이상배 민방위본부장, "경보 체제만점(體制滿點), 국민들 놀라게 해 죄송"

"불시 상황(不時狀況) 잘 대처한 건 평시(平時)에 훈련 쌓은 덕분

"실제상황을 알리는 공습경보가 발령되기는 휴전 이후 처음입니다. 그만큼 이번 상황은 여느 때와 달리 특수한 상황이었습니다."

이상배(李相培) 내무부 민방위(民防衛)본부장은 이번 공습경보가 실제 공습 상황이 빚어지고 있는 것처럼 발령된 경위를 이같이 설명했다.

"국민들을 놀라게 해 매우 죄송합니다만 적국의 미그기가 휴전선을 넘어 서울 상공으로 진입했을 때의 상황은 공격 직전의 상황으로 간주할 만큼 긴박한 순간이었습니다."

민방위본부는 난청지역 해소 등을 위해 경보 사이렌 설치장소를 이전하는 등 경보전달체계를 강화, 지난 1일부터 실시해 오고 있다. 이는 지난 2월 이웅평 소령 귀순과 5월 중공 여객기 납치사건 때 경보체계의 허술한 점이 노출됐기 때문이다

"그동안 서울이 팽창됐고 고층건물이 들어서 서울 일부 지역에서는 경보사이렌을 듣지 못한 시민들이 많았습니다. 종전 1백23개였던 경보사이렌 설치장소를 1백27개로 4개소를 늘렸으며 고층빌딩에 가려 난청지역이 된 곳은 장소를 옮기는 등 경보전달 방법을 바꾸었습니다. 또 3분 간 울리는 사이렌의 파상음도 종전의 10초, 5초 간격의 강약 음을 5초, 3초 간격의 강약 음으로 바꾸어 긴박감을 더했고 경보사이렌과 함께 TV-라디오에서도 동시에 공습상황과 대피요령 등을 알리도록 했습니다.

이 본부장은 이같이 경보전달체계를 강화한 이후 처음으로 실시된 경보 발령이기 때문에 시민들이 매우 놀라고 당황했을 것이란 해명이다.

특히 중공기가 귀순의 뜻을 신속하고 정확하게 알리지 않은 채 서울 상공을 침범함으로써 공습경보를 발령한 뒤에도 "현재 시간 공습을 받고 있다"는 내용이

계속 방송됐다는 것.

경계경보 사이렌이 울린 하오 3시 19분부터 경보해제가 내린 36분까지 소요된 시간은 17분. 다시 민방위본부로부터 내용 발표가 있는 55분까지 36분 동안 시민들은 공습을 받는 것으로 간주, 불안과 긴장을 감추지 못했다.

"공습이 없는 상황을 있는 것처럼 함으로써 공연스레 놀라게만 했다"는 일부 시민들의 생각은 안일한 것이라고 못 박는 이 본부장은 휴전선을 머리맡 가까이 둔 우리 현실에서 적기가 영공을 침범했을 경우 순간적으로 폭격이 감행될 수도 있으므로 가정과 직장, 거리 등에서의 철저한 대비는 결코 지나치다고 할 수 없다는 얘기다.

"긴박한 상황 속에서도 시민들이 침착하고 질서 있게 대피를 끝낼 수 있었던 것은 그동안 민방위 훈련에 대한 국민들의 협조가 잘 됐기 때문으로 풀이할 수 있습니다."

지난 1월 부임한 이 본부장은 일복이 많은 민방위본부장으로 꼽힌다. 취임 후 중공기 1대, 북괴기 1대 등 미그기 2대가 귀순했으며 대구(大邱) 디스코홀 화재 등 대형 민방위 상황이 발생, 경보체계와 소방업무를 보완하는 일대 역사를 단시일 내에 이루었기 때문이다. 이 본부장은 IPU 서울총회와 88올림픽 등을 앞두고 월성 앞바다 무장공비 침투 등 북괴의 도발이 자행되고 있는 현실을 직시, 전 국민이 어려움을 참고 민방위 훈련 등에 적극적으로 협력해 줄 것을 바랐다.…

'환란의 예방'은
은혜를 베푸는 것보다 낫다

나는 소방업무에 깊은 애정을 갖고 있다.

국민학교 다닐 때 아버지가 의용 소방대장을 지내셨는데 아마도 그 영향을 받은 것 같다. 민방위본부장이 된 후 소방시설 개선과 소방공무원 사기를 높이기 위해 애를 썼다. 전국 의용소방대연합회도 조직했다. 15층 아파트까지 도달할 수 있는 고가사다리차도 그때 처음 도입하였다.

당시 소방국은 지금의 소방청 격으로 소방업무를 총괄하였다. 예방업무는 원래 11월부터 이듬해 1월까지가 집중적인 화재예방 강조기간이다. 이 기간에는 관공서, 학교, 민간기업, 사회단체 모두가 나서 플래카드, 입간판, 표어, 포스터로 불조심 분위기를 만들어 간다. 지금과는 많이 다른 상황이다.

다중 집합업소는 집중적인 예방점검 대상이다. 비상계단 확보, 경보 예방시설 확인, 소화기·소화전 점검, 차량과 기기 점검 등이 평상업무가 되어야 한다. 이런 일을 게을리하거나 못 본 체하면 큰일이 나기 마련이다. 끄안한 얘기지만 우리의 현실은 여전히 예방과 점검을 소홀히 하고 있는 것 같다. 119 업무에 지나치게 편중되어 있지 않나 싶다.

나는 전국적으로 가정이나 업소에 비치된 소화기를 무작위로 선정해 터트리도록 했다. 터트린 후 성능이 좋지 않은 것은 새것으로 교체했다. 소화기뿐만 아니라 길가의 소화전도 유사시 활용될 수 있는지, 다중 집합업소의 비상계단이 확보되어 있는지 살펴야 했다. 한번은 "다중영업소에서 돈을 내지 않고 도망가는 이들 때문에 비상계단으로 통하는 문을 잠갔다"는 얘기를 들었다. 나는 "그렇다면, 선금제로 하여 돈을 미리 받으면 될 것 아닌가"라고 설득했다.

한 달에 한 번씩 하는 민방위 재난방지 훈련도 실제상황 같이 해야 한다. 비상상황 대비 업무는 평상업무가 되어야 한다. 우리는 사고가 나면 그때뿐이다. 그래서 사고는 반복된다. 모두가 예방업무를 소홀히 하기 때문이다. 예방업무를 진화작업 하는 것 같이 철저히 해야 하는 것이다.

경찰에서 관리하는 총기·가스총은 물론 군에서 사용하는 장비·포탄도 계속 점검하고 수시로 쏴 보아야 한다. 유사시 장비가 작동하지 않거나 불발탄이 된다면, 어찌 되겠는가. 우리 속담에 '각설이 대목장날 실수한다'는 말이 있다. 준비와 예방은 끝이 없다. 아무리 해도 지나침이 없다. 제대로 준비(대비, 예방)를 못하는 것은 실패(재난)를 초래하는 것이다. 맥아더 장군의 말이 생각난다. '작전실패는 용서해도 경계실패는 용서할 수 없다'고

했다. 경계가 중요하다는 말이다. 소홀히 해선 결코 안 될 일이다.

《목민심서》의 구재(救災) 편에는 '환란의 예방'은 은혜를 베푸는 것보다 낫다고 강조한다.

'수재(水災)나 화재(水災)의 재해에 대해서는 국가에서 구제하는 법이 있으니 삼가 행할 것이며 정해진 법외에도 목민관이 마땅히 스스로 구제해야 한다. 무릇 재앙과 액운이 있으면 물, 불에서 구해내야 한다. 마치 내가 불에 타고 물에 빠진 것 같이하여 서둘러야 하며 미루거나 늦추어서는 안 된다. 환란이 있을 것을 생각하고 미리 예방하는 것은 이미 재앙을 당하여 은혜를 베푸는 것보다 낫다.'고 했다.

임금이나 목민관은 한해(旱害), 화재, 수재가 발생하면 스스로 부덕한 소치라 생각하며 그 극복을 위해 정성을 다했다. 비가 오지 않아 가뭄이 심해지면 기우제(祈雨祭)를 지내기도 했다. 책임을 모두 지는 것이 목민관이니까!

자연, 환경, 질서, 청결은
나의 전공

나는 유년시절 자연 속에 묻혀 살았다. 산과 들, 하천은 놀이터였고 그 속에 사는 수많은 동물, 식물과 동무가 되었다. 또 생활 주변의 모든 것이 반듯하고 바르고 깨끗해야 했다. 공무원이 된 뒤에도 1978년 초대 내무부 자연보호 담당관으로 자연보호헌장을 만들고 매주 토요일은 '자연보호의 날'로 정하였다. 1988년 서울올림픽 때는 환경청장을 맡아 서울의 대기(스모그)와 씨름했고 내무부 차관 때는 전 국토의 공원화 운동을 전개하고 우리나라 토종 가축을 찾는 일도 추진했었다. 그때 추자도에서 토종에 가까운 돼지를 발견한 일이 생각난다. 그러나 아쉽게도 순수한 토종은 이미 사라지고 없었다.

군수, 시장, 도지사와 서울시장 때는 물론이고 내무부에 근무하면서도 도로변이나 공공장소에 비뚤어진 표지(판), 불법광고물, 쓰러지거나 고사한 가로수, 불이 꺼진 가로등, 담배꽁초 버리는 것 등은 그냥 보고 넘어가지 않았다. 이런 일에는 시장이나 동장의 구별이 없는 것이다. 서울시장 때는 교통신호 대기 중 앞차의 운전자가 담배를 피우고 꽁초를 차창 밖으로 버리는 모습을 보고, 차에서 내려 말없이 꽁초를 주어 함부로 버린 사람에게 무안을 준 일도 있다. 지금도 전주에 붙어 있는 불법 광고물이나 길바닥에 버려진 담배꽁초에 손이 가곤 한다.

반사회적(反社會的) 행위는 막아야 한다. 내가 관할하는 지역에선 산에 돌 캐는 일을 전면 금지하고 벌채허가도 극히 제한했었다. 몇 천 년 물려받은 금수강산을 우리 세대에 와서 흠집을 내게 해선 안 된다는 생각에서였다. 요즘 태양광 발전이다 리조트다 펜션이다 해서 자연이 훼손되고 파괴되는 것을 보면 안타깝기 그지없다.

서울올림픽을 개최할 때 서울의 대기가 나쁘다는 우려가 있었지만 정부와 국민이 혼연일체가 되어 극복해 냈다. 매연을 내뿜는 버스들을 빠짐없이 적발해 행정조치를 한 일이 생각난다. 우리 국민은 아무리 어려운 일이 닥치더라도 마음만 먹으면 잘 이겨내는 DNA를 가지고 있다. 88올림픽을 성공적으로 치러 전 세계에 우리나라를 널리 알리고 그 결과 동구 공산권을 시작으로 소련, 중공과 수교하게 되었다.

나는 1988년 5월 경상북도지사에서 환경청장으로 자리를 옮겼다.

당시 환경문제는 개발 우선 논리에 밀리는 상황이었다. 그러나 서울올림픽을 치른 후 개발보다 환경(공해방지)에 역점을 두어야 한다는 쪽으로 분위기가 바뀌었다.

나는 이 기회를 이용해 환경청을 장관급인 환경부로 만들어야겠다고 생각하고 간부들과 논의해 승격안을 만들어 국무총리께 건의했다. "삶의 질과 관계되는 환경업무는 환경청만으로 감당하기 어렵고 장관급으로 해야 각 부처, 각 지방 관서와의 협의를 이끌 수 있다"고 브리핑을 했지만 아직 이르다고 받아들이지 않았다. 두 번째 시도도 불발이 되었다.

　1989년 5월 세 번째 브리핑에서 총리 직속의 환경처로 승격시키는 재가를 받았다. 환경청으로서는 장관급 부처만 되면 목표가 이루어지는 것이었다. 경제기획원과 총무처의 협의를 마치고 그해 9월 정기국회에 정부조직법 개정안을 제출하기로 했다. 나는 7월에 내무부 차관으로 자리를 옮겼고 환경청은 1990년 1월부터 환경처로 승격되었다.

　30년이 지난 지금 환경부는 국민 일상의 모든 면에 걸친 행정을 담당하고 있다. 대기(황사, 미세먼지, 배기가스), 물(상수도, 하수도, 강, 하천, 호소, 지하수), 폐기물(가정쓰레기, 건축폐기물, 의료폐기물, 중금속 쓰레기), 화학물질(허용기준치), 소음, 토양, 자연(영향평가, 국립공원, 산림 외(外)의 풀·나무), 기상(기상청) 등 업무 범위가 매우 넓다. 청장으로서 국무총리를 세 번씩이나 찾아가 환경청을 장관 부처로 승격시킨 것은 앞을 내다본 일이라 자랑하고 싶다.

행정의 요체는
현장에 있다

경북지사 때 시장·군수회의에서 나는 현장 행정을 이렇게 강조했다.

"사무실에서 하는 일은 회의와 결재, 그리고 공식적인 접견뿐입니다. 그밖의 시간은 현장에서 보내야 합니다. 현장에서 행정추진 상황을 확인하고 주민의 애로사항과 생활상을 살펴야 해요. 시장실이나 군수실에만 있는 사람은 '시장실장'이나 '군수실장'이지 시장, 군수가 아닙니다."

목민관 시절, 나의 일상은 단조로웠다. 아침에 출근해 회의를 하고 결재를 마친 다음 비서관만 데리고 바로 현장으로 나가 곳곳을 살폈다. 점심은 재래시장 안 허름한 식당이나 흙바람 날리는 들판에서 주민들과 어울려 먹었다. 때로는 식사시간을 넘길 때도 많았는데 그러면 사무실로 돌아와 라면으로 허기를 때웠다.

지난날 공직생활 가운데 일주일에 두 번 정도는 점심을 사무실에서 라면으로 대신한 것 같다. 식사시간은 5분이면 충분했다. 그리고 나머지 시간은 나 혼자 마음대로 쓸 수 있는 시간이 되는 것이었다.

다른 일이 없으면 오전 오후 상관없이 현장을 누비다 퇴근 무렵 사무실로 돌아와 업무를 지시하고 결재를 했다. 국과장들에게 현장 상황을 묻기도 했는데 현장을 잘 모르는 간부들은 당황하기 마련이었다. 퇴근 무렵, 업무지시를 해도 모두가 다 잘 받아들였다. 그때는 퇴근 시간이 있었지만, 상관없이 지낼 때였다. 모두가 그때 그때 해야 할 일을 해내야 하니까.

"도지사는 도정 전반을 챙기는데, 담당 국과장은 자기 분야만 챙기는 것이니, 더 전문화돼야 하는 것 아닌가"하고 분발하도록 했다. 현장을 챙기는 습관은 울진군수에서 서울시장 때까지 이어졌다. 서울시장 때는 사무실에서 할 일이 많아 주로 주말을 이용해 현장을 다녔다.

나는 업무파악을 못하거나 일을 잘못한 동료직원을 몹시 꾸짖는 편이다. 그렇지만 그날 안으로 그분들을 대폿집 같은 데로 데리고 가서 속을 풀도록 해준다. 화를 내되 하루해를 넘기지 말자는 것이 나 스스로의 약속이었다. 또 그때는 지금과는 달리 상사와 시간을 같이하는 것이 기분 좋은 일이었다.

정부나 자치단체의 행정은 오랜 경험을 쌓고 책임질 줄 아는 관료들이 중심이 되어야 하는데 선거캠프에 참여한 뒤 정부에 들어온 학자나 정치인들이 추진하는 정책이 현실과 맞지 않는 경우를 많이 본다. 행정은 현장이나 경험에서 나오는 것이지 책상 위에서 나오는 것이 아니다.

50여년 전 허허벌판이던 백사장에서 세계 1위의 조선소를 만든 정주영

현대그룹 회장은 평생을 현장에서 일을 하신 분이다.

"이봐! 자네 해봤어?"

그분이 남긴 어록 중에서도 잊을 수 없는 말씀이다.

보지 않고, 가보지 않고, 해보지 않고 무슨 일을 할 수 있겠는가.

1990년 큰 수해로 일산지역의 한강 뚝이 무너진 일이 있었다.

노태우 대통령께서 관계 장관들과 같이 수해현장에서 대책회의를 했다. 그때 정주영 회장을 비롯해 몇 분의 건설회사 대표들도 같이 갔었는데 대통령께서 물었다.

"정 회장님! 어떻게 하면 빨리 복구할 수 있겠습니까."

정 회장께서 일어서더니 이렇게 답했다.

"우선 헌 컨테이너에 돌을 가득 담아 현장에 쌓아 올리면 되겠습니다."

당시 현대건설은 간척사업을 많이 했는데 방조제의 마지막 물막이 작업을 이런 방식으로 했던 것이다.

현장 행정은 정책이 대국민 접촉면인 일선(一線)에까지 미치는 것을 확인한다는 점에서 매우 중요하다. 혈관이 손끝 발끝까지 퍼져야 하는 것 같이 정부 정책 역시 일선까지 제대로 침투되고 일선에서 잘 이루어져야 소기의 성과를 달성할 수 있는 것이다.

행정의 결과도 일선이지만 행정의 기초도 일선이다.

현장 행정과 일선 행정이 잘 이루어져야 국가가 발전하고 국민이 행복해질 수 있다.

지방행정은
주민과 함께 하는 것

어떤 조직이든 그 나름대로 캐치프레이즈가 있기 마련이다. 가정에는 가훈이 있고 회사에는 사훈이 있으며 정부도 문민정부니 참여정부니 하고 강조하는 바가 있다.

지방자치단체도 그때그때 표방하는 구호나 캐치프레이즈가 있다.

행정의 역점 방향을 제시하고 지역주민의 역량을 모아가려는 뜻에서다.

나는 각급 지방행정관서에서 근무하면서 캐치프레이즈를 많이 만들었다. 울진군수(1966년) 때는 '약진하는 새 울진'으로 했고, 안동시장(1971년) 때는 '대(大)안동의 품위를 높이자'는 구호를 만들었다. '조선 인재의 반은 영남에 있고, 영남 인재의 반은 안동에 있다'고 한 역사와 전통의 '대안동(大安東)'을 지켜나가자는 뜻을 담았다. 또 내부적으로는 '불편부족

없도록 시민의 손발 되자'로 정하여 시 공무원들의 분발을 촉구했다

경북도지사(1986년) 때는 '선진조국 앞장서자'와 '경상북도는 민족사의 주역이요, 국난극복의 보루다'라고 강조하여 도민의 긍지와 사명감을 자극했었다.

서울시장(1992년) 때는 '우리 서울 서울답게', '서울은 아침입니다'가 기억에 남는다. 요즘 서울시청 전면에 붙어 있는 구호와는 매우 대조적이다. 구호는 보는 이의 가슴에 와 닿아야 한다.

당시 일본 도쿄는 'My Town Tokyo'와 'Tokyo Renaissance', 'Fronteer Tokyo' 등이었다.

경북지사 때는 '경북으로 오십시오' '추풍령, 새재, 죽령은 이제 험한 재가 아닙니다' 라는 광고를 《조선일보》 1면에 크게 내어 공장입지, 여행할 곳, 특산물이 많고 교통도 편리하다는 점을 강조했다. 이것은 전국 지방관서에서 처음 시도한 일이었다. 당시 《조선일보》의 광고는 보수적인 지방행정에서 산뜻한 일면을 보여 주었다. 요즘은 지방자치단체가 신문과 방송에 광고를 하는 것은 일상적인 일이 되었다.

민생현장을 둘러볼 때도 앞에서 안내하거나 마중 나오는 일을 못마땅하게 생각했었다. 때로는 그런 사람들을 따돌리고 수행비서와 함께 시장 골목을 찾아 돼지국밥으로 한 끼를 때우기도 했다. 서민의 애환을 직접 보고 들었으며 작은 민원에 귀 기울였다.

경북도청에
경북사람이 없다

인구는 영토, 주권과 함께 국가의 구성요소이기 때문에 국가의 존립과 관계되는 것이다. 따라서 지금과 같이 저출산이 계속된다면 국가 앞날이 매우 걱정된다. 강대국들은 영토도 넓지만 인구가 많은 나라들이다. 우리나라는 1970년대와 80년대 초에 걸쳐 인구가 너무 많이 늘어난다고 정부가 가족계획 사업을 지나치게 추진한 결과, 지금 와서는 출산율이 급격히 떨어지고 인구가 급감해 큰 걱정거리가 되고 있다.

사람이 태어나고 죽는 것은 너무나 자연스러운 일인데 정부가 지나치게 앞장섰던 것은 나라의 앞날을 제대로 내다보지 못한 단견이 되고 말았다. 나도 시장·군수로 있으면서 그 일에 앞장섰지만 말이다.

현재 수도권에 우리나라 인구의 반 이상이 집중되어 있고 그밖에는 도시, 농촌 할 것 없이 인구감소로 몸살을 앓고 있다. 특히 군(郡)지역 인구는 대도시의 동(洞) 인구도 되지 않는다. 30년 안에 소멸될 위험에 놓인 지자체가 전국 226곳 중 79곳이나 된다고 한다.

인구는 지방자치단체의 존립문제가 되었다. 인구가 계속해서 줄어들면 그 지역의 미래가 불투명하다. 때문에 각 지방자치단체마다 인구 늘리는 일에 기(氣)를 쓰고 있다.

경북도지사 때의 일이다. 경제기획원과 합동으로 조사한 인구조사 결과를 관계관으로부터 보고받았다. 1981년 경상북도에서 대구광역시를 분리시킨 뒤 경상북도의 인구가 매년 줄어들고 있어 최소한 300만 명 선을 유지하기 위해 적잖은 공을 들였다. "경상북도 행정을 대구시민들이 하고 있다"는 이야기를 듣지 않게끔 도청 공무원들의 주민등록을 가까운 군 지역으로 옮기도록 했다. 또 대구에 살면서 인근 군 지역으로 출퇴근하는 공무원에게는 근무지역으로 주민등록을 옮기는 것은 물론, 가급적 그 지역에서 주민과 같이 생활을 하도록 했다. 하지만 그 인구조사 결과보고서에는 299만 몇 천 명으로 300만 명 선이 무너지는 것으로 적혀 있었다.

나는 300만 명이 무너진 것에 크게 실망하고 말았다. 관계관에게 "이 조사 보고서는 분명히 잘못된 것 같으니 다시 알아보라"고 했다. 구미, 포항, 경산 지역에 아파트가 많이 들어섰는데 그 지역을 중심으로 다시 조사하라고 지시했다. 관계관은 "경제기획원과 합동 조사이기 때문에 재조사가 어렵다"고 했다. 경제기획원 통계사무소장도 같은 생각이었다.

며칠 후 보고서가 다시 왔다. 300만 명을 겨우 넘기는 수준의 통계였다. "아파트 지역 조사에 착오가 있었다"고 말하는 관계관의 표정은 씁쓸해 보였다.

지금 생각하면 내가 '고향 경북', '웅도 경북'에 대한 애정과 열정이 지나쳤던 것 같았다. 그렇다고 잘못한 일은 아니라고 생각히지만 공무원들에게 주민등록을 옮기라고 강권한 것은 미안하게 생각된다. 하지만 '몸 가는 데 마음이 간다'고 하지 않았던가. 공직자가 근무지에 주민등록을 옮기는 일은 당연하다. 그런 자세야말로 지방행정의 기본이라고 말하고 싶다.

이런 일도 있었다.

대한적십자사 대구지사가 대구시와 경상북도를 관장했는데 회비는 경상북도에서 많이 내는 데 지원은 대구시가 더 받고 있었다. 그래서 나는 대한적십자사에 건의해서 적십자사 경북지사를 새로 만들었다. 이어 대구상공회의소에 속해 있는 경산군과 달성군 지역에도 상공회의소를 설치토록 해서 지역의 독자성을 갖도록 했다.

경상북도의 정체성과 도민의 긍지를 높이는 데 힘을 썼다.

나는 지금도 〈경북도민의 노래〉를 기억하고 가끔 불러본다.

고요한 아침햇빛 동해에 번저
억만년 태백산맥 정기 어리고
낙동강 구비구비 기름진 벌판
서라벌 문화 위에 새 힘 넘친다.
부르자, 우렁차게 도민의 노래.
빛내자, 우리 경북 대한의 자랑.

선생님답게,
학생답게

선생님과 학생, 사제 사이가 옛날 같이 되었으면 좋겠다. 그때는 선생님의 그림자도 밟지 않는다고 했다. 지금은 선생님한테 대드는 학생, 학생에게 '미투'하게 하는 교수로 교육현장은 엉망이 되었다. '선생님'도 '쌤님'이 되었다. '스승의 날'도 차라리 없는 게 낫다고 한다. 교육제도가 통째로 흔들리고 있다. 심지어 교육부도 폐지하라고 한다.

나는 학교 다닐 때 선생님들의 말씀을 잘 들었다. 선생님들을 잘 따랐고, 선생님들은 나를 잘 대해 주셨다. 대학교 다닐 때는 존경하는 교수님이 많았다. 공직에 들어와서는 선생님들을 존경하는 사회 분위기를 만들어 가는데 일조했다고 생각한다.

군수, 시장으로 일하면서 학교 앞을 지날 때에는 일부러 학교를 찾아갔다. 교문 밖에 차를 세우고 운동장을 걸어서 교무실 문을 두드렸다. 선생님들을 만나 학교현장의 이야기며 학부모, 학생에 대한 이야기를 들을 수 있어 좋았다. 특히 벽지학교나 분교를 자주 방문했다.

경북지사 때의 일이다. 도내 교장 선생님들의 정년 퇴임식이 도 교육위원회 강당에서 있었다. 도지사는 도 교육위원회 의장으로 교육감과 함께 퇴임식에 참석하여 훈장을 전수하고 축사를 하게 된다.

그날 퇴임하는 교장 선생님들에게 차례로 훈장을 수여하는데 낯익은 얼굴이 내 앞에 서 있었다. 자세히 보니 중학교 때 음악을 가르치신 선생님이셨다. 목례를 드리고 다른 분들에게 하던 대로 훈장을 수여했다.

퇴임식을 마치고 교육감과 함께 단상에서 내려와 퇴장하는 길에 나는 앞줄 가운데쯤 앉아 계시는 은사님 앞으로 다가가 허리 굽혀 큰 절을 올렸다.

"선생님! 오랜만에 뵙게 되어 죄송합니다."

나의 큰절을 의아해하는 좌중을 향해 큰소리로 이렇게 외쳤다.

"여기, 김삼수 교장 선생님은 저의 중학교 은사이십니다. 은사님 덕택으로 지금 도지사를 하고 있습니다."

참석한 모두가 큰 박수로 축하해 주었다.

1990년 대통령행정수석비서관 때는 교육부와도 인연을 맺고 일을 했었다.

그때 전국에 2년제 국립전문대학이 17개교가 있었는데 4년제 대학 승격이 해당 지역의 오랜 숙원사업이었다. 대학이 지역 발전에 크게 기여한다는 점에서였다. 대통령 재가를 받아 연차 계획으로 승격시키기로 하고 우선 첫해(1991년)에 삼척공전과 상주농전을 4년제 대학으로 바꾸었다.

행정도
예술이다

1990년 1월 내무부 차관 때의 일이다. 당시 공직자들은 토요일, 일요일이 따로 없었다. 오직 일, 일밖에 모를 때였다. 특히 내무부는 전국의 지방 행정 지원·감독과 민방위, 소방업무, 그리고 치안업무를 관장했기 때문에 바쁜 나날을 보냈었다.

토요일 오후 퇴근길에 내가 탄 차가 서울 회현동 한국은행 근처에서 교통단속에 걸렸다. 다음은 그때《동아일보》'휴지통' 코너에 난 가십기사다.

▼…李相㙫 내무차관이 타고 가던 승용차가 서울시내에서 교통경찰관에게 적발돼 1만5천원짜리 스티커를 발부받았는데. ▼…李차관의 차는 주말인 지난 13일 오후 4시경 서울 中구 會賢동 신호대 부근 1차선에서 2차선으로 차선을 바꾸

다 경찰관에게 적발된 뒤 운전기사가 "차선을 바꾸지 못하는 지점인줄 몰랐다"며 사정하자 李차관이 운전기사에게 "잘못했으니 순순히 단속에 응하라"고 말해 스티커를 발부받았다는 것. ▼…이 같은 사실이 내무부에 알려지자 李차관은 "누구든지 교통법규를 위반하면 단속받는 것이 당연한 게 아니냐"며 교통경찰관들이 열심히 근무하고 있다는 것을 실감할 수 있었다고 말하기도.

이 일이 알려지게 된 것은 주말이 지나고 월요일 아침, 장관·차관·치안본부장이 함께 한 회의에서 내가 치안본부장에게 "요즘 우리 교통경찰관들이 열심히 잘하고 있다"면서 토요일 일화를 꺼냈다. 회의를 마치고 장관이 기자들을 만나 "우리 차관이 교통경찰의 단속에 걸려 스티커를 발부 받았다"고 자랑삼아 한 말이 이튿날 신문에 실리게 된 것이다.

경북도지사 때인 1986년으로 기억된다. 보통 주말에는 고속도로를 이용해 가족나들이를 떠나는 이가 많다. 대부분 남편이 운전하고 부인과 아이들이 같이 탄다. 즐거운 가족여행 길에 들뜬 나머지 가속 페달을 밟다가 교통경찰관에게 적발된다. 차를 세운 경찰관은 난감하다. 통사정하는 말이 오가고 결국 스티커를 발부받거나 적당히 모면한다.

곁에 있는 부인이나 아이들이 볼 때 든든한 가장의 이미지가 일순 '을(乙)'의 입장으로 바뀐다. 교통순경한테 쩔쩔매는 모습을 본 아이들은 어떤 생각이 들까. 기분이 언짢아지고 주말여행 기분도 반감되고 만다.

도지사로서 경상북도에 오는 손님들의 마음을 상하게 해서는 안 된다고 생각했다. 그때는 고속도로 순찰업무가 각 시·도로 위임되어 시·도 경찰국장이 관할하고 있었다. 도지사실에 보고하러 온 경찰국장에게 이렇게 부탁했다.

"요즘 경찰이 교통단속을 열심히 하는데 주말에 경북을 찾아오는 가족 여행 차량에 대해서는 융통성 있게 대처했으면 해요. 가족여행 차량은 운전자가 가족의 안전에 대해 누구보다 신경을 많이 쓸 것 아닙니까. 속도위반으로 적발했을 경우, 일단 경례를 하고 '지금 운전자께서는 속도를 몇 km 위반했습니다. 안전 운전하시고 가족과 함께 즐거운 여행 되시기 바랍니다' 이렇게 인사를 하고 보내면 어떨까요? 마치 고객이나 손님을 대하듯이 말이에요.

그러면 운전자는 미안해 할 것이고, 가족들에게 체면도 서고 아이들에게는 아버지가 근사해 보일 것이며 여행 기분 역시 더 좋아질 것이 아닙니까. 또 단속 경찰에게 고마운 마음을 가질 것 아니겠어요? 물론, 위험 운전을 하는 다른 차량에 대해서는 철저히 단속하고요."

나는 경찰국장에게 이런 부탁과 아울러 교통단속 경찰관들에게 격려금을 주도록 했다. 물론 격려금은 도지사가 마련하여 국장이 전달하도록 했다.

차관 때의 일화는 법 집행을 철저히 해야 하는 경우이고, 도지사 때의 일화는 법 집행으로 얻어지는 사회적 이익(公益)보다 더 큰 사회적 이익이 기대되는 경우다. 이러한 경우는 엄격한 법의 잣대보다 재량적 행정이 필요한 것이다.

과거엔 으레 운전자가 교통경찰관을 두려워하고 피하려 했다. 지금은 교통법규 위반을 보통으로 여긴다. 교통문화 수준이 달라지기도 했겠지만 대통령선거 때마다 사면권이 남용되기 때문이다.

재량적 행정은 불법을 외면하거나 방임하는 것과는 전혀 다른 개념이다. 요즘 서울의 한복판에 장기간 방치되고 있는 불법 시설물이나 불법 광고물은 분명히 '불법'이다 공직자들이 직무유기를 하고 있는 것이다. 지난날 이런 일에 대해서 엄격했던 나로서는 참으로 이해가 되지 않는 답답한 일이다.

행정도 예술이다. 행정의 장소, 때, 분위기가 서로 조화를 이루어야 한다.

깊은 산속의 난향(蘭香)도
바람이 불어 알려진다

1989년 경북도지사를 마치고 환경청장으로 근무할 때였다. 어느 날 선배 한 분에게서 전화가 왔다. 그분이 전해준 이야기에 귀가 번쩍 뜨였다.

연초에 노태우 대통령이 선배 예비역 장성들을 초청해 오찬을 함께 하였는데 오찬이 끝날 무렵, 대통령께서 이렇게 말씀했다고 한다.

"선배님들, 혹 저에게 하실 말씀이 있으시면 해주시지요."

잠시 조용한 정적을 깨고 한 분이 손을 들었다고 한다. 그분은 민기식 장군(1921~1998)이었다. 강직하고 바른말을 잘하시는 분이라 혹여 분위기에 맞지 않는 말씀을 하면 어쩌나 하고 걱정했다고 한다. 민기식 장군은 충북 청주 출신으로 국군 창군(創軍)에 기여하고 육군 참모총장과 국회 국방위원장을 지냈다.

그러나 뜻밖에도 민 장군의 말씀은 이러했다고 한다.

"대한민국 공무원 모두 열심히 일하고 있는데, 그중에서도 경상북도지사를 지내고 지금 환경청장으로 근무하고 있는 이상배 청장은 아주 청렴 강직하고 일을 잘하는 공무원입니다. 그런 사람을 중용하는 것이 좋겠습니다. 나는 그 사람을 만난 적도 없고 모르는 사이기 때문에 이렇게 얘기할 수 있습니다."

여기까지가 선배분이 나에게 전해준 이야기이다.

사실 나는 민 장군을 뵌 적이 없다. 알고 지낼 처지도 아니었다. 다만 그분이 군 안팎에서 신망이 두터운 분이라는 것은 알고 있었다.

공직자 주변에는 적대적인 관찰자가 많다. 작은 실수도 그냥 두지 않는다. 거짓 소문이 진실인양 둔갑하기도 한다. 열 마디 말에 아홉이 옳아도 남들이 칭찬하지 않지만, 한 마디만 틀리면 꼬집어 허물이라 들고 나오는 세태다. 그러나 정직하게, 경우 바르게 맡은 일을 묵묵히 하다 보면 사람의 진면목(眞面目)을 세상 사람도 알게 된다는 사실을 민 장군의 칭찬을 통해 느낄 수 있었다.

누가 알아주거나 알아주지 않거나 맡은 일을 열심히 하는 것은 공직자의 본분인데….

깊은 산속에 있는 난(蘭)의 향은 바람이 불어서 알려지듯, 세상엔 소문의 바람도 있다. 공직자를 지켜보고 있는 국민의 눈이 많기 때문이다. 스스로를 자랑한 것 같아 부끄럽기도 하지만 공직자를 지켜보는 눈은 바람만큼 많다는 뜻이다.

시켜서 하는 일보다는
찾아서 하는 일이…

　내무부 차관 때 우연히 외무부 대기대사실에 들린 적이 있었다. 외무부와 내무부는 정부청사 위 아래층을 쓰고 있어 얼굴 마주치는 일이 많았다.

　대기대사실은 글자 그대로 대기하는 대사들이 있는 곳이다. 본부발령을 받은 20명쯤 되는 대사급 직업 외교관들이 하는 일 없이 방치(?)되고 있었다. 다시 대사로 나갈 때까지 2년간 '그냥' 대기하고 있었다. 나는 해외경험이 풍부한 고급 인력이 허송세월한다는 사실에 크게 놀랐고 국가적으로도 엄청난 손실이라고 생각했다.

　내무차관으로 부임하기 전에 경북도지사와 환경청장으로 있으면서 외국의 지방자치단체와 자매결연, 각종 국제회의 참석, 교환 방문, 우리나라 주재 외국대사들과의 만남(당시 릴리 미국대사, 브라질 대사 등 여러 나라

대사들이 경북을 방문했었다.), 문서교환 등 외국어를 구사하고 문서를 검토·작성하는 인력이 꼭 필요하다는 사실을 절감하고 있었다.

내심 이 인력들을 꼭 활용해야 한다고 마음먹고 있었는데 마침 대통령비서실 행정수석비서관으로 발령이 났다. 자연스레 외교안보수석비서관과 만나 이야기를 나누었다.

"외무부의 대기대사들을 놀릴 게 아니라 각 시·도에 파견해 우리나라의 현장경험을 쌓게 하고 각 시·도의 자문에 응하게 하는 것이 국익에 도움이 되는 일이라고 생각합니다."

대통령께 건의를 드렸다. 얼마 후 각 시·도를 감독하는 내무부와 외무부가 그 시행에 들어갔다. 그것이 바로 '시·도 자문대사' 설치였다. 각 시·도에서는 사무실과 관사, 그리고 차량을 제공하기로 하고 대우는 시·도지사 다음으로 했다. 외무부가 좋아하고 내무부와 시·도 지사들도 만족했다. 대기대사들 역시 할 일이 생겨 좋아했다. 외무부엔 든든한 힘이 된 것이다.

이런 일이 왜 오랫동안 이뤄지지 못했을까. 역시 일은 사람이 하고 사람이 마음먹기에 달린 것이다. 우리 공직자들도 안목을 좀 더 크게 가지고 국가적 차원에서 국익을 위해 일했으면 한다. 그러면 국민의 지지가 저절로 따라오게 되는 것이다.

비슷한 얘기를 한두 가지 더 보태면, 새마을운동의 국제화를 생각하다가 미국의 평화봉사단, 일본의 국제협력단(JAICA) 같은 해외봉사단을 우리도 준비할 때가 되지 않았나 해서 한국국제협력단(KOICA)의 시안(試案)을 만들어 대통령께 보고 드린 적이 있다. 이것이 '코이카'의 시작이다.

또 한 가지는 총무처 장관 때의 일이다. 그때는 장관들과 국회의원을 비롯한 고위 공직자와 기업인, 의사, 변호사 등 사회지도층 인사들이 미군부대 출입증을 일상적으로 승용차 앞 유리창에 부착하고 다녔다. 미군 기지를 출입하면서 하는 일이란 부대 안 골프장과 식당을 이용하고 외제식료품을 구입하는 것이 전부였다.

그들은 미군부대 출입증을 마치 특권층의 표시인양 자랑스럽게 여기는 것 같았다. 장관들은 공무상 필요하면 사전에 연락하고 출입하면 될 일 아닌가. 나는 주권국가의 체면과 권위를 지켜야 한다고 생각하고 장관 승용차에 붙인 출입증 스티커를 일제히 제거하도록 했다. 나는 공무원 복무에 관한 일을 맡은 총무처장관으로서 마땅히 해야 할 일이라 생각하고 그렇게 했지만 서운해 하는 동료들도 더러 있었다. 또 한 번 욕먹을 일을 한 셈이었다. 나라의 체면을 위해서도 이런 특권은 내려놓아야 한다.

자랑같지만 나는 지시를 받아서 한 일보다 스스로 찾아서 한 일이 많다. 왜냐하면 모든 공직자는 자기가 맡은 업무분야는 자기가 제일 많이 알고 있다고 믿기 때문이다.

진짜 참모들

나는 대통령비서실에서 두 차례 근무했다. 전두환 대통령 때 교육·문화 비서관과 정무비서관으로 일했고, 노태우 대통령 때는 행정수석비서관으로 일했었다. 이분들은 참모들의 의견과 건의를 대부분 받아들였다. 88서울올림픽을 유치하게 된 것도 1981년 무렵 "우리도 한번 올림픽을 유치해 보면 어떨까요" 하는 참모들의 건의를 대통령께서 받아들인 결과였다.

능력있고 훌륭한 참모들을 임무 별로 배치해서 열심히 일하게 하고 지휘관은 그들의 의견에 따라 결정해 주면 된다고 하는 행정학적 사고가 몸에 배어있는 분들이었다.

미국에서 받은 군사교육의 영향으로 행정학은 정부보다 군(軍)에서 먼저 도입되었다. 한국전쟁을 겪으면서 일사분란한 군의 조직관리와 실전경

험으로 행정이 앞섰던 것이었다. 참모들은 직을 걸고 일하기 때문에 최선의 방안을 지휘관에게 건의할 수밖에 없다.

지휘관은 상과 벌, 두 가지만 잘 지키면 된다. 그리고 '결정'만 하면 된다. 그러나 참모의 의견을 무시하거나 지휘관의 자의 또는 사적인 측근들의 의견에 의존할 경우 대개 그 조직은 불행을 자초하게 된다.

1990년 여름, 부분 개각이 있었을 때의 일이다.

내일 아침 9시에 대통령께서 신임 장차관에게 임명장을 주기로 예정돼 있었다. 그러나 수해복구 관계로 사의를 표한 충청북도 지사의 후임을 정하지 못하고 있었다. 밤새 생각한 끝에 충북 출신으로 경제부처 차관을 지낸 한 인사가 떠올랐다. 아침 일찍 출근해서 오전 7시경 그의 집으로 전화를 걸었다. 그리고 "급히 행정수석실로 좀 와 달라"고 했다.

부리나케 달려온 그에게 "고향 도지사를 맡는 것이 어떠냐"고 했더니 좋다고 했다. 바로 대통령께 보고 드리고 재가를 받은 후 그를 임명장 수여식장이 있는 본관으로 데려갔다. 그리고 총무처 인사국장에게 공란으로 있던 지사 임명장에 이름 석 자를 써 넣도록 했다. 어쩌면 그는 잉크가 채 마르기도 전에 임명장을 받게 된 것이다.

믿고 맡기는데 열심히, 그리고 정직하게 일하지 않을 사람이 있겠는가. 그리고 결과에 대해 무거운 책임을 져야 하는 일에 어느 누가 최선을 다하지 않겠는가. 직업관료의 인사에는 네편, 내편을 가리지 말아야 하는 이유도 거기에 있다. 일을 믿고 맡기면 모두 내 편이 되는 것이다. '캠프'니 '코드'니 하는 말은 없어져야 할 말들이다. 일을 잘하는 사람, 잘하지 못하는 사람은 가려야 하지만 다른 이유로 사람을 가리는 일은 조직을 무력하게 만든다.

어느 전직 대통령은 대면보고가 불필요하다고 생각했다. 그러나 지휘관과 참모 사이에는 당연히 대면보고를 받고 또 대면보고를 해야 한다. 대면보고를 꺼리거나 하지 않는 것은 지휘관과 참모가 업무를 모르거나 임무의 중요성을 알지 못하는 경우라 하겠다. 대면보고를 하고 결재를 받은 사안은 그 조직의 말단까지 자부심을 갖게 만드는 장점도 있다.

내가 모신 대통령들은 현안사항이나 국제 정세 등에 대해 전문가, 석학들을 초청해 의견을 들었다. 매주 정해진 시간에 두 시간 정도씩 할애했다. 그리고 참모들이 추천하는 책도 매주 한 권씩은 소화했었다.

진짜 참모를 알아봐야 진짜 지휘관이 아니겠는가!

직언과 책임

공직자의 정도(正道)는 소신껏 일하고 결과에 책임지는 것이다. 1990년 행정수석비서관 때의 일이다. 제2부속실에서 연락이 왔다. 영부인께서 찾으신다고 했다. 무슨 일로 찾으실까 생각하면서 5분 거리인 본관으로 올라갔다.

"영부인님, 부르셨습니까."

"이수석님. 호텔에서 결혼식 하는 것을 금지하셨는데 이거 풀어주면 안 되겠어요?"

"예, 알겠습니다. 위화감 해소 차원에서 금지한 것인데요, 조금만 더 있다가 풀도록 하겠습니다."

2~3주일이 지났을까. 제2부속실에서 또 연락이 왔다. 영부인의 표정이

좀 달라보였다.

"호텔 결혼식 금지를 풀어준다고 하셨는데 왜 아직까지 안 푸세요?"

"네, 때기 되면 풀도록 하겠습니다. 이제 어느 정도 정착이 되어가고 있는데 조금만 더 시간을 주시면 좋겠습니다. 혹 주변에 민원이 있더라도 저에게 맡겨 주셨으면 합니다."

그리고 몇 주가 지났다. 제2부속실에서 다시 연락이 왔다. 그 일로 다시 채근하실 모양인 것 같았다. 같은 일로 세 번째가 된다. 아니나 다를까.

"이수석님은 왜 사회분위기를 가라앉히려 합니까. 이제 그만 호텔에서 결혼식을 할 수 있게 해주세요. 주위에서 야단들입니다."

영부인께 이런 얘기를 건넬 수 있는 사람들은 아마 제한적일 것이다. 그분들에 대한 서민들의 시선이 곱지 않아 호화 결혼식을 금지한 것인데….

"예, 알겠습니다" 하고 내려왔다. 더는 버티는 것이 예의가 아니라고 생각했다. 호텔결혼식은 여성들의 관심사이기에 제2부속실에서 챙기는 것은 당연하겠지만 세 번씩이나 말씀하신 사항을 더 거스를 수는 없는 일이었다. 그래서 호텔결혼식 금지는 해제되었다.

그때는 '새질서 새생활 운동'을 국민운동으로 전개하고 있던 중이었다. 주요 내용 가운데 고소득층과 서민 간의 위화감을 없애기 위해 호텔에서의 결혼식을 금지하고 가정의례 준칙을 철저하게 지키도록 한 사항도 포함되어 있었다. 고위 공직자나 부유층의 결혼식 때문에 빚어지는 예식장 주변의 소란과 교통막힘 현상은 서민들의 빈축 대상이었다. 당시 여론도 정부 편이었다.

그때 나에게도 큰 일이 있었다. 어머니께서 돌아가셨다. 대통령을 모시는 행정수석비서관으로서 가정의례 준칙을 철저히 지켜야 했다. 신문 부음(訃音)난에도 나지 않게 하고 조화는 2개만 놓고 나머지는 돌려보냈다. 물론 부의금도 받지 않았다.

'새질서 새생활 운동'에는 '범죄와의 전쟁'도 포함되어 있었다. 검찰과 경찰이 크로스 체크를 해서 조직폭력배 두목급 20명을 골라 집중 단속했다. 그리고 법 집행에는 경찰, 검찰, 군헌병까지 총동원해 큰 성과를 거두었다.

거리질서 확립을 위해 불법시설물과 간판을 일제히 정비했다. 공무원 골프금지도 포함되어 있었는데 불만이 터져 나오자 모두들 핑계를 대통령비서실로 돌렸다. 그리고 비서실 안에서도 공직기강을 맡은 민정수석실도 아닌 행정수석실이 한다며, 행정수석비서관인 나에게 집중공격이 이어졌다. (당시 '새질서 새생활 운동'은 행정수석실에서 주관했었다.) 그렇지만 그때는 그렇게 하는 것이 옳다고 판단하고 거국적인 국민운동을 전개했었다.

국민운동이 성과를 거두기 위해서는 고소득층과 국회의원을 포함한 고위공직자가 솔선함은 물론 희생하는 모습을 보여야 하는 것은 예나 지금이나 마찬가지다. 새옷을 입기 위해선 입고 있는 옷을 먼저 벗어야 한다. 옷을 두둑이 입은 채로 새옷을 입자고 소리쳐 본들 될 법한 일인가. 개혁은 기득권을 내려놓는 데서 시작된다.

그것은 그렇게 어려운 일이 아닌데 말이다.

자(尺)질은 여러번,
가위질은 한번

　1990년은 우리나라 경제가 한창 발돋움할 때다. 그때 10월 상순은 공휴일이 많았다. 1일은 국군의 날, 3일은 개천절, 9일은 한글날, 여기다 일요일 두 번을 합치면 닷새가 공휴일이다. 경제단체에서 "공휴일이 너무 많아 노동생산성이 떨어지고 경제발전에 지장이 많다"고 호소해 왔다. 그렇지만 모두가 걱정만 하고 있을 뿐 아무도 나서는 이가 없었다. '관공서의 법정공휴일에 관한 규정'은 총무처 소관이고 대통령비서실에서는 행정수석실 소관이다. 행정수석실에서 총대를 메고 공휴일을 줄이는 일을 시작했다.

　개천절은 삼일절, 제헌절, 광복절과 함께 4대 국경일로 손대기가 어려웠다. 국군의 날과 한글날을 공휴일에서 제외하는 것은 국익에 견주어 가능할 것 같았다. 총무처를 통해서 구상이 발표되자 예상했던 대로 군과 한글단체에서 크게 반발했다.

한글단체는 행정수석비서관이 직접 나서서 설득하기로 했다. 나는 그분들과 만나 이렇게 말했다.

"한글날 학생들이 등교해서 선생님으로부터 '오늘은 한글날입니다. 세종대왕께서 한글을 만드신 큰 뜻을 되새기면서 우리 한글을 더욱 소중히 여기고 열심히 공부합시다' 이렇게 가르치는 것이 더 낫지 않겠습니까. 노는 한글날이라고 해서 아버지의 등산길을 따라가는 것보다 좋지 않겠습니까."

설득을 거듭한 끝에 한글단체의 건의사항인 국어연구소의 국립국어연구원 승격을 받아들이기로 했다.(2005년 국립국어원으로 명칭이 바뀌었다.) 이렇게 해서 한글단체의 반발을 무마할 수 있었다.

국군의 날은 행정관료 출신인 나로서는 설득하기가 힘든 일이었다. 그래서 대통령께 말씀드렸다. "한글날 문제는 잘 처리되었습니다. 그러나 국군의 날을 공휴일에서 제외하는 일은 군의 대선배이신 대통령께서 직접 나서주셔야겠습니다."

내 말을 경청하신 대통령께선 "나한테 맡기라"고 하셨다. 그렇게 해서 1991년부터 한글날과 국군의 날은 공휴일에서 제외되었다. 그로부터 22년이 지난 2013년 한글날은 다시 공휴일로 부활하였다. 다만 22년 전 공휴일을 폐지한 것이 잘못된 것인양 매도하는 것을 보고 한심한 생각이 들었다. 폐지할 때의 상황과 부활할 때의 상황이 다르다는 점을 이해하려 하지 않고 지난 일을 무조건 잘못된 일로 치부하려는 상황인식 습관은 매우 잘못된 것이라고 하겠다. 그때와 지금은 잣대가 다른 것이다.

지금은 토요일도 공휴일이라 매주 연휴다. 금요일이 옛날 토요일 같다고 할까. '불금'이라는 말도 생겨났다. 여기다 설날, 추석, 어린이날이 다른 공휴일과 겹칠 때에는 그날 다음의 첫 비공휴일을 대체 공휴일로 지정해 하루 더 놀게 된다. 공휴일이 엄청나게 늘어난 셈이다. 지난 2018년 9월은 공휴일이 13일이나 되었고 10월은 열흘이었다. 휴일을 모르고 일만한 세대로서는 보람과 서운함이 교차한다. 공휴일을 늘리는 일은 아주 쉬운 일이다. 인기 있는 일이다. 일 안 하고 공부 안 하고 연달아 놀라고 하니 얼마나 좋은 일인가.

그렇지만 공휴일을 줄이기란 아주 어려운 일이다. 인기 없는 일이다.

주는 것은 쉬워도 뺏는 것은 어려운 일이다.

65세 이상이면 지하철 무임승차다. 지하철 적자가 쌓여가는 것과는 상관없는 일이 되었다. 이것을 70세나 75세로 바꾸는 것은 현실적으로 불가능한 일이 되기 때문이다. 복지수준을 높이거나 수혜를 확대하는 일은 살얼음판을 걷듯 신중에 신중을 기해야 한다.

'자(尺)질은 여러 번하고 가위질은 한 번만 한다'고 했다.

한번 가위질을 해 버리면 돌이킬 방법이 없기 때문이다.

눈치와 소신

　주위를 둘러보면 눈치 보는 사람과 소신 있는 사람으로 나누어진다. 공직자도 그렇다. 눈치 보는 사람은 자기 속마음을 내보이지 않는다. 먼저 말을 꺼내지도 않고 상대의 눈치를 살핀다. 일을 추진하는 데는 소극적이다. 결정을 미룬다. 이런저런 이유로 시간을 끌고 일을 늦춘다. 조선시대 선비들이 잘하는 바른말(直言)을 하지 않는다. 책임도 지지 않는다. 그럴 듯한 변명만 늘어놓는다. 미꾸라지처럼 잘 빠져나간다. 이런 사람은 공직자로서 바람직하지 않다. 그러나 그런 사람들이 공직을 오래 유지하는 경우를 본다.

　반면, 소신 있는 사람은 자기 의견을 잘 내놓는다. 가부(可否)가 분명하고 결정이 빠르다. 일에도 적극적이다. 장애물이 있으면 제거하고 헤쳐나간다. 결과에 대한 책임도 진다. 그렇다 보니 주위에 싫어하는 사람이 생기고 미움을 받아 적이 생기게 된다. 그러나 소신 있는 사람이라고 인정도 받는다 개인적으로 욕 먹는 것을 감수하고 적극적으로 열심히 일하는 사람이 공직을 맡게 되면 국가적으로 큰 발전을 가져온다. 우리나라는 물론 세계적으로도 큰 정치 지도자는 소신 있는 사람들이었다. 독일의 사회당 총리 슈뢰더(1998~2005년 재임)는 "독일을 살리기 위해 사회주의를 버린다"고 했다. 미국의 레이건 대통령이나 영국의 대처수상도 그렇다. 정당의 이익보다 국가의 미래를 앞세웠다. 선진국의 행정은 관리만 하면 되지만 우리나라는 아직도 할 일이 많다. 그래서 소신 있게 일하는 사람이 필요한 것이다.

그릇이 깨지는 일이 있더라도 물이 튀더라도 설거지하는 사람이 있어야 할 것 아닌가.

흙먼지를 덮어쓰고 똥오줌이 묻더라도 논밭에서 일하는 사람이 있어야 할 것 아닌가.

1988년 서울올림픽은 우리나라에 큰 전환점을 가져온 역사적 사건이었다. 세계 구석구석까지 한국을 알리고 소련, 중국 등 공산국가들과 수교하는 바탕이 되었다. 물론 경기성적도 세계가 놀랄 만큼 아주 좋았었다. 소련, 동독, 미국에 이어 4위였다.

올림픽을 성공적으로 치른 뒤 이런 일이 있었다고 한다. 오랫동안 올림픽조직위원장을 맡았던 당시 노태우 대통령은 체육단체 임원들과 각 경기연맹 회장들을 초청하여 노고를 치하하고 애로사항을 듣는 자리를 마련했다. 이때 우승 종목 중의 하나였던 필드하키연맹 회장이 수서택지조합 문제를 건의하게 되었고 대통령비서실은 이를 서울시에 전했다.

서울시는 검토해 보고, 되면 되는대로 안 되면 안 되는대로 그 이유를 분명히 해서 보고했으면 끝났을 일인데, 되는 것도 아니고 안 되는 것도 아니고 시간을 끌다가 "비서실에서 공문을 보내주면 검토하겠다"고 했다.

이런 일은 공문을 보낼 사항이 아님에도 비서실은 문서를 작성해서 서울시로 보냈다. 그 후 국회에 청원까지 하게 되었고, 그 과정에서 로비의혹이 불거져 국회의원 여러 명이 사법처리 되었다.

행정은 가부를 분명히 해야 할 경우에는 단호해야 한다. 우물쭈물 차일피일 시간을 끌어서는 안 된다. 그것은 신중한 것과는 다르다. 책임을 지지 않으려는 것이다.

조선시대 우리 선비들은 지부상소(持斧上疏)까지 한 일이 있지 않은가. 국리민복(國利民福)에 관계되는 일은 공직자가 소신껏하면 얼마든지 할 수 있는 것이다. 행정에 있어서 '적당히'란 말도 없어져야 할 말이다. 보신(保身)주의란 말도 있어서는 안 될 말이다.

'좋은 게 좋은 것'은 결코 좋은 것이 아니다.

달동네에서
배우다

1992년 서울시에는 달동네가 많았다. 달동네를 파악해 봤더니 서울시 전체 423개 동(洞) 가운데 무려 79개 동에 달했다.

달동네란 가난한 이들이 모여 사는 곳인데 대개 비탈이 심한 언덕에 옹기종기 모여, 달과 가깝다 하여 붙여진 낭만적인 이름이다. 당시만 해도 달동네는 서울 성곽 주변이나 서울역 주변에 많았고 시 외곽지역에도 많았다. 나는 주말을 이용해서 달동네를 모두 둘러보기로 하였다. 지방행정의 본령인 현장 행정, 생활 행정을 위해서였다.

처음 방문한 곳이 지금은 아파트촌으로 변한 상계동 달동네였다. '루핑'이라 불리는 허름한 기름종이로 지붕을 이고 지금은 찾아보기 힘든 커다란 시멘트 블록을 얼기설기 대충 쌓아올린 단칸방 집이었다. 요즘말로 치면

쪽방촌이라 할까.

이런 형편이라 화장실을 갖춘 집이 드물었다. 달동네 주민들은 후미진 곳에 설치된 간이화장실 몇 개를 공동으로 사용해야 했는데 아침이면 화장실 앞에 긴 줄이 늘어서곤 했다. 서로 민망하기 짝이 없었을 것이다. 이게 전부가 아니었다.

더 큰 문제는 간이화장실에 문고리가 없다는 사실이었다. 줄은 길고 고리는 없고 민망함을 넘어 얼마나 불안했을까.

달동네 분들과 이런저런 얘기를 나누는데 어느 중년 부인이 얼굴을 붉히면서 속마음을 털어놓았다.

"우리 딸애들이 안심하고 화장실에 갈 수 있게 화장실 문고리 좀 달아주세요."

그 말을 듣고 나는 화장실에 들어가 쪼그리고 앉아보았다. 한 손은 허리춤에, 한 손은 문을 잡아야 했다. 밤이 되면 얼마나 불안했을까.

얼마 후 시 산하 전 구청장이 참석하는 회의에서 나는 달동네 화장실에 문고리를 달라고 지시했다. 지금과는 달리 임명직 구청장 시절이라 시장의 지시는 일사천리로 집행되었다.

그리고 다시 찾은 달동네 화장실에는 '번듯한' 문고리가 달려있었다. 다들 그 자그마한 문고리에 얼마나 감격하던지… 다른 구청장, 동장들도 달동네를 점검하며 활발하게 움직였다.

한번은 봉천동을 방문하는 길에 예고 없이 소녀가장이 사는 집을 찾아갔다. 마침 한 소녀가 양철 소반에다가 열무김치와 보리밥을 놓고 막 수저를 드는 중이었다. 잠바 차림의 서울시장이 들어서자 소녀는 놀란 표정이었다. 그 소녀를 자리에 앉게 하고 말을 걸었다.

"밥 먹는데 찾아와서 미안하구나. 혹 남은 밥 있으면 나도 한 그릇 줄래?"

소녀와 어린 동생은 어쩔 줄을 몰라하다가 내가 아예 자리를 잡고 앉자 체념한 듯 자신들이 먹던 보리밥과 알루미늄 수저를 내왔다. 나는 어린 시절 늘상 먹던 보리밥이었기에 그날도 고추장으로 비비고 열무김치까지 얹어 한 그릇을 뚝딱 먹어 치웠다. 처음에는 과연 내가 그 밥을 끝까지 제대로 먹을 것인가를 지켜보던 그들 자매도 내가 속도를 내기 시작하자 신이 나는 듯 자신들도 밥을 비벼먹고 나와 거의 동시에 숟가락을 놓으면서 환하게 웃었다

"얘들아, 우리 잘하자. 열심히 살자."

이런 말로 그 소녀가장을 위로해 주고 쌀 한 포대와 연탄 몇 장을 들여놓고 발길을 옮겼다. 나는 재임 9개월 동안 달동네를 모두 돌았고 그중에는 두 번 간 곳도 있었다.

달동네 방문 때는 그 지역의 동사무소, 경찰 파출소, 소방 파출소를 모두 찾아 당직자(當直者)들을 격려하기도 했다. 이렇게 휴일에도 쉬지 않고 매 주말과 일요일을 근무의 연장으로 강행군하자 시장 차를 운전하는 기사도 질렸는지 기사들끼리 요령껏 교대하며 나를 데려다주었다. 그런데 문제는 비서관이었다.

나를 수행하던 비서관은 서울 법대를 수석으로 졸업하고 고시에 합격한 후 총무처에 근무하던 중 나와 인연이 된 엘리트 관료였다. 내가 총무처 장관 때 비서관으로 발탁하여 서울시장으로 자리를 옮기면서 놓치기 아까워 데리고 온 일꾼이었다. 그는 내가 무엇을 묻든 다 명료하게 대답을 했다.

당시는 인터넷도 스마트폰도 없을 때였다. 심지어 미국에 한 번도 간 일도 없는데 영어 구사도 월등했다.

그 비서관은 스물여덟 살 신혼기였고 더구나 부인이 첫 아기를 가져 주말이면 부인과 함께 시간을 보내고 싶어 하는 그런 젊은이였다. 그러나 주말과 일요일을 빼앗기면서도 나와 가파른 달동네 길로 오르락내리락 다니게 되니 얼마나 힘들어했을까. 언젠가는 다른 자리로 보내 달라고 할 줄 알았다.

그러나 비서관은 나의 예상과 달리 묵묵히 맡은 일에 최선을 다하는 것이었다. 내가 달동네 산동네를 찾아가는 주말에는 언제나 아침 일찍 정장 차림으로 자료까지 챙겨서 혜화동 시장 공관에 와서 대기하고 있었다. 한여름에는 온몸이 땀으로 젖었고 등과 팔에 땀띠가 수없이 생겼다. 그때 겨우 진정시킨 땀띠는 모질게도 지금까지 그의 몸속에 잠복해 있어 여름철마다 재발한다고 한다. 물론 나도 비서관과 같은 처지가 되어 여름철만 되면 땀띠 때문에 불편해 하고 있다. 그 후 내가 퇴임하면서 그는 미국의 하버드대학교 대학원에 진학하게 되었다. 박수영 비서관과 가족에게 그때 일로 미안한 마음을 지금도 갖고 있다.

우리 공무원 중에는 이처럼 능력 있고 정직하고 열심히 일하는 사람들이 많다. 적소적재(適所適材)만 되면 되는데…. 능력 있고 성실한 사람보다 말 잘 듣는 사람, 바른 소리하는 사람보다 아부하는 사람들이 출세하는 풍토가 안타까울 뿐이다.

서초동 꽃마을

서울지하철 서초역 네거리에는 900년 된 향나무가 길 한복판에 서 있다. 도로를 확장하면서 오래된 향나무를 그대로 보존하게 된 것이다. 그곳을 지날 때마다 오래전 선인들과 역사를 대하는 마음이다.

그 향나무 동서로 대법원과 검찰청이 있고 남북으로는 반포대교와 예술의전당이 연결되는 길이 있다. 1992년까지 이 지역은 '서초동 꽃마을'로 불리었다. 꽃, 나무를 파는 화훼가게를 중심으로 무허가 건물 2400세대가 들어서 있었다. '서초동 꽃마을'을 그냥 두고는 서울시의 새로운 모습을 기대하기 어려웠다. 그래서 나는 서초구청장에게 무허가 건물들을 철거하도록 지시를 하고 먼저 일제조사를 실시했다. 그 결과, 한 사람이 몇 채씩을 가진 사람도 있었고 자동차를 몇 대 가진 세대도 있었다.

우선 자진해서 철거할 것을 설득하고 종용했다. 그리고 이사를 가게 되면 전세방이나 집을 구하는 데 도움이 되도록 300만 원씩을 지원하기도 했다. 그 돈은 시의 예산이 아니라 철거로 인해 득을 보게 될 토지 주인들로부터 받아내기로 했다. 토지 소유주들은 모두가 넉넉한 사람들이었다. 돈을 모아 지원하는 과정이 매우 중요하기 때문에 공명하게 이루어지도록 했다. 지주들에게 평당 얼마씩으로 계산하여 고지서를 보내면서 '도시정비사업에 협조해 주어 고맙다'는 서한도 같이 보냈다

고지서를 받은 지주들은 해당 금액을 시 금고 은행에 바로 내도록 하고 이사 가는 사람들에게는 300만 원이 입금된 통장을 만들어 주었다. 공무원들은 돈을 만지지 못하게 했다.

이사 갈 집을 구하고 이사할 날이 결정되면 해당 구청장들에게 이분들을 지원하라고 지시했다. 이사 당일에는 구청에서 트럭과 인력이 와서 이사를 돕고 그 지역의 기관장과 유지들이 이사한 집을 찾아 돕도록 했다. 그렇게 해서 '서초동 꽃마을'은 말끔히 정비되고 대법원과 검찰청을 비롯한 법조단지가 들어서게 되었다. 그때 서초구청(황철민 구청장) 공무원들의 노고가 컸었다.

그 후 정권이 바뀌고 꽃마을 정비과정에서 공무원들이 나쁜 짓을 한 것은 아닌가 하고 조사가 있었지만 깨끗하게 끝난 것이 확인되었다.

지금 그곳에 무허가 건물 2400세대가 그대로 있었다면 대법원을 비롯한 법조단지가 들어설 수 있었겠는가. 행정의 기본은 나라를 이롭게 하고 다수 국민의 행복을 도모하는 일이다.

불법 무허가를 방치하는 것은 직무유기라고 생각한다.

서울시내 국·공유지 곳곳에 무허가 건물을 짓고 사는 사람들이 있다. 상점들도 매장 앞 도로 공간을 거리낌 없이 점거하고 상품을 진열한다.

이면도로는 차고로 변하고 있다. 흰 줄을 네모나게 그어 주차가 아닌 차고로 인정해 주고 있다. 원래 도로는 사람과 차량이 통행하는 공간이다. 도로의 반쪽이 차고가 되니 사람과 자동차의 통행이 갈수록 어려워지고 있다. 도로는 원래의 용도로 정상화시켜야 한다. 행정은 공공의 이익을 위해 적극적으로 임해야 한다. 행정에서 하지 않으면 누가 하겠는가.

차고지 증명제는 이런 저런 이유로 아직까지 시행하지 못하고 있다. 일본은 1964년 도쿄올림픽에 대비해 1962년에 차고지 증명제를 도입해 완벽한 거리질서를 유지했다.

어느 도시나 겉모습은 비슷하다. 그러나 도시의 골목길은 그 나라의 수준을 보여주는 거울이다. 우리도 이제 국민소득 3만 달러 나라가 아닌가.

세종로에 심은
농촌

미국의 카터 대통령은 대통령 재임 중에도 이란 인질사건 같은 골치 아픈 일이 생기면 측근들에게만 알리고, 고향 조지아의 땅콩 밭으로 달려갔다. 청바지를 입고 맨발로 땅콩 밭이랑을 거닐면 힘이 솟는다고 하였다.

그가 어렸을 때부터 손으로 일구고 발로 다졌던 대지와 농촌의 정기를 온몸으로 느끼며 늘 새로운 힘을 얻었고, 자신이 땅콩 밭을 경영하던 농촌 출신임을 확인하면서 원천적인 충전을 할 수가 있었다고 한다.

나도 일에 시달리다가 힘이 빠질 때면 고향을 찾았다. 내가 태어나고 유년의 꿈을 기르고, 국민학교와 중학교를 다녔던 그 산골 마을을 찾으면 나는 늘 새롭게 태어날 수가 있었다.

인간은 자연에서 기원(起源)한다. 좀 더 구체적으로 표현한다면 자신의 고향마을, 그 산골의 정기와 바람의 생명력으로부터 기(氣)를 받아 나온 존재이다.

이런 의미에서 도시의 아파트촌이나 콘크리트 숲에서 태어난 현대의 어린이들은 어쩌면 원초적인 고향의 힘을 상실하고 있는지도 모를 일이다. 그래서 나는 틈이 나는 대로 농촌과 도시는 부단히 교류해야 한다고 역설해 왔다. 1988년《농촌과 도시의 교류》라는 저서를 통해 모태와도 같은 농촌과 메마른 도시문화를 어떻게 교류, 접목해 나갈 것이냐에 많은 관심을 가졌었다. '농촌은 도시의 어머니'라고 늘 강조해 왔다.

뿐만 아니라 공직을 통해 그런 내용을 실천하려고 나름 애도 썼다. 서울의 심장부라고 할 수 있는 세종로의 녹지 공간과 세종문화회관의 앞뒤에 보리와 밀을 심었다. 그 보리가 자라고, 우리 재래식 밀이 파랗게 일렁이며, 원두막이 서고 박 넝쿨이 뻗어나가기 시작하자, 서울 시민들은 탄성을 지르기 시작했다.

"아… 참, 좋다! 프랑스식 마로니에나 일본식 벚꽃나무를 심을 게 아니라, 우리의 농촌에서도 사라져 가고 있는 밀과 보리를 심어 도심에서 볼 수 있는 일은 멋진 아이디어다!"

언론도 격찬을 해주었다. 이런 다소 파격적인 농촌문화 보급, 우리 정서 되살리기 운동은 내가 서울시장 재임 중에 시도해 본 과감한 행정조치였다.

한번은 한강관리사업소장이 한강 둔치에서 키운 배추와 무를 수확해서 서울시내 복지시설에 기증했다고 자랑삼아 보고를 했다. 그 사람 입장에서는 노는 땅을 일궈 무와 배추를 재배하여 불우시설을 도울 수 있었으니 얼마나 보람된 일인가….

아마 시장인 나로부터 격려나 칭찬을 받고 싶었을 것이다. 그러나 나는 그분의 과잉 의욕에 쐐기를 박았다.

"우리 농민들은 어쩌라고 그러시오……."

사실 그분의 의도는 순수한 것이었겠지만, 도시에서 소비되는 무, 배추는 물론 양념 하나라도 농촌에서 공급되어야 할 일이다. 서울시의 복지시설에 김장감을 대야 한다면 마땅히 서울시 예산에서 지원해야 할 것이고, 서울시 복지행정당국이 농촌에서 나는 무나 배추를 사들여 농민도 살리고 복지시설도 도와야 될 것이다.

선진국이 되려면 농촌이 잘 살아야 한다.

도시의 행정가들은 행정을 집행할 때마다 '농사짓는 분들은 어쩌라고' 하는 기본 인식을 가지고 있어야 한다는 게 나의 생각이다.

원숭이도 나무에서
떨어진다고 하는데

누구나 일을 할 때에는 잘하는 일이라고 판단하고 일을 추진한다. 그러나 일에서 물러났을 때에는 잘한 일과 잘못한 일로 평가가 나뉘기 마련이다. 내가 서울시장으로 부임해 전임 시장이 큰 사업계획으로 내건 것 가운데 두 가지 사업을 폐기한 일이 있다.

하나는 지하 자동차 전용도로를 건설하는 것이고, 다른 하나는 쓰레기 소각장을 각 구청마다 설치하는 것이었다.

전자는 서울시의 교통난 해소대책의 일환으로 구상한 것 같으나 그 실현 가능성을 생각하지 않았을 수 없었고, 후자인 쓰레기 소각장은 한 군데 설치하는 것도 어려운 일인데 각 구마다 설치한다는 것은 현실적으로 불가능해 보였다.

재임중 일을 많이 한 L시장을 만난 일이 있는데 그때 나는 "시장님은 두 가지 일은 참 잘했다"고 칭찬하며 이렇게 말했다.

"하나는 청계천 고가도로를 철거하고 청계천 양안의 많은 점포들을 정리하면서 하천을 복원하여 물이 흐르도록 한 것이고 다른 하나는 도로 중앙에 버스전용차로를 만든 것이에요. 나는 버스전용차로를 도로 중앙으로 옮기는 일을 꼭 해야 한다고 생각했으면서도 주저했는데 시장님은 그것을 해내더군요."

그랬더니 그분은 "그것 말고도 시청 앞 광장을 조성한 것과 시민들의 남대문 접근을 쉽게 한 것도 잘했다는 얘기를 듣고 있다"고 했다. 그러나 내 생각은 달랐다. 오히려 나는 "그 두 가지가 크게 잘못된 일"이라고 지적했다.

시청 앞 광장조성으로 시내 중심가의 교통 흐름이 매우 어려워졌고 지금은 광장이 아니라 난장터가 되고 공해마당이 되었다. 광장이라면 넓게 비어 있는 곳으로 누구나 여유롭게 오갈 수 있는 깔끔한 곳이 되어야 한다. 세계 어느 나라 광장도 이런 데는 없다. 수도 서울의 한복판이라는 위치에 걸맞은 품격과 아름다움이 있는 공간이 되어야 할 것이다.

또 남대문은 우리나라 국보 1호 숭례문이다. 전에는 남대문 주위로 차량 통행이 줄을 이어 시민들의 접근이 불가능했다. 그분은 그게 안타까웠던지 남대문 주변 반쪽 가까이에 잔디밭을 조성해 시민들의 접근을 쉽게 만들었다. 그렇다면 국보 1호에 대한 안전장치나 보호조치를 아주 엄격하게 자기집의 가보(家寶)를 다루듯 했어야 했다. 그 점을 소홀히 하여 2008년 어느 '몹쓸 사람'이 불을 질러 국보 1호가 허망하게 소실되고 말았다. 문화재

보호법을 제대로 지키지 못한 결과다. 참으로 안타까운 일이다.

이밖에 지금의 서울시 청사에 대해 나는 매우 불만이다.

내가 시장으로 부임했을 때 시청사를 어디에 어떻게 신축할 것인가에 대해 논란이 많았는데 나는 기존 건물을 헐고 새 청사를 짓기로 결정하였다. 그러나 당시 바로 착공을 못한 것이 못내 아쉽다.

그 뒤에 옛 건물은 그냥 두고 뒷마당에 '디자인 도시'의 청사라 해서 벌레 모양의 새 건물을 지었는데 참으로 못마땅하다. 지금 시청 자리에 벌레 같은 건물 대신 크고 반듯한 청사가 들어섰다면 얼마나 좋았을까. 중앙청 건물도 헐었는데 그보다 못한 시청건물을 허는 것이 그렇게 어려웠단 말인가. 문화재보호법을 일부 개정하면 될 일인데….

정치나 행정의 책임자는 일을 할 때 퇴임 후의 공과(功過)의 평가를 늘 명심해야 한다. 책임자의 결정은 국민이나 시민들에게 엄청난 파장과 영향을 가져오기 때문이다. 오늘 잘 한 일이 내일 잘못한 일이 되어서도 안 되고, 적폐(積弊)란 소리를 들어서도 안 되는 것이다.

나의 시정(市政)을 자평한다면 재임기간이 1년이 채 안 되는 기간이었지만 청결, 질서, 안전, 문화 등 생활행정에 역점을 두고 시정을 꾸려나갔다. 1994년 한양 정도(定都) 600년을 앞두고 그 기념사업으로 성곽, 고궁, 문화유적 등의 보존과 새로운 100년을 향한 서울의 발전계획을 마련하고 '남산 제모습 찾기 계획'으로 안전기획부 이전, 남산 위에 지어진 아파트 철거 같은 일을 추진했었다. 또 한강교량들에 대한 안전진단 결과, 가장 위험하다고 판정된 광진교 폐쇄철거는 시정 사상 처음 있는 일이었다.

이와 함께 금화터널 통행료를 폐지했고 다른 터널도 도심에서 외곽으로 나갈 때 내는 통행료는 폐지할 계획이었다. 보라매 병원을 서울대병원에 위탁 운영토록 한 일도 기억에 남는다.

서울시의 주 관문인 한강대교 남쪽 끝에 사자상 두 개가 있는데 누군가 미신을 믿고 이빨들을 부러트려 가져가고 없어 이가 빠진 사자상이 되었다. 발견 즉시 이빨을 보철했다. (지금은 볼품없는 조그만 해태 상으로 바뀌어 있다.)

교량청소를 하면서 교량 끝에는 늘 흙과 쓰레기가 소복이 남아있었는데 이것을 싹 쓸어내도록 했다. 그랬더니 시민들로부터 칭찬 전화가 많이 걸려왔다. "볼 때마다 찜찜했는데 속이 시원하다"는 것이었다. 시민들이 작은 일에도 신경을 쓴다는 사실을 알게 되었다.

겔바 공법으로 건설한 성수대교와 성산대교의 상판 양쪽 끝 나사 조임 부분을 자주 점검하도록 했다. 서울 도심에 일본의 도시에서 보듯이 지하 빗물처리장을 설치하는 일, 지하철 한강 지하구간 출입구 안전시설 보강 등도 구상했었다. 반면 "시장이 동장 일까지 한다"는 말도 들었지만 나는 시민과 함께하는 현장행정을 행동으로 실천했던 것이고, "홍보에 관심이 많다"는 이야기도 있었으나 그것은 의례적인 비판이라 생각했다.

국무총리 다음이
서울시장인가

공직은 치먹는 것이지 내리 먹는 것이 아니라고 한다.

일인지하 만인지상이라는 국무총리를 지낸 사람들이 서울특별시장 선거에 도전하여 낙선하거나 낙천되어 실패한 경우가 있다. C 국무총리, H 국무총리, K 국무총리 등 여러 명이 있었다. 다만 다른 K 국무총리는 새정치국민회의 공천으로 시장에 당선된 일이 있다. 2018년 6·13 지방선거 때도 총리를 지낸 분들이 자천타천 거론되기도 하였다. 전면적 지방자치가 실시되기 전에는 국무총리실이 서울시를 감독하고 시의회 업무를 대행해 예산승인까지 했던 점을 떠올리면 격세지감이 느껴진다.

주위에서 나에게 "대통령 빼고는 다했다"는 이야기를 한다. "국무총리도 못 했는데요"라고 하면 이런 말을 한다.

"국무총리는 하는 일이 많겠지만 주로 대통령을 대신해서 행사나 회의에 참석하는 그런 자리잖아요. 국무총리를 했다가도 서울시장이 되려고 애를 쓰던 데요."

실제로 서울시장의 권한은 막강하다. 1995년 전면적 지방자치가 되기 전에는 더욱 막강했다. 25개 구청장과 구청 간부 임명권은 전적으로 시장의 손에 달려있어 행정의 침투와 사업추진이 활발하게 이루어졌다. 출근길 교통대란이 우려되면 야간에 횃불을 켜고 건설공사를 강행했고, 폭설이 내리면 밤을 새워서라도 제설작업을 완료했었다.

가끔 대통령의 지시가 있을 뿐 누구의 지시나 감독도 없었다. 사심을 버린 정직하고 능력 있는 사람이 시장을 맡으면 일을 얼마든지 많이 하고 잘할 수 있는 자리다. 방향만 바로 잡으면 진도는 큰 일이 아니다. 진도는 열심히 하면 되는 것이니까.

전면적 지방자치가 된 후에는 시장의 행정적 역할은 뒤로 가고 정치적 역할에 관심이 많아졌다. 시장과 구청장은 같은 날 당선되는데 선거구의 크기가 다를 뿐이다. 시장이 소집하는 구청장 회의는 없어지고 심지어는 시장과 구청장이 공개적으로 다투기까지 한다. 시정이 제대로 이루어질 리 만무하다.

시장은 행정적 성격이 강한 자리인데 2007년 대선에서 이명박 시장이 대통령에 당선되면서 대권으로 가는 지름길로 인식되고 말았다. 이후 시장은 '행정인'이 아니라 '정치인'이라는 시각이 일반화 되었다.

'정치인 시장'은 근사한 시장공관이 필요하다고 주장한다. 외국 귀빈들을 맞이하기 위해서 라고 하지만 지금까지 외국 귀빈 어느 누구도 공관을 이용한 적이 없는데도 말이다.

선출직 시장은 민선시장이라 해서 온갖 정치적 행태와 수사를 쏟아내고 있지만 사실은 임명직 시장시절에 오늘의 서울을 건설했고 세계적인 도시로 우뚝 서게 했다고 할 수 있다.

선출직 시장은 유권자의 눈치를 보지 않을 수 없다. 당장 눈에 띄는 일을 생각하지 5년, 10년 뒤에 성과가 나타나는 일은 엄두를 내기가 어렵다. 또 장기 비전을 세운다 해도 선출직 후임자가 그 일을 계속해서 추진할 것으로 기대하기는 어렵게 되어있다. 그래서 그저 관리만하고 있다고 해도 과언이 아니다. 행정의 대부분이 스프트웨어에 그치고 하드웨어와는 거리가 있다고 하겠다.

공직자의
염치

    법을 지키는 것, 법을 위반하지 않는 것은 공동체 구성원의 기본적인 의무다. 공직자는 법을 만들고 집행해야 하므로 법을 잘 지켜야 하는 것은 너무나 당연하다. 더불어 공직자에겐 법보다 더 큰 잣대가 요구된다. 그것은 도덕적이어야 하는 것이다.

    그 중에서도 염치(廉恥)를 아는 것이다. 염치란 체면을 차릴 줄 알며 부끄러움을 아는 마음이다. 다른 사람의 눈 밖에 나는 일, 미움을 받는 일은 금물이다. 부끄러워할 줄 모르는 사람은 공직자가 되어서는 안 된다고 생각한다.

    여럿이 같이 먹는 음식은 여럿이 고루 먹어야 하는데 너무 열심히 자기 입으로 가져가면 밉살스럽다. 공짜랍시고 뭐든 잔뜩 가져가는 것도 그렇다. 보통사람의 이 정도 욕심도 눈총을 받는데 권력을 가진 공직자가 국민을 상대로 그런다면 오죽할까. '남의 것을 받을 때는 앞에 서지 말고 남에게 줄 때는 뒤에 서지 말라'는 말도 있다.

특히 권력은 돈과 같이 갈 수 없다. 돈을 가진 사람은 권력을 가지려 해서는 안 되고, 권력을 가진 사람은 돈을 가지려 해서는 안 된다. 공직자가 돈을 가지려면 공직에서 물러나야 한다. 물러나서도 공직을 이용해서는 안 된다.

나는 친구 간에 화투나 골프를 하면서 적은 내기를 해도 따지는 법이 없다. 내가 이겼다고 해서 상대가 주면 받고, 졌다고 해서 얼마를 내라고 하면 내준다. 따지는 것을 싫어하는 만큼 따지는 사람을 싫어한다. 내기하는 사이라면 친목이 먼저 아닌가.

그렇지만 나는 원칙을 소중히 여긴다. 남에게 빼앗기고 싶지는 않으면서 많이 주는 편이다. 그것은 일찍부터 군수, 시장·도지사를 하면서, 또 국회의원을 하면서 사람들의 마음을 얻으려는 습관이 몸에 젖어서인 것 같다.

공직자가 사람의 마음을 얻는 것은 어려운 일이지만 마음을 잃는 것은 한순간이다.

어떤 공직자는 자신이 "돈을 받았지만 대가성은 없었다"고 말한다. 이것은 법 밑에서 법 모르는 사람들의 말장난이다. 공직자가 관광지나 개발지역에서 땅을 사고도 투기가 아니라고 변명을 한다. '아내가 한 일이라서 나는 모른다', '남편이 한 일이라서 나는 몰랐다' 이게 무슨 말인가. 소가 웃을 일이다. 공직자에게 스폰서가 있다고 하는데 이건 또 무슨 말인가. 공직자가 무슨 운동선수라도 된다는 말인가. 공직자에겐 너무 가까이 지내는 사람도, 단골집도 보탬이 되지 않는다.

법에는 걸리는데 '관례'로 허용된다? 그러면 법은 왜 있는가.

또 국회의원을 포함한 공직자 중에는 가족이나 친지의 영업을 도와주는 경우가 있는데 해선 안 될 일이다.

공직자는 그야말로 모범이 되어야 한다. 고위 공직자는 더더욱 그러하다.

수신(修身)이 잘 돼야 하고 제가(齊家)가 잘 된 연후에 나라를 다스리는 일에 몸을 담는 것이다. '수신제가'가 엉망인 사람은 공직자가 될 수 없다. 자기 자신과 가족도 제대로 다스리지 못하는 사람이 어떻게 남을 위해 일하는 정부 구성원이 된단 말인가. '집에 어진 아내가 있으면 남편이 나쁜 화(禍)를 만나지 않는다'고 했다.

공직자는 무대 위에 벌거벗은 모습으로 서 있는 것과 같다. 늘 객석을 의식해야 한다. 홀로 있을 때도 도리에 어그러짐이 없도록 몸을 삼가야 하는 것이다. 이를 신독(愼獨)이라 한다.

얼마 전 신문에서 공직자의 처신에 대한 기사를 읽었다. 영국 국제개발부 마이클 베이츠 부장관은 의회 회의에 3분 지각했다는 이유로, 미국 질병통제센터 피츠제럴드 국장은 담배회사 주식을 사들인 사실이 공개되면서 모두 사표를 냈다. (영국 총리실은 마이클 부장관의 사의를 반려하긴 했지만) 이처럼 공직의 무게는 엄중하다. 공직자는 자신의 처신에 누구보다 엄정해야 한다. 그 엄정, 엄중함이 빛을 발할 때 공직사회가, 우리 사회가 건강해지고 국가발전이 가능해진다.

나는 미국의 목사이며 저술가인 채닝(William Ellery Channing)의 〈나의 교향악〉을 좋아한다. 청교도 사상에서 출발한 채닝의 겸손한 서양적 중용론은 본받을 만하다.

　직은 새산에 만족하며 살고
　사치보다는 우아를,
　유행보다는 세련을 구하며
　존경받기보다는 가치 있기를,
　부유하기보다는 넉넉하게 되기를 바라며
　열심히 노력하고 조용히 생각하고
　부드럽게 이야기하며 솔직하게 행동하고
　별들과 새들과 유아들과 현인들의 속삭임을
　솔직한 마음으로 경청하며
　모든 것을 즐겁게 참고 모든 것을 조용히 행하며
　기회를 기다리며 결코 서두르지 않는것,
　한마디로 말해서
　정신적이고 자발적이며 무의식적인 것들이
　평범한 것을 통하여 자라나도록 하는 것
　이것이 〈나의 교향악〉이 되리라.

참을 줄도
알아야

　월남 이상재 선생은 요즘 관직으로 치자면 차관보 정도에서 그친 셈이지만 노년에 YMCA 같은 청년운동을 주도하면서 민중을 각성시킨 분이다. 이 분의 아드님이 젊은 나이에 군수로 나가게 되었다. 늘 어렵게 살림을 하던 며느리가 아들이 재직하고 있는 임지에 조그마한 땅을 마련한 일이 있었다.

　이 소식을 접한 이상재 선생은 그날로 행장을 차리고 내려가 아들과 며느리를 꿇어앉히고 불호령을 내렸다

　"군수가 군민들의 복리를 생각하고 지역 살림을 챙기기도 벅찰 텐데 사사로이 돈을 마련해서 땅을 사? 그것도 임지에서…. 너희들은 아무리 청렴함을 주장해도 그것을 믿어줄 현지인은 아무도 없을 것이다. 당장 헐값에

라도 팔아치워라."

이에 며느리는 두말없이 땅을 팔아 치웠다.

내가 울진 군수로 있을 때 아버지로부터 절저한 딩부를 받고 참으로 조심을 많이 했다. 아버지는 군수인 아들 집으로 매달 쌀과 돈 4만 원을 부치셨다. 그리고는 군민(郡民)과 어떤 거래도 해서는 안 된다고 당부하셨다. 보내주신 쌀은 화물영업소에 가서 찾아 군수 관사까지 운반해야 하는데 이 일을 군청 청부에게 부탁해서 했다. 리어카에 실은 쌀가마니가 군수 관사로 가는 것을 보고 말하기 좋아하는 사람들이 이상한 쌀가마니가 자주 들어간다고 했다.

시간이 지나 그것이 군수 고향의 부모님이 매달 보내주시는 쌀로 알려지게 되자 참으로 대단하다고 칭찬해 주었다.

어느 날 지역 유지 한 분이 나를 찾아와 하는 말이 "망양정(관동팔경 중의 하나) 인근에 밭 한 필이 매물로 나왔으니 사라"는 것이었다. "지금 사두면 후일에 좋을 것"이라는 말도 덧붙였다. 나는 그 자리에서 펄쩍 뛰면서 "그 말은 안 들은 것으로 할 테니 당장 나가시오!"라고 소리쳤다.

요즘 청문회에 나오는 장관 후보자들을 보면 하나 같이 재산에 집착을 가진 사람들이다. 염치가 없고 창피를 모르는 것 같다.

서울시장으로 있던 1992년에는 스페인 바르셀로나에서 올림픽이 열렸다. 당시 올림픽 개최를 주관하는 도시에서 전 개최지 시장과 다음 개최지 시장을 함께 초청하는 것이 관례였다. 88서울올림픽을 성공적으로 개최했던 서울시는 이미 바르셀로나 행(行)을 준비하고 있었다. 시장 내외와 비서관, 국·과장 등 5~6명이 가게 되어 있었고 예산도 6천여만 원이 당초 예산에 확보되어 있었다.

　나의 공직생활 만큼이나 내조로 고생했던 아내도 바르셀로나 행을 잔뜩 기대하는 눈치였다. '정열의 나라' 스페인을 둘러보고 올림픽 개막식도 내 빈석에 앉아서 보고 싶어 했다. 그런데 바로 이 대목에서 오랜 공직경험에서 체득된 선공후사(先公後私)가 발동, 이럴까 저럴까 하는 심려 병이 도지게 되었다.

　지금 생각하면 바르셀로나 올림픽 개막식에 참석하는 것은 당연한 일이지만 그때는 6천여 만 원의 많은 예산을 쓰면서까지 가도 될까 하는 생각이 들었다. 결국 시의회 의장을 대신 보내서 외교적 의례는 지켰다.

　나의 변심 때문에 아내는 물론이고 같이 가기로 했던 직원들마저 준비했던 가방을 다시 풀어야 했다. 아내는 지금도 가끔 이 일에 대해 서운함과 아쉬움을 얘기하곤 한다. 그럴 때마다 나는 아내의 서운함을 달래주곤 한다.

　"여보 미안해. 그때는 그렇게 되었어."

　내무부 차관보 때의 일을 한가지 더 보태기로 한다. 나는 내무부 새마을 담당관, 대통령비서실 새마을담당비서관, 내무부 초대 자연보호담당관을 지냈고 또 차관보는 새마을 운동의 실무책임자라서 전국 새마을 지도자 대회에서 매번 새마을 훈장을 받는 것이 관례가 되어 있었다.

　그러나 나는 아무리 관례라고 해도 내가 훈장을 받는 절차에 스스로 참여하면서 받는 것은 도리가 아니라 생각되어 그 훈장을 받지 않았다.

진짜 큰 눈
버드 아이, 버그 아이

세상의 모든 일은 사람이 하고 사람에 의해서 이루어진다. 그리고 일하는 사람의 마음먹기에 따라 그 결과는 하늘과 땅 차이가 난다.

일하다 보면 잘못될 수도 있다. 부엌에서 설거지하는 사람이 그릇도 깬다. 안방에 앉아 자기 몸단장이나 하는 사람은 그릇을 깨는 일이 없다. 그릇을 깼다고 해서 질책을 하거나 밉게 보면 다음에 팔을 걷어 부치고 설거지할 사람이 없게 된다. 스포츠 경기를 보면 실수한 선수를 감독이 나무라지 않는다.

환경과 제도는 그 사회 구성원에 따라 극복될 수 있다. 큰일이 터지면 선진국은 제도를 탓하지 않고 운영의 잘못을 따지는데 우리나라는 운영이 잘못됐을 때도 으레 제도 탓으로 돌린다. 그리고 제도와 조직을 바꾸려고 요란을 떤다. 내가 오랫동안 근무했던 내무부, 총무처는 지금은 이름이 없어졌지만, 한때 행정자치부에서 행정안전부가 되었다가 또 안전행정부로, 다시 국민안전처를 거쳐 행정안전부로 바꾸었다. 해양경찰이 잘못했다고 해양경찰청을 폐지한 일도 있다. 그런 나라가 어디 있는가. 운영을 잘못했다는 것을 인정하지 않으려고 제도 핑계를 댄다.

공직자에겐 천직관과 사명감이 필요하다. 공직은 다른 직업과 달라서 생업으로만 생각해서는 안 된다. 공직은 남을 위한 것이지 자기 이익을 위하고 명예를 도모하기 위한 자리가 아니다. 돈을 생각하면 장사를 할 일이지 왜 권한, 권력을 가진 공직을 택하는가.

송나라 때 목민관을 지낸 왕환지(王渙之)는 이렇게 말했다고 한다.

"수레를 탈 때는 항상 전복되어 떨어질 것을 생각하여 처신하고, 배를 타면 항상 뒤집혀 빠질 것을 생각하여 처신하며, 벼슬을 하면 항상 불우할 것을 생각하며 처신하라."

송나라 법연의 계율(戒律)도 시사하는 바가 크다.

'복(벼슬)은 다 받지 말라. 반드시 재앙이 따른다. 기운(권력)은 다 쓰지 말라 .반드시 욕됨을 당한다'고 했다.

또 다산 정약용은 인사과정에서 도안(道眼)을 강조하며 이렇게 말했다.

'관직에 오른 자는 세 가지 버릴 것이 있다. 관직에 재직하는 동안 새로 집을 장만하거나 개축하지 않아야 하는 옥기(屋棄), 출사하기 전에 사사로이 거느리고 있던 자들을 등용하지 않아야 하는 노기(奴棄), 관직에 있을 때 자식들의 출세나 이권을 챙기지 않아야 하는 자기(子棄)를 지켜야 한다.'

공직은 국민을 편안하게 행복하게 하려는 이상을 실현하는 자리다. 자신의 영달을 위한 자리가 결코 아니다. 그러나 공직에 있을 때는 이룬 일이 반드시 있어야 한다. 한 일이 있어야 흰다. 세금만 축내서는 안 된다.

지도자는 국민보다 한발 앞서 미래를 먼저 읽어야 한다. 국가지도자에겐 앞을 내다보는 안목과 큰 결단이 필요하다. 조짐을 읽는 예민함을 가져야 한다. 알래스카는 1867년 러시아의 알렉산드르 2세가 미국에 720만 달러를 받고 판 땅이다. 지금 알래스카가 러시아 영토라면 미국의 안보는 어떻게 되었을까. 그 많은 자원은 어떻게 되었을까? 알래스카를 매입할 당시 미국의 국무장관인 윌리엄 슈워드는 많은 비난과 조롱을 감수해야 했다. 그러나 훗날 두고두고 칭송의 대상이 된 것은 물론이다.

터키 코앞의 모든 섬들은 예외 없이 그리스 땅이다. 이것은 터키의 국부(國父) 케말 파샤가 정한 것이다. 지중해와 에게해의 수많은 섬을 포기하고라도 오스만 제국의 수도 이스탄불은 가져야 한다는 판단에서였다.

공직자에겐 버드 아이(bird eye)와 동시에 버그 아이(bug eye)가 있어야 한다는 말이 있다.

뒤늦은
후회

다산 정약용은《목민심서》를 통해 '스스로 애써서 목민관의 벼슬을 구해서는 안 된다'고 말했다. 목민관의 자리는 그만큼 책임이 막중하기 때문에 자기만족이나 명예, 출세를 위해 자리를 구해서는 안 된다는 뜻이다. 희생과 봉사의 정신없이 공직자가 되어서도 안 되고 될 수도 없는 것이다.

그러나 요즘은 전통적인 공직관은 멀리 가고 생활을 위한 취업수단으로, 그냥 일자리로, 월급쟁이로 바뀐 것 같아 안쓰럽다.

또 일자리를 늘리는 수단으로 공직자가 많이 늘어나고 있는데 채용과정이 분명한지, 교육훈련이 제대로 되는지, 공직의 기본인 윤리의식과 준법정신이 제대로 갖추어졌는지 걱정이다.

사람이 자신의 일에 임하는 방식엔 세 가지가 있다고 한다. 직업으로 하는 일, 경력관리로 하는 일, 천직으로 하는 일을 말한다.

1960년대 초부터 2010년대까지 50년간을 공직으로 보낸 나는 오로지 공직을 전식으로 알고 맡은 일에 전념했을 뿐 사사로운 가정생활은 팽개치다시피 살았다.

집에 가족과 함께 하는 시간은 밤늦게 돌아와 동이 틀 무렵 출근하는 시간까지가 진부였다. 토요일, 일요일도 없었고 휴가는 아예 생각도 못했다. 그러다 보니 시골에 계시는 부모님은 물론 한 집에 사는 아내와 두 아들과 어울리는 경우가 거의 없었다.

일찍이 군수부터 지내다 보니 아내와의 신혼기의 단란함도 겪어보지 못하고 아이들에게는 아빠와 함께한 추억과 이야깃거리를 만들어 주지 못한 안타까움을 갖고 있다. 다시 아이들을 키울 수 있다면 잘할 수 있을 텐데 하는 아쉬움 속에 가족들에게는 늘 미안함을 안고 산다. 요즘 젊은 부부들이 아이들과 어울리는 모습을 보면 그렇게 부러울 수가 없다. 그렇지만, 인생엔 연습이 없는 것을 어찌 하겠는가.

나는 직장 동료들이 다하는 두 가지를 못해봤다

첫 번째는 대학원에 야간학생으로 등록하여 석사학위를 받는 일을 못했다. 그때 내 생각으로는 정부와의 계약에 의해 공무원이 되었으면 맡은 일에 전념해야지 일하는 시간을 축내가면서 개인적인 일을 도모해서는 안 된다는 것이 나를 열외자로 만들었다.

두 번째는 국장급이 되면 모두가 국방대학원에 입교하여 1년간 연수를 하면서 외부 사람들도 사귀고 외국에도 나가고 일에서 벗어날 기회를 갖는데 나에게는 그 기회가 주어지지 않았다. 그 덕에 일을 많이 하게 되었지만 원망스러움은 남아있다. 나는, 공직은 나를 위해서가 아니라 남을 위해서 일하는 자리임을 어느 정도 실천했다고 자부한다.

밖으로는 열심히 일하고 출세를 했다고 하지만 가정생활은 낙제점이란 것을 무척 아쉬워하고 있다. 떨어져 살다보니 부모님을 정성껏 모시지 못했고 여행 한번 제대로 모시지 못했다.

아내와 두 아들에게 살갑게 대하지 못했다. 두 아들의 졸업식에 한 번도 가보지 못한 일, 퇴근길에 아이들이 좋아하는 군고구마 한번 사들고 들어가지 못한 일… 등이 몹시도 후회스럽다. 했으면 되는 일인데…. 공사(公私) 구분을 무 자르듯 한 것, 너무 별나게 살았나 보다.

'무·배추와 사람은 산지(産地)에서는 제값을 못 받는다'고 해서 바깥세상을 한바퀴 돌며 무던히도 애를 썼다. 그리고 다시 돌아와 보니 '동네 처녀 예쁜 줄 모른다'는 말대로 언제나 쉽고 편한 대상이라고 생각했던 가족과 이웃이 소중하고 그것이 나의 중심이란 것을 뒤늦게 알게 되었다.

집안을 잘 지켜주고 나를 도와준 아내 덕분에 부끄럽지 않은 공직생활을 마칠 수 있었다. 또 반듯하게 잘 자라 가정을 이룬 두 아들과, 손자녀들을 잘 키워준 두 며느리에게 늘 고맙게 생각하고 있다.

할 일이 없어져도
버틴다

서울시 공무원 확대간부 회의 때에 한강관리사업소장이 이런 업무보고를 했다.

"한강 하천부지(둔치)에서 재배한 무와 배추를 수확해서 몇 군데 복지시설에 김장용으로 기증했습니다."

나는 "그게 소장님의 할 일 입니까"라고 나무란 일이 있다.

"그런 일보다 수해방지를 위한 수문관리, 수중보 관리, 고수부지 관리, 도로관리와 교량관리, 어족자원보호, 한강과 둔치에서 시민들이 즐길 수 있는 쾌적한 여건조성 등 이렇게 할 일이 많은데 그런 일에나 집중하세요."

내무부 민방위본부장으로서 춘천소방서를 방문했을 때 소방서장이 이런 보고를 했다.

"저희 소방서에서는 귀성객들을 대신해 산소 벌초를 해주고 있습니다."

나는 "소방서장이 그렇게 할 일이 없나요"라고 반문했다.

"불이 나야 할 일이 생기는 겁니까. 소방업무는 불이 나기 전에 예방하는 것이 주 임무가 되어야 합니다. 소방시설 점검, 다중 집합업소 집중관리, 고층빌딩 중점관리, 소방차로 확보 같은 많은 일들이 모두가 소방서장의 손길을 기다리고 있습니다."

산불 예방과 진압은 산림청, 도시화재 예방과 진압은 소방청의 책임이다.

이렇게 소관이 나뉘는데 산불이 나면 소방차가 먼 곳까지 동원된다. 업무지원은 좋은 일이지만 그때 도시화재가 발생하면 어떻게 대처할 것인가.

우리나라는 국토의 3분의 2가 산지다. 그래서 농림부 산림국이 산림청으로 독립되어 조림과 사방에 집중한 결과, 지금은 산림녹화와 사방사업이 완료되었다. 그럼에도 산림 행정업무는 줄어들지 않고 있다. 조직은 더 커졌다. 또 그 많은 국유림을 품에 안고만 있을 일이 아니다.

우리나라 공공기관은 한번 설치되면 그 목적사업이 없어지거나 완료되어도 계속 버틴다.

'민주평화통일자문회의'란 조직이 그렇다. 체육관에서 대통령을 뽑는 조직이라고 많은 국민들이 싫어하던 '통일주체국민회의'가 그 전신이다. 없어지기는커녕 몸집이 점점 불어나고 있다. 그 많은 예산을 쓰면서 어떤 일을 하고 있는지 의문이다.

농어촌공사도 그렇다. 이름조차 무슨 일을 하는 곳인지 알기 어렵다. 농업용수관리, 농업생산기반 관리를 하던 농어촌진흥공사와 농지개량조합이 합쳐진 조직으로 이제 그 목적사업이 거의 끝났는데도 계속 버티고 있다. 할 일이 남았으면 지방자치단체에 이관하면 될 일이다.

대한석탄공사와 광업진흥공사도 그렇다. 그 많던 석탄 광산이 거의 사라진 지금, 두 기관을 합칠 수도 있는 것이다. 공직자 모두가 공직을 천직으로 알고, 맡은 임무수행에 보다 애국적이었으면 좋겠다.

다정도
병이런가?

1972년 안동시장 때 일본의 야마카타(山形)현 사가에(寒河江)시와 자매결연을 맺고 교환 방문한 일이 있다.

그곳을 찾았을 때 일본은 도쿄올림픽(1964년) 이후 급속한 발전을 하고 있었다. 거리는 청결했고 사람들은 친절했으며 서비스업소나 생산현장은 활기가 넘쳤다.

우리도 공무원들이 분발해 이런 나라를 만들어야지 하는 의욕이 치솟았다. 당시 만난 교포 중에 김상곤씨가 생각난다. 안타깝게도 지금은 돌아가셨지만 그때 인연으로 형제 같은 정을 나누며 오랫동안 왕래했었다.

경남 함양 출신으로 자수성가한 분인데 야마카타 현에서 개인 소득세를 가장 많이 낼 만큼 기반을 탄탄히 쌓고 일본인들이 부러워할 정도로 큰 사업을 하고 있었다.

그 후 경북도지사로 있을 때 도청 공무원들을 그곳으로 보내고 싶다고 청을 넣었더니 좋은 사람을 뽑아달라는 답이 왔다. 도청의 각 국(局)별로 모범공무원 1명씩을 뽑아 11명을 보냈다. 왕복 비행기표는 물론이고 현지에 도착하자 그분이 보낸 미니버스가 대기해 있었고 도청 공무원들은 도쿄와 오사카 등 일본의 여러 곳을 돌아볼 수 있었다. 지금 생각해도 참 고마운 분이셨다.

고향이 경남 분이니 경북에 무슨 사업을 하려는 것도 아니었다. 그분 말대로 오직 고국이 좋고, 고국에서 찾아온 젊은 시장인 나를 곱게 본 것이 인연이 되어 도지사가 된 뒤에도 그런 호의를 베푼 것이었다. 그분의 당부는 하나였다. "우리나라(祖國)도 일본처럼 발전된 나라로 만들어 주시오"였다.

도지사가 되고 나서 주말이면 서원·사찰·성지·종가를 두루 찾아다녔는데 그때만 해도 요즘같이 성능 좋은 차량이 없었고 대부분 비포장 길이어서 어려움이 많았다. 그때 동아자동차 회사를 경영하던 친구에게 나의 이런 어려움을 이야기했더니 바로 자기 회사에서 생산한 지프 한 대를 기증해 주었다. 도지사로 있는 동안, 그 차를 요긴하게 이용했고 도청을 떠날 때는 도 재산으로 남겨놓았다.

서울시장 때는 열심히 일하는 동사무소 공무원을 선발해 해외 시찰을 보냈는데 그 가운데는 조선일보사가 후원하고 신한은행이 협찬하는 해외 연수 계획에 참여하여 신세를 진 일도 있다.

공직이란 참으로 묘한 것이다. 그것도 일단 기관장을 맡고 보면 어떻게 할 수 없는 정(?)이 솟구치는 것이다. 내가 아쉬운 소리를 해서 조금만 신세를 지면 공무원들의 해외 견문도 넓힐 수 있고 기동력이나 순찰능력도 끌어올릴 수 있다는 생각이 앞섰다.

공직에서 물러난 지금 생각하니 부채(負債)의식을 느낀다. 좀 더 솔직히 말한다면 그때 내가 공적인 예산이 허용되는 대로만 일했다면 퇴직 후 이런 사적인 부담감은 느끼지 않았을지 모른다. 그때 일본을 다녀온 공무원들은 그것이 도지사의 사적인 인연에 의한 것인지, 도예산에 의한 것인지 별관심이 없으니 서운할 수밖에 없다. 아무튼 공(公)을 위해 사(私)를 보탠 것이 좋은 일이었는지 나쁜 일이었는지 아직도 확실한 답을 얻지 못하고 있다. 아마도 의욕이 넘쳤던지, 다정이 병이었던지….

주는자와
받는자

고려시대 문인 이규보 선생이 여행 중에 나룻배를 탔다

배 두 척이 나란히 달려 나갔다. 그런데 이상하게도 크기도 비슷하고 승객이나 짐도 비슷한데 저쪽 배는 벌써 건너편에 도착한 반면 이규보 선생이 탄 배는 머뭇거리고 있었다. 도대체 왜 그럴까 의아해하니 옆에 있던 누군가가 이렇게 말했다.

"그야, 저 배는 사공에게 술을 먹였으니 사공이 온힘을 다해 노를 저을 수밖에요."

"술을 먹여 사공을 기분 좋게 만들어 열심히 노를 젓도록 한 것이군요. 그렇다면 이쪽 배에 탄 사람들은 어떻게 해야 할까요?"

"이럴 줄 알았으면 우리도 술 좀 먹일 걸. 이제라도 돈을 얼마씩 걷어서

줄까?"

"아니지. 우리도 정당하게 배 삯을 내고 탄 건데 어떻게 그럴 수 있나."

등등 의견이 분분했다. 누군가가 이규보 선생에게 어떻게 하면 좋을 지를 물었다. 이규보 선생은 탄식하며 이렇게 중얼거렸다.

"보잘것없는 배의 운행도 뇌물을 주느냐 안 주느냐에 따라 빠르고 느리며 앞서고 뒤처지는 일이 생기는 법인데 하물며 풍파 몰아치는 벼슬길에서야…."

자신이 뛰어난 능력을 갖췄음에도 순탄하게 풀리지 않은 자신의 벼슬살이를 떠올리며 탄식할 수밖에 없었다.

이익을 보자고 뇌물을 주고 받는 일이 나쁜 것은 분명하지만, 주는 사람이 더 나쁠까. 아니면 받는 사람이 더 나쁜 것일까. 나는 주는 사람이 더 나쁘다고 생각한다.

뇌물과 선물의 구분도 애매하다. 낙향한 정승을 후학이 찾아와 인사를 하는데 쌀 한 가마니와 필묵을 가져왔다. 정승은 필묵은 정으로 받고 쌀은 돌려보냈다. 당시 쌀은 바로 돈으로 인정되던 시절이었다.

조선 중종 때 영의정 성희안의 천거로 청송부사가 되었던 정붕(鄭鵬)의 이야기도 울림을 준다.

경북 청송 지역은 예로부터 잣과 꿀이 유명했던 고장이다. 당대 청백리였던 영의정 성희안은 절친한 친구이자 현지에 나가 있는 외관 정붕에게 대수롭지 않은 청을 했다.

"친구여, 우선 임지에 잘 가서 충실히 근무를 하고 있음을 축하하오. 그곳에는 잣과 벌꿀이 자고로 유명하니 그것 좀 보내 주시오."

그런데 정붕의 대답은 참으로 엉뚱한 것이었다.

"잣나무는 높은 산꼭대기에 있고 꿀은 민가 벌통에 있으니, 부사된 자가 어떻게 얻을 수 있겠습니까."

이 말을 듣고 성회안은 대단히 부끄러워하며 시퇴했다고 한다.

뇌물수수를 막을 수 있는 가장 효과적인 방법은 남을 처벌하는 권한을 가진 공직군을 특별 관리하는 것이다. 일반 공무원은 뇌물문제가 생기면 바로 사법처리가 되지만 이들은 대부분 사표제출로 일이 끝난다. 법 밑에 법은 너그러운 것인가. 요즘은 많이 달라진 것 같다. 그런 면에서 이른바 '김영란법'은 지극히 초보적인 것이라 하겠다. 국제청렴도 지수가 높은 싱가포르, 덴마크, 스웨덴, 뉴질랜드가 부럽다.

《목민심서》의 청심(淸心) 편에서 다산은 청렴한 목민관의 자세를 강조한다.

'염결(廉潔)이란 목민관의 기본 임무이며 모든 선(善)의 원천이요, 모든 덕(德)의 근본이다. 청결하지 않고는 목민을 할 수 있었던 자는 아무도 없다.

염결이란 세상에 없는 큰 장사와 같다. 그러므로 크게 탐하는 자는 후일 높은 지위에 오르려면 반드시 청결할 것이니 사람이 청결하지 못한 것은 그 지혜가 부족하기 때문이다.

목민관이 청결하지 않으면 백성들이 그를 도둑으로 지목하여 마을을 지날 때에 더러운 욕설이 높을 것이니 부끄러운 일이다. 뇌물을 주고받는 것은 한밤중에 한 일도 아침이면 드러난다'고 했다.

전임자와
후임자 사이

각 세대는 그의 아버지 세대에 반항하고 그의 할아버지 세대와는 친하게 지낸다는 말이 있다. 공직사회에서도 이 말이 통하는 것 같다.

전임자와 후임자 사이에는 좋은 관계가 유지되는 경우가 매우 드물다. 전임자가 해놓은 일에 후임자는 사후관리를 소홀히 한다. 사후관리를 잘 해도 전임자의 업적으로 돌아가기 때문이다. 그래서 후임자는 사후관리보다 새로운 일을 해서 업적을 남기려고 한다. 대통령인 경우에도 이런 현상이 아주 심하게 나타나는 것이 한국 현대사다. 상해 임시정부 때 이승만 대통령과 김구 주석 사이를 떠올려도 그렇다.

대통령이 바뀌면 전임 대통령은 나쁜 사람이 되고 만다. 차별화되고 단절시켜야 한다고 으레 생각한다. 역사는 쌓여가는 것인데도 토막이 난다.

지난날 선거를 잘못해서 그런 것일까. 아니면 지나치게 권력이 막강해서 그런 것일까. 이념으로 갈라진 분단국가여서 그런 것일까.

중국의 덩샤오핑은 마오쩌둥의 홍위병을 앞세운 문화혁명을 내란이라고 규정했다. 그러나 마오쩌둥에 대해서는 공칠과삼(功七過三)이라 하여 그의 공을 인정하였다. 그래서 마오쩌둥의 초상화가 지금까지 톈안먼 앞에 걸려 있게 된 것이다. 우리가 배워야 할 점이다.

나는 대한민국 공직자 가운데 가장 많이 자리를 옮겨 다녔다고 생각한다. 오랜 공직경험에서 볼 때, 우리나라는 대통령뿐만 아니라 시장, 군수, 국장, 과장까지도 전후임자의 관계가 좋지 않다. 우선 전후임자 간에 업무의 인수·인계가 제대로 되지 않아 업무의 연속성과 정책의 일관성에 크게 영향을 미친다. 일본의 경우는 우리와 다르다. 전후임자 간에 업무의 인계·인수 시에는 업무와 관련된 일상적인 자료는 물론 외국의 자료와 책자, 업무관련 국내외 상황 등을 모두 인계하고 그것을 고맙게 인수한다.

또 일본 공직풍토는 기록으로 많은 것을 남기는데 과장이면 저서가 한 권 이상은 된다고 할 정도다. 그러나 우리나라는 뒷날 화근이 될지 몰라서인지 기록을 외면한다. 전후임자 간의 업무의 인수·인계는 혼자 한다고 되는 것이 아니다.

경북도지사에서 환경청장으로 발령이 났을 때의 일이다. 오전에 청와대에 가서 임명장을 받고 대구로 내려와 오후 4시에 부랴부랴 이임식을 하고 지역 유지들과 송별 식사를 한 후 지사공관에서 마지막 밤을 보내고 싶었다. 그런데 후임 지사가 벌써 공관으로 들어왔다는 것이 아닌가. 할 수 없이 나는 아내와 함께 호텔에서 마지막 밤을 보내야 했다.

전임자가 지사공관에서 자고 후임지사가 호텔을 이용해야 하는 것이 순리가 아닌가. '공직자들은 신임 지사에게 잘 보여야 했겠지…' 라는 생각을 하니 마음 한 곳이 쓸쓸할 수밖에 없었다.

전임자와 후임자 사이의 갈등은 이전 조직 내에 존재했던 전임자의 흔적을 지우려 하기 때문이다. 특히 선거로 정권이 바뀌면 이념에 따라 이런 현상이 더욱 노골적으로 나타난다. 후임자는 새로운 변화를 조직 내에 강제하려고 전임자의 흔적을 지우려 하지만 그 결과 공직(조직) 내부에서 변화를 거부하는 일이 생길 수 있다. 쌓인 폐단은 청산해야 하지만 인재를 청산해서는 안 된다고 생각한다. 미움과 일은 다른 것이다.

사람은 누구나 새로운 변화를 기대하고 꿈꾼다. 변화에 대한 수용성을 높이기 위해서는 변화의 속도를 늦추어야 한다. 그것이 불필요한 갈등과 충돌을 줄이는 길이다.

개천에 나도
제 날 탓

우리 속담에 '개천에서 용 난다'는 말이 있다.

요즘은 세태를 빗대어 '한강에서 용 난다'고도 한다. 용은 개천에도 있고 큰 강(한강)에도 있다고 생각한다. 용이 어릴 때는 개천에서 나서 큰 용이 되면 큰 강에서 사는 것이 자연스럽지 않은가. 어린 용은 큰 강에서 살기 어렵고 큰 용은 작은 개천에서 살기 어려울 것이다.

또 '개천에 나도 제 날 탓이다'는 말이 있다. 이 말은 어디서나 용이 날 수 있다는 말이다.

'인걸은 지령(地靈)'이라고 한다. 잉태의 순간은 명당 터, 좋은 날, 건강한 남녀로 고루 갖추어야 한다는 것이다. 이 가운데 좋은 날, 건강한 남녀는 누구나 갖추기 어려운 일이 아니지만 명당 터만은 지맥에서 나오기 때문에 잘 살펴야 한다고 했다.

내가 태어나 자란 곳은 소백산맥과 낙동강 사이에 안겨 있는 곳이다. 나는 어린 시절 산과 내(川)의 품안에서 어울리고 그 속의 풀, 나무와 때로는 꿩, 노루 같은 짐승들과 이야기하며 냇가 모래자갈과 더불어 또래들과 함께 실컷 재미있게 놀며 자랐다.

산과 내는 나의 성장배경이고 생활의 부분이라고 생각한다. 그리고 그속에는 부모님과 조상님들도 똑같은 삶을 사시다가 지금은 모두 선산에서 자연과 함께 계신다. 요즘도 나의 선산에는 풍수지리를 연구하는 분들이 자주 들러서 명당 터라고 일러준다.

우리 가족에게도 어려운 일이 있었다. 1973년 4월 아내의 엄청난 교통사고, 2001년 9월 11일 뉴욕 세계무역센터 테러 당시 북쪽 타워 84층에서 일하던 둘째 아들의 무사 탈출은 모두 조상님들의 음덕(蔭德)이라 생각한다.

부모님이나 조상님들을 잘 모시는 사람들은 효도와 제례를 소홀히 하지 않는다. 부모님이나 조상님들은 살아계실 때나 지금이나 늘 자손들 잘되기를 기원하고 계실 것이기 때문이다.

나는 경주이씨 중앙화수회장을 지내면서 종친 간의 화목과 조상님들을 숭모하는 마음을 더욱 다지게 되었다. 훌륭하신 선조님들의 후손이라는 자부심을 갖게 되었고 종친분들로부터 많은 지도를 받았다. 경주이씨는 합천이씨, 재령이씨 등과 시조 할아버지가 같기에 표암공 후손으로 같은 일가로 지낸다.

세태에 아랑곳 하지 않고 도리를 다하는 집안들이 명문일 것이고 거기서 용이 나는 것이 아닐까 생각한다.

제4장

제2의 공직,
국회로 가다

자유 뒤에 얻은
여의도행

1993년 2월 25일 김영삼 대통령이 취임하고 나는 서울특별시장 직에서 물러났다. 한 해 전 12월 대통령 선거 때 여당인 김영삼 후보가 서울시청을 방문하겠다고 연락이 왔지만 정중히 거절했다. 김대중 당시 야당 후보에게도 마찬가지였다. 행정이 선거에 말려들지 않고 중립을 지키기 위해서였다. 여당 후보로서는 서운한 점이 있었을 것이다.

서울시장에서 물러나 나는 자유인이 되었다. 가족과 함께 여행도 하고 부족한 외국어 공부도 하겠노라 마음먹었다.

1993년과 1994년에 걸쳐 일본 구마모토(熊本)와 미국 하와이를 찾았다. 먼저 구마모토에 있는 구마모토상과대학(지금은 구마모토학원대학)에서 객원연구원으로 6개월여를 보냈다. 작심하고 일본인의 생활 속으로 뛰어들었다. 원룸을 얻어 자취생활을 했다. 도쿄나 오사카 같은 교포가 많은 대도시에 갈 생각도 했으나 일본문화와 일본어를 배우기가 어렵다고 생각되어 한국인이 거의 없는 구마모토를 택한 것이다. 일본 규슈의 가운데 자리한 구마모토에서 규슈 7개 현(縣)을 두루 다닐 수 있었다. 혼자 기차도 타고 버스도 타고 다녔다. 임진왜란 때 조선 침략에 앞장섰던 가토 기요마사(加藤淸正)의 흔적과 호소카와 모리히로(細川護熙) 당시 총리가 구마모토현 지사로 있을 때의 업적도 살펴볼 수 있었다. 그곳에서 박철수 교수와의 인연은 잊을 수 없다. 가끔 주말에는 도쿄에서 선배와 친구들이 불러주었다.

그리고 하와이대학교 동서문화연구소에서 객원연구원으로 6개월여를 체류하며 영어공부도 하고 하와이 주변 섬을 두루 여행할 수 있었다. 카우아이섬과 라나이섬까지 찾아갔었다.

1995년이 되자 마음속에서 일 욕심이 꿈틀거리기 시작했다. 오십여섯의 나이에 그간의 행정 경험을 바탕으로 정치를 해야겠다고 마음먹었다.

고향인 경북 상주 곳곳을 찾아다니며 많은 분을 만났고 지난날의 인연을 총동원했다. 이듬해 1996년 제15대 총선에 나서기로 마음을 굳혔다. 당시 대구·경북에는 김영삼 대통령의 인기가 시들할 때였다. 주위에서 김 대통령이 이끄는 신한국당 공천 대신 무소속 출마를 권했지만, 당당히 신한국당 공천을 받아 출마했고 많은 표차로 당선되었다. 내 지역구 인근에선 법무부 장관을 지낸 선배가 무소속으로 나섰다가 낙선하기도 했다. 대구·경북에선 자민련 바람이 몹시 불 때였다.

역대 선거로 볼 때, 상주에서 연달아 당선되는 경우는 거의 없었다. 그런데 나는 내리 3선(15 · 16 · 17대)의 기록을 세웠다. 이 점 고향 분들에게 늘 고맙게 생각하고 있다.

국회의원으로 있으면서 나는 아내와 함께 열심히 고향을 누볐다. 주민들의 모임에는 대소 간에 빠짐없이 찾아갔다.

돌이켜 보면, 내가 현장에서 보고 들은 지역 문제들은 거의 다 해결했다. 그것은 내무부, 총무처를 비롯한 정부 여러 부처와 경상북도청 동료 후배들의 배려 덕분으로 고맙게 생각하고 있다. 남에게 폐가 되는 일은 하지 않으려고 애썼다. 정치후원금을 받기 위해 후원회를 여는 것을 삼가했고 출판기념회도 열지 않았다. 고향분들 앞에서 목소리를 높이는 것이 결례가 될까싶어 선거 때 거리유세 역시 거의 하지 않았고 대신 많이 만났다. 국회에서도 맡은 일, 할 일만 열심히 했지 TV 카메라 앞에 포장된 얼굴 내미는 것을 삼갔다.

나는 선배 정치인 가운데 김윤환 의원을 좋아하고 따랐다. 김윤환 의원은 정치를 할 줄 아는 훌륭한 정치인이라 생각한다.

2002년 대통령 선거 때는 한나라당 정책위의장으로 대통령 선거공약을 마련하고 열심히 뛰었으나 정권교체에 실패하고 말았다.

나는 12년간 의정활동을 하면서 10년을 농림해양수산위원회에서 보냈다. 누구나 희망하는 건설교통위원회나 재정경제위원회 같은 인기 상임위에 가지 않고 농림해양수산위원회를 고수했다. 농업 · 농촌 · 농업인을 대변하기 위해서였다.

한나라당 정책위의장 때도 우리당 소속 예산결산위원회 간사가 의장의 지역구에 얼마를 계상하겠다고 했지만, 나는 만류했다. 요즘 말하는 '쪽지

예산', '끼워 넣기 예산'을 거부한 셈이다. 국회는 원래 정부예산안을 심의하면서 예산을 삭감하여 국민 부담을 줄이는 곳이다. 1~2억도 아니고 혈세 몇 백 억원을 뒤로 챙기는 저질스럽고 염치없는 행위를 할 수야 없었다. '끼워 넣기'를 하는 의원들은 "비판기사가 나면 열심히 지역구 챙기는 걸 보여주는 효과가 있다"며 되레 비판기사를 바란다고 하니 우리 국회는 아직 갈 길이 멀다.

물론 국회가 요구하고 정부가 동의하면 증액할 수 있다. 하지만 예산심의를 받아야 하는 정부입장에선 입법부의 요구를 외면하기 어렵다.

국회에서는 예산삭감만 하도록 하고 예산을 증액하는 것은 제도적으로 막아야 할 일이다.

나의 국회활동 가운데 대한민국 국기법과 부동산 등기에 관한 특별조치법을 제정한 것은 잘 한 일로, 민법(가족관계법) 개정과 행정수도 이전을 막지 못한 것은 아쉬운 일로 기억된다.

무·배추와 사람은
산지에서는 제값을 못 받는다

선거는 상품(후보)을 많이 팔고, 고객(유권자)으로 하여금 많이 사게 하는 행위다. 무엇보다 상품이 좋아야 하지만 선전도 잘 해야 한다. 나는 선거운동을 이렇게 했다.

① 많이 다녔다.

먼 곳, 외진 곳, 일하는 현장, 뒷골목, 변두리 어디든 찾아갔다.

② 많이 만났다.

전 유권자를 다 만난다는 각오로 뛰었다. 택시, 보험, 부동산 매매, 이·미용 등에 종사하는 분들을 중점 대상으로 삼았다. 동네 가게, 주유소도 빠짐없이 찾았다. 지역구 선거인만큼 지연, 혈연, 학연은 기본이었다.

③ 만나는 사람마다 성의를 다했다.

악수할 때 반드시 눈을 마주쳤다. 손만 잡는 게 아니라 인사말도 정답게 건넸다. 만나는 사람의 호칭도 중요하고 그분의 관심사항에 한마디 보태는 것도 잊지 않았다. 만난 사람을 잘 기억하려 했다. 두 번째 만났을 때 첫 만남을 기억하지 못하면 표가 달아나기 때문이다.

④ 겸손하고 낮은 자세로 임했다.

경력을 자랑하지 않았다. 무·배추와 사람은 산지(産地)에서는 제 값을 받지 못하는 법이다. 오만하거나 건방져 보이지 않으려 애썼다. 유권자 수준에 가깝도록 처신해야 했다.

⑤ 같이 다니는 사람은 후보와 같다.

선거운동을 같이 하는 이는 지역사회에서 평판이 좋은 사람으로 택했다. 또 그 지역에 익숙한 사람을 곁에 두었다. 그 수도 2명 정도로 했다. 많아도 도움이 되지 않는다. 물론 같이 다니는 사람이 없으면 안 된다.

⑥ 배우자와 가족은 모두 후보다.

가족은 후보와 같은 수준으로 평가된다. 어딜 가든 겸손·검소·예의를 갖추려고 애썼다.

⑦ 말이나 연설은 유권자의 마음에 들게 한다.

자기 자랑을 지나치게 하지 말아야 한다. 또 상대 후보를 너무 비난하지 말아야 한다. 장황에게 늘어놓기보다 결론부터 먼저 말하는 것이 유권자의 기억에 오래 남는다. 하고 싶은 말보다 듣고 싶은 말을 하려 애썼다. 보통사람들의 순박한 이야기를 하려 했고 논리적 접근보다 화끈한 화법으로 다가갔다.

⑧ 지역에 따라 때로는 약세인 척, 때로는 강세인 척 한다.

'약자인 척 엄살을 떨면' 동정표가 쏠리고 '우세하고 유리하다'고 하면 머뭇거리던 표가 내게로 왔다.

⑨ 불리한 지역을 유리하게 바꾸어 가는 선거 전략이 중요하다.

반대로 유리한 지역에서 압도적인 표 몰이를 하는 것이 더 효과적일 수 있다.

⑩ 먼저 한 방을 날리는 게 우선이다.

그러나 네거티브엔 한계가 있다. 자신만의 브랜드를 만들어야 한다.

물론 상대의 선제공격에 더 강력한 대안이 없을 때는 무시하는 게 좋다.

상임위원회
유감

국회의원은 각 상임위원회를 배정받아 활동을 하게 된다. 농림해양수산위원회는 내 의정활동의 대부분을 보낸 곳이다. 선거구가 농촌지역인 점도 있지만 평소 농업·농촌·농업인이 잘 되어야 나라가 발전한다고 믿었기에 계속해서 그 자리를 지켰고 농림해양수산위원장을 마친 뒤에는 그 상임위를 떠나 2년간 행정안전위원회와 산업자원위원회 위원으로 의정활동을 했다.

대부분의 국회의원은 건설교통위나 재정경제위, 정무위 같은 끗발(?)이 있는 상임위를 선호하기 마련이다. 어떻게 생각하면 '뛰는 사람', '위선적인 사람', '낯이 두껍고 염치없는 사람'들이 득세하는 곳이 우리나라 국회이고, '좋다'는 상임위에 그런 사람들이 많다. 예의를 찾고 배려와 염치, 도리를 아는 사람들이 바르게 국회 일을 하기가 어려운 구조다.

상임위에서 적극적으로 처리해야 할 사안들이 방치되고 있는 경우가 많은데, '민간조사업법'이 그렇다. 2007년에 내가 처음 발의하고 그 뒤에도 여러 차례 발의되었는데 법무부와 행정안전부의 소관다툼으로 지금까지 통과되지 못하고 있다. 사형제도와 관련된 법도 그렇다. 형법 41조는 형벌의 하나로 사형제도가 존치하도록 규정하고 있지만 1997년 이후 형 집행을 하지 않고 있다. 사형선고를 받고 길게는 20년 이상 집행을 기다리고 있는 사람이 100명 가까이 된다고 한다. 사형선고를 받은 범죄자의 인권을 생각할 수 있겠지만 피해 유족들의 인권도 생각하고 원한(怨恨)도 위로해야 한다.

무엇보다 법이 살아 있으면 집행이 되어야 하고 법이 필요 없으면 폐지하는 것이 옳다. 우리나라 주변 국가 대부분은 사형을 집행하고 있다. 가까운 일본은 얼마 전에도 '옴 진리교' 교주 등 7명의 사형을 집행했다. 엄벌주의 형법 체제인 싱가포르는 도시국가이긴 하지만 아시아에서 가장 앞서가는 선진국이 되었다.

한국은 완전한 사형폐지 국가가 아니다. 언제든지 집행할 수 있는데 집행을 하지 않고 있다.

다산 정약용은 '있고도 시행되지 않는 법은 차라리 없는 것만 못하다'고 했다.

국회가 잘못하고 있는 것은 이밖에도 여러가지다. 법제사법위원회는 변호사에 불리한 법을 거의 다루지 못하고, 보건복지위원회는 의사 약사에 불리한 법을 처리하기 어려운 게 현실이다.

행정부도 마찬가지다. 법규를 위반한 관련 업체를 처벌할 때 국민 눈높이에 맞지 않은 조치가 한두 가지가 아니다. 특히 국민건강을 위협하는 유해음식, 불법의약품, 마약, 산업 정보유출 같은 경우에는 감낭하기 어려울 정도의 불이익과 엄중한 처벌이 따라야 하는 데 말이다.

정부공직자윤리위원장으로 있을 때 느꼈던 일인데 공직자 중에서 판·검사는 퇴임 후 전관예우 문제가 늘 말썽이 되어왔다. 우리나라도 판·검사로 근무한 법조인이 퇴임할 경우 공증업무만 할 수 있도록 하고 변호 업무는 처음부터 변호사로 활동한 사람만 할 수 있도록 하면 전관예우 문제가 사라질 것으로 생각한다.

공직자는 현재의 지위(자리)에서 맡고 있는 일에 충실해야 한다. 다음 자리나, 공직을 떠난 다음을 생각하면 지금 맡은 일에 충실할 수가 없다.

정치 무상(無常)

 내가 한나라당 정책위의장으로 있으면서 치른 2002년 12월 대통령 선거는 매우 아쉬운 선거였다. 초중반 분위기는 한나라당 후보가 이기는 선거였다.

 돌이켜 보면, 지난 1997년 대선도 질 수 없는 선거였다. 김영삼 대통령은 당내 경선에 참여했던 이인제 후보를 내세워 500만 표를 가져갔고, 김대중 후보는 김종필 총재와 연합함으로써 결국 한나라당 후보가 지고 말았다. 나는 이 대선을 대한민국 정치사에서 가장 큰 변혁으로 본다. 5·16 혁명 후 중앙정보부를 만든 김종필 총재가 평생 반대편에 섰던 김대중 후보와 합작(合作)해 대통령을 당선시키고 정권을 반씩 나누어 국무총리와 8개 경제부처 장관 지명권을 행사한 것은 잘못된 일이라고 생각한다. 연합조건으로 내세운 내각책임제는 성사되지 않았다.

2002년 대선에서 한나라당 후보가 패한 원인은 첫째로 민주당이 대선공약으로 내건 행정수도 이전이라 생각한다.

그해 9월 30일 노무현 후보는 대선공약으로 행정수도 이전계획을 발표했다. 남북이 대치하고 있는 상황에서 뒤로 물러나는 것은 군사적, 안보적 의미에서도 상식적으로 생각할 수 없는 공약이었다. 또 분단된 조국의 통일이라는 점에서도 한반도 중심축에 수도가 있어야 하는데 '안 될' 공약을 꺼내어 민심을 뒤흔들었다. 특히 충청권 민심이 행정수도 이전으로 요동쳤다.

한나라당은 수도이전이라는 이슈때문에 1997년 DJP 연합에 당했듯이 충청도에서 연거푸 당한 셈이다. 당 소속 충청권 국회의원들까지 흔들리고 말았다. 표심을 의식해 제대로 대응하지 못한 것이다. 이후 엄청난 국민적 부담과 낭비를 가져온 수도 이전은 결국 대폭 변경될 수밖에 없었다. 세종시는 아직도 자족 기능이 결여된 채 제자리를 찾지 못하고 있고 일부 부처 공무원들은 서울과 세종시 사이에서 떠도는 경우가 많아 안타까운 마음이다.

어쩌면 내 책임도 크다고 하겠다. 당시 나는 한나라당 공약개발위원장으로서 수도 이전이 국익에 반한다고 설득했으나 역부족이었다. 또 행정수도 이전에 맞서 한방 날릴 수 있는 선심성 포퓰리즘 공약도 내놓지 못했다.

둘째로는 김종필 총재와의 연대 불발을 꼽고 싶다. 그쪽에선 1997년 대선에서 DJP 연합을 한 적이 있어서 이번에는 한나라당 후보와의 연합을 기대하고 있는 눈치였다. 그러나 이회창 후보 쪽에서 제의하지 않았다. 선거를 앞두고 이 후보의 부친이 돌아가셨다. 김종필 총재가 문상을 왔는데 그 자리에서 한마디만 했더라도 상황이 달라졌을 것이다. 충청권으로의 수도이전 공약에 대응하기 위해서라도 충청 출신인 김종필 총재를 안았어야 했다.

김종필 총재 역시 이회창 후보와 연합을 했더라면, 1997년 DJP 연합을 "내각책임제 때문이었다"고 해명할 수 있었는데 기회를 놓친 셈이 되었다.

셋째 패인은 병풍 공작의 주역인 김대업의 터무니없는 정치공작에 대처하지 못했기 때문이다. 대선기간 내내 김대업은 이회창 후보 아들의 병역비리 의혹을 거짓말로 부추기며 여론을 호도했다. 사실 여부와 상관없이 공작정치에 의한 거짓폭로는 당시 병역의무 세대를 결정적으로 자극했음은 물론이다.

선거 후 김대업은 유죄판결을 받았지만 의미없는 일이 되었다. 자업자득, 그의 말로는 비참했다.

넷째는 노무현 후보와 정몽준 후보 간의 단일화 아닌 단일화가 영향을 미쳤다. 단일화가 시작되기 전, 이회창 후보의 지지율은 두 후보를 압도했었다. 그러나 단일화 이벤트 후 노 후보의 지지율이 급상승했고 선거 마지막 날 단일화 파기는 표심(票心)에 커다란 변수로 작용했다. 그날 밤, 노 후보가 정 후보 집을 찾아가 문 앞에서 기다리는 장면이 방송사마다 생중계되었는데 돌이켜보면 이날 방송이 노 후보의 선거를 결정적으로 도운 셈이다.

또 노 후보를 지지하는 젊은 층의 영향도 컸었다.

지금까지 우리나라 정치는 두 당이 이끌어온 셈이다. 한쪽은 정치판에서

잔뼈가 굵은 정치인과 판·검사, 관료출신들이 주도하는 정당이다. 목표의식이 뚜렷하지 못하고 현실에 안주하는 타성과 악착스럽지 못함으로 인해 국민 가까이 다가서는 데 어려움이 있나.

다른 쪽은 목표의식이 분명하고 이념적 결속이 강한 정당이다. 정치기획과 선거전략의 전문가들이 주도하고 있어 대중 동원 능력이 앞서나 상대에 대한 분노와 적개심이 너무 강하여 외연 확산에 한계가 있다.

양쪽으로 갈라진 두 진영은 민주와 반민주, 종북과 애국, 친북과 친일로 매도하면서 상대진영을 타협보다는 타도의 대상으로 보는 것같아 안타까울 뿐이다.

나는 우리나라 정치판이 피차간에 양보와 타협으로 힘을 보태 대외 대처 능력을 키워나가는 것이 시급한 일이라 생각한다.

6·25 전쟁을 겪은 세대로서 후손들의 안녕이 걱정스럽다.

우리 아이들이 지금보다 더 나은 대한민국에서 살게 해주는 것이 이 시대 정치·행정인의 소임이라 생각한다.

매는
맞을 때 맞아야 한다

2002년 대통령 선거가 임박한 11월 어느 날, 여의도 부근 한강 둔치에서 전국농민대회가 열렸다. 대통령 후보들로부터 농업·농촌 공약을 듣기 위해 전국에서 농민단체가 총집결해 후보들이 참석하기 전부터 격렬한 시위를 벌였다. 특히 한나라당에 대해 더 공격적이었다.

한나라당 후보는 다른 일정이 겹쳐 부득이 당 정책위의장인 내가 그 자리에 참석했다.

단상에 후보들이 나란히 앉았는데 나는 노무현 후보 옆에 자리했다. 대회가 시작되자마자 단상을 향한 야유와 함성이 뒤범벅되었다. 농촌대책이 미흡하다는 것이었다. 얼마 지나지 않아 계란과 돌멩이가 후보들 앞으로 날아들기 시작했다. 후보들은 미처 피하지 못했고 피해서는 안 되기 때문에 그 자리에 앉아 있을 수밖에 없었다.

노무현 후보는 연설 도중 한 농민이 던진 계란에 맞았다. 오른쪽 어깨에 계란이 깨지는 장면이 방송과 신문에 고스란히 실렸다. 그는 계란을 맞고도 끝까지 연설을 마치고 단상에서 내려갔다. 언론에는 노 후보가 '달걀을 맞아 일이 풀린다면 얼마든지 맞겠다'고 한 말을 비중있게 다루었다. 과격한 일부 농민들은 돌맹이를 던졌는데 대선 후보 옆과 단상 벽에 부딪혔다. 나도 겁이 났지만, 당과 후보를 대표해야 했기에 피할 수 없었다. 얼마의 시간이 흐르고 돌팔매는 진정되었고 다행스럽게도 다친 후보들은 없었다.

훗날 나는 당시를 떠올리며 이런 생각을 했다. 만약 한나라당 후보가 그 자리에 참석해 그들이 던진 돌에 맞아 피투성이가 되었다면 어떻게 됐을까.

맞아야 할 매는 피하지 말고 맞아야 한다. 피하면 매든 사람을 더욱 화나게 한다. 어렵다고 피하면 절대로 유권자의 마음은 돌아오지 않는다.

직선제 개헌 후 처음 치러진 1987년 12월 대선이 떠오른다. 당시 민정당 노태우 후보가 호남지역 K시를 찾아갔다. 그때 대선은 3김(김영삼·김대중·김종필)이 모두 출마한 선거였다. 민주화 열기로 유세장은 뜨거웠고 지지자와 반대자 사이에 갈등과 반목도 심했다.

노태우 후보는 악조건 속에서도 지역감정 타파와 국민의 화합을 강조하며 지지를 호소했다. 그가 유세장을 떠나는 순간 무개차를 향해 돌맹이, 각목, 화염병이 쏟아졌다. 투명 플라스틱 방패로 날아오는 위험물들을 막았으나 많은 경호원과 사진기자들이 크게 다쳤다.

그 모습을 보고 민심이 크게 달라졌음은 물론이다.

정치인은 언제나 들끓는 민심의 현장과 마주할 때가 많다. 과격한 시위대와 맞설 때도 있다.

경북도지사 때 겪은 일이 생각난다. 1986년쯤인가 임하댐 건설로 인한 수몰지역 피해주민들이 보상금 문제로 시위를 계속 하다가 드디어 격렬 시위대가 곡괭이, 쇠스랑 같은 농기구를 들고 새벽에 안동을 출발하여 도지사를 찾아왔다.

도청 간부들은 지사에게 "위험하니 피하라"고 했다. 나는 "도지사가 도민들을 안 만난다는 것은 도리가 아니니 그렇게 할 수 없다" 하고선 급히 구내식당에 국밥 50인분을 준비하라고 해 놓고 도청사 앞마당에서 시위대가 도착하기를 기다렸다.

수몰지역 주민들을 태운 버스가 도착하자 나는 버스에 올랐다.

"아이구, 이거 제가 먼저 찾아뵈어야 하는데 아침 일찍 멀리 오시게 되어 대단히 미안합니다. 조반을 못하셨을 텐데 국밥이라도 한그릇 하시지요." 이렇게 말하고 식당으로 주민들을 안내했다.

"저도 같이 먹겠습니다. 그리고 여러분의 뜻을 지사가 충분히 알았습니다. 제가 한번 들리겠습니다."

이 말을 들은 시위대는 엉거주춤 발길을 돌렸다. 나는 떠나는 버스를 향해 손을 흔들었다.

하필이면
현충일이었나

노무현 대통령은 우리나라 첫 법조인 출신 대통령이다.

국회의원으로서, 대통령으로서 솔직하게 하고 싶은 말을 소신껏 하는 강직한 분이었다. "반미(反美)면 어떤가?" 라고 말한 적도 있다. 나는 국회 농림해양수산위원회에서 활동할 당시 해양수산부장관이던 노 대통령과 자주 만났다.

한번(2001년 2월로 기억된다.)은 노 장관이 "이제는 정권이 언론과 전쟁선포도 불사해야 한다"고 말했다. 여당 대통령 후보 물망에 올라있을 때였다.

나는 국회 상임위에서 노 장관에게 발언의 배경을 따져 물었다. 그의 답변을 듣고선 "장관 답변을 들으니 마음은 콩밭에 가 있는 것 같다. 장관은 행정을 가볍게 보는 것 같은데 행정은 정치의 과외수업이 아니다"며 장관의 신중한 언행을 당부했다.

2년 뒤인 2003년 6월 6일 현충일도 기억에 남는다. 그날 노무현 대통령은 일본을 국빈 방문하여 낮에는 총리와 회담하고 저녁에는 일본 국왕과 만찬을 가졌다. 그런데 그날은 공교롭게도 현충일이었다.

조국의 광복을 위해 싸운 독립유공자, 일제와 맞서 싸운 의사·열사분들을 생각한다면 그날만은 피했어야 했다. 물론 노 대통령은 현충일 아침 일찍 현충원을 참배하고 일본 방문길에 올랐었다.

어쩌면 방문 날짜를 6월 6일로 한 것은 일본의 계략에 말려든 것은 아니었을까. 그런 생각을 하니 몹시 안타까웠다. 또 그날은 일본의회에서 '전쟁준비 법률'이라는 유사법제 관련 법안이 통과되던 날이었다. 노 대통령은 일본을 방문한 자리에서 "공산당이 허용되어야 완전한 민주주의가 된다"고 말하기도 했다.

이 발언은 일반 국가에서 할 수 있는 말이다. 그러나 정전(停戰)상태로 남북이 체제 대결 중인 대한민국에서는, 야당인 한나라당으로서는 그냥 넘어갈 수 없다고 생각했다.

매일 아침 당무회의에서 논평을 해야 하는 야당 정책위의장으로서 노 대통령의 방일(訪日)을 지적했다. 그리고 '실익 없는 저자세 등신 외교'라는 논평을 냈다. 이런 정도의 논평은 과거에도 비슷한 사례가 있었지만, 여당이 발끈하면서 논란을 키웠다.

청와대는 "국가원수와 국민에 대해 있을 수 없는 모욕"이라고 반발했고 여당은 국회 대정부 질의에 불참하는 등 본회의가 파행을 겪었다. 이튿날

여야 협의를 통해 유감을 표명한 뒤에 국회는 정상화 되었다.

노 대통령은 지지세력의 격렬한 반대에도 이를 무릅쓰고 한미 FTA 체결, 이라크 파병, 제주 해군기지건설 추진 등 국익을 위한 큰일들을 해냈다.

노 대통령을 마지막으로 만난 것은 2007년 청원~상주 간 고속도로 준공 기념식(속리산 휴게소 광장)에서였다. 그때 나에게 건넨 인사말이 생각난다. "오랜만입니다. 고맙습니다." 세월이 지나서인지 그때가 그리워진다.

독도는
군이 지켜야!

경북도지사와 국회의원 시절, 나는 독도에 관심을 많이 가졌었다.

우리나라의 가장 동쪽 끝, 외로운 섬 때문일까. 아니면 내 고향 경북에 위치하고 있어서일까. 도지사 시절(1986~88), 연두 순시차, 울릉군을 방문할 때마다 독도를 찾았다.

나는 국정감사와 대정부질문을 통해 지난 1999년 1월 한일(韓日) 양국이 맺었던 어업협정의 잘못과 한계를 추궁했다. 독도영유권 문제를 어업협정과 연계시킨 정부의 미진한 대책을 나무랐다.

한일 어업협정은 1999년부터 2015년까지 매년 협상을 통해 어기(漁期)를 갱신해 왔지만 최근 3년간 협상이 결렬돼 우리 어선의 일본 측 배타적경제수역(EEZ) 내 조업이 불가능한 실정이다. 어획량이 크게 줄어 피해가 이

만저만한 것이 아니다. 나의 우려가 지금에 와서 현실화되고 있어 안타까움이 크다.

1998년 11월 9일 해양수산부에 대한 국회 농해수위 국정감시기 떠오른다.《매일신문》에서 나의 국감활동을 다룰 만큼 주목을 받았다. 당시 한일 어업협정은 가(假)서명 상태였고 이듬해 1월 정식 서명하기로 되어 있었다. 나는 독도 문제를 들어 어업협정 파기를 주장했다.

"이번에 가서명된 새 어업협정을 보면 독도를 중간수역(中間水域)에 넣어놓고도 독도 명칭과 표시가 없고, 위치표시도 좌표표시도 없습니다. 본 위원이 보기에 독도는 실종되어 버렸고 독도 존재 자체가 완전히 부정되어 버렸다고 봅니다."

해양수산부 김선길 장관은 "중간수역을 설정한 데에 독도가 위치해 있다"며 "협정 결과, 조업수역이 좁아진 불리한 점이 있다"고 미흡한 어업협정을 인정했다.

나는 해수부 장관과 고위 관료들에게 독도의 소중함을 알리기 위해 이렇게 말했다. 당시 속기록을 옮겨본다.

"독도는 경상북도 울릉군 울릉읍 도동리 산42번지에서 76번지까지입니다. 면적이 5만 4,081평입니다. 독도는 분명히 국유지로서 관리청이 해양수산부입니다. 식물은 25종이 있고 수산동·식물이 많고, 천연기념물 제336호로 (독도가) 지정되어 있습니다.

독도는 지금 우리 경찰이 근무하고 있는 곳으로 경찰관과 전경 41명이 상주하고 있습니다. 지금까지 독도에 엄청나게 많은 시설을 해놓았습니다. 서도·동도 접안시설, 독도담수화시설, 독도 식품 저장시설, 어업인 숙소, 발전시설, 독도 등대 기능강화 및 시설 확충 등 이렇게 많은 시설이 갖추어 있고 관광선이 운항하고 있습니다. 1996년 3월부터 시작해 1996년 6회 3,300명, 1997년 12회 7,000명이 관광을 했습니다. 그리고 조림도 1만 2,000본의 해송, 향나무, 동백을 식재했습니다. 그리고 독도 어장화 사업을 위해 연안 어장 정화사업을 세 차례나 했습니다. 독도 근해에 시험조업도 하고 있습니다. 장관, 독도에 한 번 가보셨습니까?"

김 장관은 "독도에 못 갔다"고 했고, 나는 "도지사 시절, 세 번을 찾았다"고 얘기하며 이렇게 덧붙였다.

"독도를 우리 영토로 하면 EEZ 기점이 될 수 있습니다. 본(本)서명할 때 외교통상부 장관이나 대통령께 건의해서 이 내용을 조정해야 합니다."

그러나 김대중 정부는 "독도를 EEZ의 기점으로 삼으라"는 나의 주장에 귀 기울이지 않았고 어민들에게 불리한 협정을 그대로 체결하고 말았다.

노무현 정부 때인 2005년 4월 11일 국회 정치분야 대정부 질문도 오래 기억에 남는다. 나는 이해찬 총리를 상대로 한일 어업협정을 비판하며 재협상을 재촉구했다.

"총리! 지난 1999년 우리 정부가 어업협정을 체결하면서 독도를 중간수역에 포함시킨 것이 결국은 일본의 독도에 대한 억지 주장의 가장 큰 빌미가 되고 있습니다. 일본은 98년 우리가 외환위기에 처하자 일방적으로 구(舊) 한일 어업협정을 파기했습니다. 우리는 IMF 극복을 위해 차관 30억 불을 요구했고 대통령 방일에 맞춰서 서둘러 협정을 체결한 것입니다. 따라서 차관 도입과 중간수역을 맞바꾼 굴욕적인 이런 어업협정에 대해 국정조사를 해서라도 진상을 규명해야 된다고 봅니다."

이 총리는 "어업협정을 파기하고 재협상을 하면 오히려 어업협정에 관한 얘기는 뒤로 물러나고 정말로 독도문제가 전면으로 부상될 가능성도 매우 높다"며 "우리가 실효적 지배를 하고 있는 독도에 대해 영유권 분쟁으로 더 치달아 가는 결과를 빚을 가능성이 있기 때문에 적절하지 않다고 지금 판단을 하고 있다"고 했다.

나는 다시 이 총리에게 "한일 어업협정으로 어획량이 6분의 1로 줄었다. 지금은 16만t 정도인데 1999년 이전에는 100만t이었다"고 말했지만 노무현 정부 역시 재협상에 나서지 않았다.

그리고 11년이 지난 2016년 7월 한일 어업협정은 끝내 결렬되고 말았다. 일본이 EEZ 내에 우리 제주 갈치잡이 연승어선의 입어 규모를 206척에서 73척으로 감축했기 때문이다. 어민들은 지금까지 조업을 못하고 있다.

독도영유권에 대한 일본의 생떼와 한일 어업협정은 두고두고 양국 간에 난제로 남아 있을 것이라고 생각하니 안타깝기 그지없다.

나는 독도를 경찰이 지키고 있는 것을 마땅치 않게 생각한다.

경찰은 국내치안, 군은 국토방위가 임무다. 독도는 치안수요가 없는 곳이므로 국방 차원에서 군이 지켜야 한다고 늘 주장해 왔다.

우리는 일본에 대해 지난날의 쌓인 한(恨)을 평생 안고 갈 수만 없는 것이다. 그 한을 극복하려면 우리가 그들보다 잘 사는 길밖에 없다. 그때 우리는 보란 듯이 큰 소리 칠 수 있을 것이다. 감정적 처리보다 이성적 처리가 되었으면 한다. 과거 집착보다 미래지향적이었으면 한다.

태극기는
바로 대한민국이다

2006년 2월 10일 토리노 동계올림픽에서 남북한이 개·폐회식에서 동시 입장해 세계의 주목을 받았다. 그러나 태극기가 아닌 '한반도기'가 등장, 모두를 놀라게 하였다.

2018년 2월 우리나라에서 열린 평창 동계올림픽에서는 남북 단일팀이 구성됐고 같은 해 8월 자카르타-팔렘방 아시안게임 때는 남북 공동입장과 단일팀 결성이 이뤄졌다. 물론 남북한이 하나 되어 국제적인 축제에 참가한다는 것은 기쁜 일이 아닐 수 없다.

그러나 태극기가 아닌 한반도기가 등장해 가슴 한편이 저렸다. 우리 땅에서 우리가 개최하는 평창올림픽에 태극기가 없었다. 단일팀의 표지(標識)가 필요하다면 '코리아(KOREA)'란 글자로도 얼마든지 될 일이다.

지난 2005년으로 기억한다. 그해 8월 15일 광복 60주년을 맞아 서울에서 남북통일 축구 경기가 열렸다. 어느 사회단체의 관계자가 한반도기가 아닌 태극기를 나누어 주다가 이에 항의하는 사람들로부터 폭행을 당한 일이 있었다. 당시 서울 월드컵경기장 앞에서는 태극기가 압수대상으로 전락했고, 크고 작은 한반도기를 든 이상한 단체의 사람들이 "조국통일 가로막는 주한 미군 몰아내자"는 함성을 지르며 대로를 활보하기도 했다.

그때 우리나라 관중들은 태극기를 흔들지도, 대한민국을 외치지도 못했다. 심지어 주최 측은 태극기를 흔들지 않겠다는 동의를 받고서 시민들을 입장시켰다. 대한민국 국기가 태극기에서 한반도기로 바뀔 뻔한 시기였다. 태극기가 철저히 외면당하는 도착현상(倒錯現象)을 지켜보면서 우리 국민은 대한민국의 정체성을 의심했다. 우리 태극기가 분단의 상징 내지는 통일연방제에 반하는 상징쯤으로 생각하는 것 같았다.

2018년 9월 우리 대통령이 평양을 방문했을 때 나는 뉴스를 보면서 북한 주민들을 유심히 살폈다. 거리에 도열한 주민들은 붉은 꽃술과 인공기, 한반도기를 흔들었다. 평양 어디에도 인공기와 한반도기만 보였지 대한민국을 상징하는 태극기는 없었다.

앞으로 김정은 위원장이 서울을 방문할 때를 생각해 본다. 북쪽이 평양에서 대한민국 대통령에게 한 대로라면 태극기와 한반도기를 흔들며 맞이해야 할 것이다.

그러나 짐작건대 태극기는 보이지 않고 인공기와 한반도기를 흔드는 군상들이 설쳐댈 것 같아 걱정스럽다.

국기는 한 나라의 상징이며 국가권위와 존엄의 표상이다.

나는 미국·일본·영국·프랑스 등 대다수 국가가 또 중국과 북한까지도 국기를 헌법이나 법률로 정하고 있는데, 우리만 유독 대통령령으로 정하고 있는 것을 고쳐야 한다고 생각했다.

그래서 2007년 국회에서 '대한민국 국기법'을 통과시켰다. 2001년과 2004년 두차례 발의한 법안인데, 반대하는 의원들이 있어서 7년을 끌었다. 태극기는 바로 대한민국이다.

2007년 1월 대한민국 국기법이 공포된 직후 태극기 선양단체로부터 공로패를 받기도 했다. 그러나 요즘은 태극기가 다시 '반쪽 국기'가 된 것 같아 가슴이 아프다.

그나마 가장 존엄해야 할 국기가 정부기관에서 구겨지고 빛바래고 거꾸로 달리고… 천덕꾸러기가 되고 있는 것 같아 대한민국 국기법을 발의하고 제정한 사람으로서 서글프기 짝이 없다.

3·1 운동이 일어난 지 100년이 되었다. 순국선열들은 빼앗긴 강토에서 태극기 하나로 일제에 36년간을 저항해 왔다. 6·25 전쟁 때 우리 국군은 태극기를 휘날리며 인공기와 맞서 싸웠다. 이렇게 소중히 지켜온 태극기는 바로 대한민국이다.

대한민국의 표상인 태극기는 양보의 대상이 아니다. 대한민국 국기법 제4조에는 '대한민국 국기는 태극기로 한다'로 규정되어 있다

남과 북은 서로가 자기 체제로의 통일을 목표로 한다. 남쪽은 북쪽이 미수복 지역이고 북쪽은 남쪽이 적화통일 대상이다. 어느 한 쪽도 지려고 하지 않는다. 각각의 체제를 유지할 수밖에 없는 상황에서 우리의 소원은 통일이라고, 통일은 대박이라고 아무리 외쳐본들 한쪽이 무너지는 그런 통일

을 서로가 바라겠지만 서로가 무너지려 하겠는가.

남북관계는 상대적이어야 한다. 어느 한쪽만 변화해서는 안 된다. 남쪽이 변화한 만큼 북쪽도 변화해야 하고 북쪽이 변화한 만큼 남쪽도 변화해야 한다.

한가위 벌초하듯
잘랐다

경상북도지사와 총무처장관, 서울특별시장 등 30여년의 공무원 생활을 마치고 정치에 입문해서 2년간 신한국당을 거쳐 10년간의 야당 생활에도 흔들리지 않고 한나라당을 굳건히 지키며 집권여당의 무능과 부패, 국정파탄과 정책실종을 견제하면서 오로지 민생의 안정을 위해 노력해 왔다.

그리고 마침내 정권교체를 이루어냈다. 나는 한나라당 당무위원, 경북도당위원장, 정책위의장 등 당의 주역으로 또한, 국회에서는 농림해양수산위원장, 정치관계법특별위원장, 저출산·고령화사회대책 특별위원장 등으로 활동하면서 대한민국의 정체성을 수호하고, 정권교체에 큰 역할을 해왔다고 자부한다.

그런데 18대 국회의원 공천을 앞둔 2008년 3월, 한나라당에서는 완장을 찬 못난 자들이 망나니처럼 날뛰고 설치는 해괴한 일이 벌어졌다.

누구는 능력이 있다고 잘라내고, 누구는 버겁다고 걷어차고, 그렇게 일할 만한 사람들이 모두 내쳐졌다. 65세 이상 낙천이란 이상한 잣대로 한 사람만 예외로 하고 나머지 사람들을 한가위 벌초하듯 모두 잘라 버렸다.

내가 알기로는 2000년 16대 총선 당시 '공천 대학살'에 이은 두 번째 '공천 피바람'이었다. '남의 눈에 눈물나게 하면 제눈엔 피눈물이 난다'고 했다.

잘라낸 자리의 공천은 수도권, 부산·경남권, 대구·경북권으로 나누어 두세 명이 각기 지역을 맡아 저들 마음 내키는 대로 공천을 했다. 공천을 줄 사람을 미리 정해 놓고 이 지역 저 지역에 넣었다 뺐다를 거듭하면서 선거구를 골랐다. 공천 장난을 한 그들은 총선에서 모두 낙선되었다. 10년간 야당투쟁으로 정권교체를 이뤄냈지만 죽 쑤어 개 준 꼴이 되었다.

한나라당은 그 업보를 지금까지 받고 있는 것 같다.

그해 총선일은 4월 9일. 공천 발표날이 3월 14일이었으니 그동안 선거운동을 열심히 해왔던 나로서는 26일만 있으면 4선 의원이 된다고 믿고 있었다. 나름대로 이 나라의 정치행태를 바로 잡아 큰 뜻을 펼 수 있을 것으로 생각했었는데 나의 정치여정은 거기서 끝이 나고 말았다.

내리 3선을 시켜준 나의 지역구에는 당 대표란 자가, 지역과 연고가 없는 그의 동기생을 공천했다. 민심을 거스르는 공천은 으레 역풍이, 거센 반발이 일어나기 마련이다. 지역구 내에서는 "이상배 의원의 공천을 빼앗아간 사람"이란 비난이 일었고 결국 당 대표의 친구는 낙선하고 말았다. 깃발만 꽂으면 된다는 대구·경북에서 한나라당 공천자가 낙선하는 보기 드문 불

명예를 그에게 안겼다.

　나쁜 공천에 속이 상한 나의 지지자들은 탈당과 무소속 출마를 권했다. 그러나 평생을 정해진 길로만 살아온 나의 성격상 출마 권유를 받아들일 수 없었다.

　2008년 4월 10일자《중앙일보》에 〈산업화·민주화세대 '거물' 대거 퇴진〉이라는 기사가 실렸다. 나를 포함해 이해찬, 김원기, 임채정, 김덕룡, 박희태 등의 낙천(落薦)을 언급하며 '시대를 풍미했던 정치 리더들이 대거 물러난다'고 썼다. 나와 박희태 전 국회부의장에 대해선 '산업화 세대이기도 한 이들은 지난 20여 년간 한나라당의 한 축을 차지해 왔다'고 평가했다.

　사실, 행정을 할 때의 열정으로 정치에 임했던 순간들이 아직 기억 속에 남아 있다. 그러나 타의에 의해 정치를 그만둔 뒤에도 여전히 정치개혁, 공천혁신의 숙제를 남겨둔 우리 정치현실이 아이러니하게 느껴진다.

　그때의 공천대란 이후 내가 몸담던 정당은 큰 위기를 겪었고 그 이후의 공천도 엉망이 되어 결국 당의 내분으로 정권을 잃고 말았다. 다시는 계파 이익과 탐욕에 의한 인위적 물갈이는 없어야 한다.

우리나라 정치판은
하류(下流)다

언젠가 어느 대기업 회장이 "우리 국회는 3류"라고 한 적이 있는데 나는 우리나라 정치판을 3류 보다 못한 하류(下流)라고 생각한다. 내가 일했던 국회에 대해 또 지금도 한 정당의 상임고문으로 있으면서 이렇게 말하는 것은 부끄러운 일이기도 하다.

미국의 토마스 제퍼슨 대통령은 "정치꾼(Politician)은 다음 선거를 생각하고, 진정한 정치가(Statesman)은 다음 세대를 생각한다"고 했다.

정객의 마음속엔 인민은 없고 오직 표만 있다. 나라는 없고 지역(선거구)만 있다고 한다.

국회에서는 배지를 달고 돈과 인력을 지원받지만, 의원총회나 상임위, 혹은 본회의에는 선거구 사정이 허락할 때나 참석하는 것 같다. 평소 선거구

관리를 잘해서 공천을 받아 또 당선되는 것이 그들의 가장 큰 목표이기 때문이다.

지역에 일이 있으면 국회의 회의는 뒷전이다. (대부분의 국회의원은 잘하고 있는 것으로 생각하고 싶다.)

이름을 알리고 얼굴을 내미는 일, 후원금을 많이 모으는 일, 출판기념회를 해서 모금하는 일, 당직·국회직 배정과 공천 때문에 당의 실세들과 가까이하는 일에 열중한다. 실세들은 세(勢) 확산을 해야 하기에 이해가 맞아떨어지는 것이다. 이 점이 행정과 전혀 다른 구조와 행태다. 행정은 열심히 일하다 보면 경력과 능력이 고려되어 예측 가능한 인사가 이루어지는데 국회와 정당은 실세들에게 가까이 다가가 부탁을 해야 무슨 일이든 이루어진다. 부탁하지 않으면 절대로 안 된다. 정치판의 리드(실세)들은 당내 경선을 위해 자기 사람을 심어 세를 불려 나가야 하기 때문이다.

국회는 체면, 염치, 경우, 인성을 기대하기 어려운 곳이다. 정치판은 대결뿐이다. 자기편은 무조건 감싸고 상대편은 무조건 적대시하고 미워한다. 여야뿐만 아니라 당내 계파별로도 그렇다.

권력 구조를 애국적으로 바꾸고 선거구를 합리적으로 조정하고 기득권을 깨끗하게 내려놓는 제도개선은 시급히 해야 할 일인데도 현직 국회의원들의 이해와 관계되기 때문에 국회에서 통과되기가 어려운 것이다.

선거구의 일은 시장·군수·구청장이 있고 광역의원과 기초의원들이 있어 그들에게 맡기면 될 일이다.

선거구는 국회가 없는 날 가고, 국회가 있는 날은 국회의 일에 몰두해야 한다. 선진국의 문턱에서, 복잡한 국제상황 속에서, 남북 간의 문제에서 해야 할 일이 얼마나 많은가.

정치지도자들이 헌법을 준수한다고 선서하는데 헌법을 한번이라도 제대로 읽어본 사람이 얼마나 될까.

국회의원을 그냥 직업으로 생각해서는 안 된다. 국가관과 애국심이 투철하고 자기희생이 따라야 한다. 한두 사람이 마음먹는다고 될 일이 아니다. 전체가 엄청난 변화를 가져오도록 혁명적 결단이 있어야 한다.

유권자들도 정치인에게 썩었다고 욕하기 전에 그들을 뽑을 때 가게에서 과일을 고르듯, 썩지 않은 것을 고르고 뽑은 후에도 썩지 않도록 관리해야 한다. 플라톤은 "정치를 외면한 가장 큰 대가는 가장 저질스러운 인간들에게 지배당하는 것"이라고 했다.

토크빌은 "모든 민주주의 국가에서 국민은 그들의 수준에 맞는 국회와 정부를 가진다"고 했다.

투표권자는 같은 수준의 당선자를 갖게 되는 법이다.

수준높은 유권자가 되고 신뢰받는 국회로 바뀌기를 고대한다.

못다 한
네 가지 법안

3선 의원을 하면서 웬만한 법안은 어렵게라도 통과시켰다. '대한민국 국기법'과 '부동산 등기에 관한 특별조치법' 등이 그 경우다. 그러나 다음 네 가지 법안은 나름대로 최선을 다했으나 통과시키지 못했다. 매우 안타까운 일로 기억된다.

첫째, 민간조사업법이다. 이 법안은 2007년에 내가 처음 발의하고 그 뒤에도 여야 의원 여럿이 계속 발의했는데 아직 제정되지 못하고 있다. 사설탐정, 흥신소, 심부름센터 등을 다루는 이 법은 그 제정이 시급한데도 검찰과 경찰의 소관 다툼으로 지금까지 제정되지 못하고 있다. 민간조사원의 감독관청이 어디냐에 걸려있다. 감독관청을 법무부로 할 것이냐, 경찰청으로 할 것이냐의 대립이다. 아주 단순한 문제인데 이것을 풀지 못하고 있다.

그 사이 이들 업종은 전국에서 3000여 개가 성업 중이다. 어떤 심부름센터는 사람의 생사를 다루는 일까지 대행한다는 소문이다. 외국 업체들까지 들어와 대놓고 영업을 하고 있다. OECD 국가 가운데 우리나라만 이 법이 없다.

둘째, 민속주 제조 판매에 관한 법이다.

소주, 청주와 같은 민속주, 전통주를 각 지역마다 제조 판매할 수 있게 한다면 농촌소득 증대는 물론 출향인사와 쉽게 연결이 되고 외국에 우리나라를 소개하는 매개물이 될 수 있을 것이라 생각했다. 일본의 경우 우리나라의 군(郡)보다 작은 지역에서도 지역주(地域酒)라 하여 소주, 청주를 만들어 팔고 있다.

셋째, 기초단체장(시장·군수·구청장)의 정당공천을 배제하는 지방자치법 개정안을 처리하지 못한 점이 아쉬움으로 남는다.

기초단체장의 정당공천은 1995년 제1회 지방선거부터 기초의원의 정당공천은 2006년 제4회 지방선거 때부터 도입되었다. 정치권은 표면적으로 정당공천제 폐지의 필요성에 공감하고 있고 여야 대선주자들도 대선 공약으로 정당공천제 배제를 외치긴 했다.

그러나 흐지부지되고 만 것은 국회의원, 특히 지역기반이 덜 다져진 초선의원들이 자신의 기득권이 없어지는 일에 적극적으로 나서지 않았기 때문이다. 국회의원들이 시장, 군수를 자신의 영향력 아래 두고 시의원, 군의원, 구의원을 '동네 조직책' 같이 활용하려는 욕심에 여야가 따로 없다. 안타까운 일이다. 사실 단체장의 정당공천제는 여러 가지 폐단이 따르고 있다.

넷째, 전기요금에 포함된 TV수신료를 전기요금과 분리하여 징수하도록 하는 방송법 개정이다. 1970~80년대에는 한 달에 한 번씩 반상회가 열렸다. 이웃끼리 인사를 나누고 공지사항을 전달하며 주민 애로사항도 접수하는 모임이었다. 반상회에 접수된 건의사항 중에는 공과금을 한꺼번에 징수하도록 해달라는 요청이 많았다. 전기사용료, 수도사용료, 오물수거수수료, 방범비, 적십자회비, TV수신료 등을 각 기관별로 수금원들이 매 가정을 방문하여 징수해 주민불편과 부작용이 많았고 징수기관에서도 인건비 부담이 컸다.

이에 따라 내무부에서는 통합고지서를 만들어 일괄 징수하도록 했다. 그 후 징수방법이 개선되어 통합고지서는 사라졌는데 TV수신료만은 한국전력에 위탁하여 징수하고 있다. 한전은 지금도 고율의 수수료를 받고 있다.

전기사용료와 TV수신료의 분리 문제는 오랫동안 정치권에서 논란의 대상이었다. 2003년 한전에 대한 국정감사에서 나는 전기사용료와 TV수신료의 분리를 강력히 주장했었다. 아이러니하게도 내무부 시절에는 통합을 하고 국회의원이 되어서는 분리를 주장하게 된 것이다.

사실 우리나라 TV수신료는 외국에 비하면 엄청나게 낮은 수준이다. 영국의 공영방송인 BBC는 월 2만1,000원, 일본의 NHK는 월 1만1,000원이다. 반면 KBS는 40년 가까이 월 2,500원이다.

KBS는 지금이라도 결단을 내려야 한다. 비록 징수율이 낮아지더라도 떳떳하게 분리해서 독자적으로 징수하고 수신료도 올려야 한다.

제5장

정부공직자윤리위원장으로
공직을 마치다

마지막
공직

나는 마지막 공직으로 4년간(2009~2013년) 정부공직자윤리위원장을 맡았었다. 이것으로 공직 50년을 채운 셈이다.

공직자윤리위원회는 공직자의 재산신고 심사·공개, 퇴직 공직자의 취업제한 등으로 공직자 재산증식을 방지하고 공무집행의 공공성을 확보하기 위한 공직자 윤리법을 운영하고 있다. 부끄러운 이야기지만 공직자(행정부뿐만 아니라 입법부, 사법부 모두 포함해서다.) 중에는 염치가 없고 철면피한 사람들이 많이 섞여있다.

공직자는 일상에서 도덕률을 지키고 염치를 아는 것이 먼저다. 공직자윤리 같은 제도적인 법은 다음 문제다. 일부 공직자들은 "돈은 받았지만 대가성이 없다"고 하거나, 관광지 혹은 개발지역에 부동산을 사고팔아도 태연하다. 이해관계인과 어울리는 일을 보통으로 생각한다.

그보다 더한 것은 선거로 인한 폐단이다.

우리는 5년마다 정권이 바뀐다. 그때마다 낙하산 인사와 접수식 인사가 휩쓸아친다. 선거캠프, 인수위원회와 인연이 있으면 능력의 유무와 관계없이 한 자리씩 주어야 한다. 이것으로 인해 열심히 일하는 관료와 공기업 사람들은 사기가 떨어지고 눈치를 보게 되며 몸을 사린다.

선거캠프란 궤도에 진입하지 못했거나 궤도에서 밀리고 벗어난 이들이 찾는 곳이다. 그래서 일류들은 사양하는 곳이다. 지난날 시민단체는 권력기관 견제와 감시기능을 해왔는데 지금은 권력에 참여해 견제와 감시기능은 사라지고 관변단체로 전락한 것 같다.

'참여연대'는 2004년 총선 때 한나라당 의원에 대한 낙천·낙선 운동을 주도하기도 했다.

공직자의 퇴직 후 취업제한도 그렇다. 권력기관에 있었거나 기업과 밀접한 관계가 있는 부서 사람들은 취업이 잘 된다. 여기서 전관예우 문제가 발생하고 행정력 약화 현상이 나타나게 된다.

2차 세계대전이 끝나고 루스벨트 미국 대통령 뒤를 이은 트루먼은 "퇴임후에도 대통령직을 상업적으로 이용하지 않겠다. 그것이 대통령 명예를 지키는 길"이라고 선언했다. 그는 다른 대통령들이 기업 고문을 맡거나 외국기업으로부터 초청을 받아 거액을 받는 것과는 대조적인 삶을 살았다.

공직자는 재임 중은 물론이고 퇴임 후의 처신도 중요하다. 공직에서 물러난 지금도 주위에서 나를 부를 때 "이 장관", "이 시장", "이 의원"이라 부른다. 그런데 어찌 공직의 명예와 염치에 흠이 되는 처신을 할 수 있겠는가.

다섯 대통령 앞에
서다

    사람들은 공직자를 얘기할 때 흔히 "그 사람, 어느 대통령 때 사람"이라고 말한다.

    이 말은 직업공무원들이 가장 듣기 거북한 말이다. 직업공무원은 시험에 합격하여 공무원에 임용되어 직위가 바뀔 때마다 그때의 대통령으로부터 임명장을 받는다. 나는 박정희 대통령 때 사무관으로 임명되어 서기관, 부이사관 때까지 박정희 대통령 정부에서 일했다.

    이사관, 차관보, 도지사 때는 전두환 대통령으로부터 임명장을 받았다.

    환경청장, 내무부차관, 총무처장관, 서울특별시장 때는 노태우 대통령의 임명장을 받았으며 김영삼 대통령에게서 '신한국당 공천'을 받았다.

    국회의원을 그만둔 뒤 이명박 대통령으로부터 정부공직자윤리위원장으로 위촉되어 4년간 일했다.

정부 공직 35년간 과장 이상 29개의 직책을 거쳤다. 그 가운데 장·차관 급 공식으로 일곱 자리를 맡아 나름대로 열심히 했다. 직업 공무원으로 소신껏 일했다고 생각한다.

요즘 말로 직업공무원은 정권교체와 관계없이 계속 있다고 해서 '늘공' 이라 부르고 별정직 공무원은 어쩌다 공무원이 되었다고 해서 '어공'이라 칭한다. '어공'은 누구 때 사람이라고 할 수 있을 것이다.

심재(沈梓)의 《송천필담(松泉筆談)》에 이런 말이 있다.

'다른 사람이 자네를 누구의 사람이라고 손꼽아 말하는 일이 있어서는 결코 안 되네.'

공무원 조직에서 직업공무원은 정무직(혹은 선출직)의 새로운 정책기조 와 명령에 충실히 따르되 전문직업적 독립성을 발휘해야 한다. 위법 부당 한 선출직의 명령에 '영혼 없이' 따라선 곤란하다. 물론 직업공무원이 소신 을 지키기란 쉽지 않은 것이 현실이다.

선거를 통해 정치적 이념과 정책 기조가 다른 선출직이 주기적으로 등 장하는 현실을 외면하기 힘들다. 게다가 고위 직업공무원은 현재의 정치 지형뿐만 아니라 정치집단의 미래집권 가능성까지 염두에 두면서 정책 결 정에 의견을 제시하고 공정하게 집행해야 하는 어려운 과제에 늘 직면해 있다.

어떻게 처신해야 할까. 헌법 제7조에 해답이 나온다.

'공무원은 국민 전체에 대한 봉사자이며, 국민에 대하여 책임을 진다. 공 무원의 신분과 정치적 중립은 법률이 정하는 바에 의하여 보장된다.'

그러나 현실은 어떤가. 공무원들은 여전히 고달프고 믿을 곳이 없다고 한다. 공직자의 사기와 의욕에 영향을 미치는 일은 없어야 한다. 행정이 잘 못되면 경제, 사회, 문화 등 모든 분야에서 잘못되는 현상이 나타나고 관료가 무력화되면 정부가 무력화되어 나라가 어려움에 처하게 된다.

좋은 정부는 공직자에 달렸다.

제6장
늘 하고 있는 말

나는
토종 세대입니다

누구나 어릴 적에 먹던 음식, 어머니가 해주시던 음식이 입에 맞는다.

나는 시래깃국에 찌개와 나물반찬을 좋아한다. 아내와 아이들은 고기와 빵을 좋아한다. 나는 된장, 간장, 고추장이 있어야 하고 아내와 아이들은 마요네즈, 소이소스, 케첩을 좋아한다. 그래서 나는 식탁에서 늘 소수가 되었다.

여름철이나 더운 나라에 가면 대부분 반바지를 입고 선글라스를 낀다. 그러나 나는 아무리 더워도 깡똥한 옷을 입기가 민망하고 선글라스를 쓰기가 아주 어색하다.

동료들은 멋도 내고 햇볕을 막느라고 멋진 모자도 잘 쓰는데, 나는 혹시 아는 사람을 만나게 되지는 않을까, 머리 모양이 흐트러지지나 않을까…

이래서 모자를 쓰지 않는다. 해외여행을 가서도 마찬가지다.

쉬운 말로 나는 먹는 것에서 입는 것까지가 모두 좋게 말해서 토종 세대이고, 솔직히 말하면 +식이나.

그러면 왜 나는 이국적인 멋을 못 내고, 식탁에서조차 김치와 탕 종류를 잊지 못하는가…. 아마도 내가 자라온 시대적 공간적 배경 때문일 것이다. 시기적으로 나는 해방 후에 국민학교에 들어갔기 때문에 순수한 한글세대이다. 그래서 일제 식민교육을 받은 분들에 비한다면 순수한 토종이라고 할 수 있을 것이다. 또 자랑할 만한 일은 못 되겠지만 그 흔한 해외유학 한 번 해보지 못했고, 코스만 이수하면서 자연스럽게 받을 수 있는 외국 대학의 석·박사 학위도 받은 일이 없다. 학력 상으로도 일단은 순수 토종이다.

또 공직도 고향 가까운 시골에서 시작했다.

산촌과 어촌이 함께 있는 울진군수, 고향과 가까운 안동시장, 또 나를 키워 준 고향의 도지사를 역임하고, 국회에서도 농림 관련 위원회에서 일했으니 공직의 이력으로도 나는 토종에 속한다고 하겠다.

사실상 나는 공간적으로도 어려서부터 시골에서 나고 자랐다. 젖먹이 때는 흙 마당에서 기어 다니며 병아리들과 어울려 놀았다고 어머니께서 말씀하셨다. 둥우리 어미닭 품에서 부화해 시골 마당에서 모이를 찾고, 그야말로 촌스럽게 자란 닭을 '토종닭'이라 부르고, 토종으로 태어나 나지막한 마을 뒷산을 누비며 풀을 뜯어먹고 자란 소를 '한우'라고 한다면 나야말로 토종닭이나 한우에 가까운 생래적 토종인 셈이다.

그래서 나는 토종이 좋다.

지난 1985년 내무부 차관보로 있으면서 사라져 가는 우리의 토종에 대해 조사해 본 일이 있다. 전국의 자연마을을 틈나는 대로 돌아다니며 토종 닭, 토종돼지, 한우는 물론이고 우리 산하에서 자라는 이름 모르는 들풀과 우리 토종 식물을 찾아 보급하는 일을 했었고 1면(面) 1품(品) 운동도 전개했었다.

참으로 보람도 있었고, 그때의 그 운동이 요즘의 신토불이(身土不二) 운동으로까지 확대되는 것을 보면서 뿌듯한 자부심을 느꼈다.

내 것을 아끼고 토종을 지키는 일이 곧 애국이 아닐까. 또 그런 '자기 것 지키기'가 자연스러운 세계화라고 생각한다. '가장 향토적인 것이 가장 세계적'이라는 말은 이제 자연스럽게 들린다.

영어 'original'의 의미가 '최초의' '원시의' 라는 뜻과 함께 '독창적인', '창의적인'이라는 뜻도 지니고 있다. 세계화를 이룩하기 위해서는 우리의 노래 · 드라마 · 음식 · 의상은 물론 우리의 산야에서 자라는 식물과 우리의 농촌에 남아 있는 농산물을 소중하게 가꾸고 그 유전자까지 발굴, 간직해서 세계화의 인자(因子)로 활용해야 할 것이다.

시장이나 도지사로 있을 때 관사 주변에 있는 그 흔한 사루비아, 팬지, 장미 같은 외국 꽃이 싫었다. 틈나는 대로 봉선화, 채송화, 접시꽃, 파초 같은 것으로 바꿔 심었고 나리꽃, 들국화 같은 우리 꽃을 옮겨 심었다.

눈에 띄는 토종도 소중하지만, 우리 마음속에 남겨져 있는 순(純)토종과 같은 마음씨 역시 중요하다고 본다.

시부모 앞에서 젊은 세대들이 팔짱을 끼고 뽀뽀를 하는 외국식 생활방식과 사고방식이 멋스러워 보이겠지만 서로에게 조신하게 처신하고 부끄러움을 알며 시부모 앞에선 긴 옷을 입을 줄 아는 예의도 존중받아야 한다.

마치 친구처럼 '우리 그이', '철수씨, 영희씨'라고 부르기보다 '그 사람' '아비' '어미'라고 부를 줄 아는 예절바른 토종의 마음씨와 생활태도를 간직하면 좋겠다.

나는 토종세대라서 그런지 옛것, 오래된 것들이 좋다. 오랜 친구, 지난 시간들, 옛 매너들(방식, 몸가짐, 말씨, 예의범절, 풍습 등), 오래된 책들(古典), 오래된 와인을 좋아 한다. 물론 오래된 것 중에는 버릴 것도 많이 있다.

나는 토종세대임을 결코 부끄러워하지 않을 것이다. 아니, 토종세대의 정신을 우리 후대와 후배들에게 전해 주기위해 미력이나마 힘을 보탤 것이다.

농촌은
도시의 어머니다

나는 늘 농촌은 도시의 어머니라고 생각한다.

농촌이 도시를 만들었기 때문이다.

자연은 신(神)이 만들었고 도시는 그 자연[農村]이 만든 것이다.

그렇지만 현실은 어떠한가.

어머니의 젖을 먹고 자란 어린아이가 장성해서 출가한 지금, 그렇게도 넉넉하던 어머니의 젖가슴은 다 쭈그러들었다. 아이에게 있는 것 없는 것 다 내어주고 껍데기만 남은 늙은이가 되었다.

농촌을 농사나 짓는 국토의 나머지 공간인양 푸대접한다면 도시에 나가 성공한 자녀들이 고향에 있는 나이 든 부모님을 귀찮게 생각하는 것과 무엇이 다르겠는가.

농업은 국민을 먹여 살리는 기간산업이며 많은 일자리를 만들어 내는 효자산업이다. 농촌은 우리의 자연을 잘 지켜 깨끗한 공기, 맑은 물, 좋은 흙, 숲과 산을 제공한다. 그런데도 농업·농촌은 제대로 대접받지 못하고 있다. 농산물 값이 조금만 오르면 언론과 정부가 야단이다. 비축 물량을 내다 팔고 외국산 농산물을 급히 수입한다. 배추 한 포기, 무 하나 천원, 2천원 오르면 큰소리치면서 다른 공산품은 몇 천 원, 몇 만 원 올라도 별소리가 없다.

노벨 경제학상을 수상한 사이먼 쿠즈네츠는 "후진국이 공업화를 통해 중진국은 될 수 있어도 튼튼한 농업·농촌의 기반 없이는 선진국으로 도약할 수 없다"고 단언한 적이 있다. 우리가 아는 선진국들은 모두 든든한 농업·농촌의 배경을 가지고 있다. 영국, 프랑스, 독일, 미국, 캐나다, 일본같은 나라는 든든한 농업·농촌의 배경을 갖고 도시와 농촌 간에 격차 없이 골고루 잘 산다.

내가 오랫동안 근무한 내무부의 업무도 대도시 문제를 제외하면 거의 농업·농촌과 관련된 사항이었다.

지방행정을 지원·감독하는 입장이기에 애로 건의사항은 대부분 내무부를 거쳐서 처리 했다. 농림부는 경제부처 수장인 경제기획원에 대해 큰소리를 내기 어려웠다. 한번은 차관회의에서 추곡수매가 인상문제로 경제기획원 차관과 심하게 다툰 일이 있었다. 내무부는 어려운 농촌사정을 감안해서 올려주자는 입장이었고 경제기획원은 다른 입장이었기 때문이었다.

행정수석비서관 때는 농업담당비서관을 두도록 건의해서 성사시켰다.

국회에 있을 때도 의정활동 대부분을 농림해양수산위원회에서 일했고 농림해양수산위원장으로 의정활동을 마감한 셈이다.

농촌은 우리 겨레의 뿌리이며 민족정신의 바탕이다. 농촌이 피폐해지면 민족정신의 원형이 깨뜨려지기에 민족의 지속적인 발전을 기대하기 어렵다. 세계의 역사를 보더라도 문화와 전통을 잃어버린 민족이나 국가는 발전과 존속을 유지하지 못했기 때문이다.

나는 우리나라가 하루빨리 선진국이 되기를 바란다. 하지만 그보다 농촌과 도시가 '농촌은 도시를 키우고 도시는 농촌을 지원한다'는 마음가짐으로 어머니와 자식처럼 함께 어우러져 인정을 나누며 살아가는 복된 나라가 되었으면 하는 바람이 더 앞선다.

풀 · 나무는
우리와 같이 살아간다

나는 어릴 때 산과 들과 냇가에서 그리고 집 주위에서 자라는 들풀과 이름 모르는 나무들과 사이좋게 지냈다. 어머니를 따라 산과 들에서 나물을 뜯고 곱게 핀 꽃들도 많이 보았다.

소먹이 풀을 베러 길섶과 마을 야산을 많이 오갔다. 지금도 그때의 알싸한 풀 향기를 잊지 못한다.

공무원 생활을 하면서 풀 · 나무와 더욱 친해졌다.

울진군수 때는 군(郡)에 배정된 벌채 허용량을 반납하기도 했다. 수백 년 된 전국 제일의 금강송 군락을 보호하기 위해서이기도 하고 내가 관할하는 지역의 나무를 베고 싶지 않아서였다. 상급 관서와 목상(木商)들의 반발을 극복하는 일도 난제였다. 그러나 그 덕분에 지금 울진군 금강송면

(옛 서면) 소광리는 금강송 특별 관리지역으로 잘 보호되고 있다. 자부심을 느낀다.

안동시장 때는 차도와 인도의 구분이 없는 시가지 도로에 은행나무 가로수를, 낙동강변 제방 길에는 벚나무를 직접 심고 가꾸었다.

경북도지사 때는 임하댐이 건설되면서 수몰 위기에 처한 6백년 된 안동 용계동 은행나무(천연기념물)를 살려 지금도 그 자리에 있게 했다. (비록 많은 예산이 투입되긴 했지만…)

행정수석비서관으로 있던 1990년에는 태풍으로 쓰러진 서울 종로구 통의동 백송나무(천연기념물 4호. 지금은 해제되었다.)를 살리려고 많은 애를 썼으나 끝내 살리지 못하고 대신 그 나무의 씨앗으로 생산된 묘목들이 후계나무로 자라고 있다. (그때 현장에서는 통의동 새마을 부녀회장의 백송나무 보호 열정과 정성이 대단했었다. 묘목도 그분이 생산하여 현장에 네 그루가 자라고 있고, 더러는 화분에 심어 이웃에게 나누어 주기도 했다.)

지금도 틈만 나면 전국 곳곳을 다니면서 풀·나무와 자연을 관찰하고 사진 찍는 즐거움에 푹 빠지기도 한다. 그때마다 어린 시절 어머니를 따라다니며 배운 풀·나무 이름을 되뇌며 어머니를 생각한다.

도시인들이 건강과 치유에 좋다면서 산을 찾고 숲을 찾는데 이것은 사람도 자연의 일부임을 말해 주는 것이라 하겠다.

'쉰다' '휴식한다'는 의미의 한자(漢字)는 '휴(休)'다. 사람이 나무 곁에 있는 형상이다.

영어로 '숲'을 의미하는 'forest'는 'for rest', 즉 '휴식을 위한' 것이다.

사람과 풀·나무·숲은 보완 관계이며 순환 관계다. 같은 자연의 일부분으로 존재하는 것이다. 인간은 자연에서 태어나 자연 속에서 살다가 자연으로 돌아간다. 그래서 '죽었다'는 말을 '(자연으로)돌아가셨다'고 하는 것이다.

풀과 나무를 먹고 자라는 것이 곤충을 비롯한 동물이다. 또 식물과 동물이 죽어서 미생물이 분해하면 무기물이 되어 식물이 다시 이용한다. 동물은 그 식물에 의존하여 살아가다가 흙으로 돌아간다.

사람들이 생활 주변에서 같이 살아가고 있는 식물에 더 많은 관심을 가지고 더 가까이했으면 좋겠다. 풀·나무도 애완동물 못지않는 사랑을 받을 만한 것이기 때문이다. 동물 중에는 농작물에 큰 피해를 주는 멧돼지, 고라니와 도시 주변에 무리지어 다니는 들개같이 미움의 대상이 되고 있는 것들도 있다.

나는 가끔 풀·나무의 이름을 불러보곤 한다.

〈봉선화야〉
봉선화야 맨드라미야.
파초야 접시꽃아 채송화도 있네.
너희들은 울타리 밑에서 장독대 옆에서
엄마와 누나의 사랑을 듬뿍 받았지.
그런데 지금은 말이야.
민들레 달개비 제비꽃이 흔해지고

산과 들에 사는 야생화가 인기래.

온갖 낯선 꽃들이 바다 건너와 설치고 있어.

너희도 말 좀 해봐.

무궁화 꽃은 어디에 있니.

〈잡초야〉

잡초야, 너는 왜 아직 선택받지 못했니.

잡초야, 너는 왜 지금껏 네 장점 못 알렸니.

잡초야, 너는 왜 밉게만 보이니.

잡초야, 너는 물이 모자라도, 거름 주지 않아도

끈질긴 생명력과 번식력을 지녔는데

바위 틈에도 아스팔트 길틈에도 뿌리내려 사는데

네게도 예쁜 꽃이 있는데

너는 왜 잡초라고 뽑혀 죽는 신세 되었니.

저들도 잡놈들이 많은데

밉게 보면 잡초 아닌 풀 없고

곱게 보면 꽃 아닌 풀 없지.

〈버드나무야〉

아래만 보고 축늘어진 수양버들아.

너는 봄날 누구보다 먼저 새 잎 피우고

저문 가을 늦게까지 푸르름 간직하는데

온 나무가 해한테 잘 보이려고

고개 쳐들고 까치발하고 야단인데

너는 어째서 만날 고개를 숙이고민 있니.

먹구름 걷힌 맑은 날

한번쯤 고개 들어 하늘을 보지 않을래.

개울 · 도랑 · 냇가를
살려야 한다

  60~70년 전까지만 해도 시냇물을 마시고 미역을 감고 냇가에서 모래자갈과 더불어 놀았다. 무더운 한여름 밤에는 마을 사람들이 맑은 물이 넘쳐 흐르는 냇가에 나와 목욕을 했다. 여자들은 냇가 위쪽에서 남자들은 아래쪽에서 목욕하며 더위를 식혔다. 우리에게 소중한 생활공간이었다. 환경이 바뀜에 따라 생활하수, 축산폐수, 공장폐수, 쓰레기투기로 점점 더러워지고 좋았던 환경은 사라졌다. 자동차가 다니는 도로변과 하천들은 칡 · 가시박 · 한삼넝쿨로 풀 무덤을 이루고 여기다 나쁜 사람들이 차타고 지나다 버린 쓰레기까지 겹쳐 금수강산이 몸살을 앓고 있다.

  국토대청소 운동이 절실한 때다. 수도권의 식수원인 팔당호는 오랫동안 오염으로 몸살을 앓았다. 댐 본류보다 상류 지천이나 개천들로부터 유입

된 각종 오염물질이 주된 요인이었다. 최근까지 정부에서 하·폐수와 가축 분뇨 등을 공공처리하는 시설 투자를 지속한 결과, 지천별 수질은 꾸준히 개선되고는 있다고 한다.

연어가 돌아온 울산 태화강, 수달이 돌아온 전주천처럼 우리 마을 개천 에도 가재, 버들치를 볼 수 있어야 한다. 개천 살리기는 민관이 함께 머리를 맞대야 한다. 환경부가 2018년부터 한강 공릉천, 낙동강 내성천, 금강 소 옥천, 영산강 영산천 등 8개 하천을 대상으로 '수질관리를 위한 민관 협력 체계'를 마련했다고 하니 다행스럽다. 그러나 개천을 진짜 살리기는 길은 개천을 벗하며 사는 주민의 참여를 통해서만 이루어질 수 있다.

돌이켜보면 우리나라 산이 민둥산일 때도 냇가와 실개천, 개울에 물이 많았다. 그러나 녹화사업으로 산에 나무가 울창해졌는데도 개울은 점점 말라 갔다.

녹화사업 당시 심은 수종(樹種)이 원인이었다. 사방사업을 할 때는 활착 이 잘 되는 아카시나무, 오리나무 같은 활엽수를 주로 심었다. 그러나 조림 사업을 할 때는 소나무, 잣나무 같은 침엽수를 집중적으로 심었다.

침엽수는 활엽수보다 잎들의 전체 표면적이 넓고 상록이라서 1년 내내 수분 증발량이 엄청나게 많은 나무종이다. 향후 수종 갱신을 할 때 이 점을 고려해 나무를 심어야 한다.

반면 냇가의 물이 말라버린 것은 '지하수층이 내려앉았기 때문'이라는 견해도 있으나 믿기지 않는다.

또한 억센 갯바랭이와 갯버들, 그리고 갈대가 넘치는 거름기를 먹고 물 을 있는 대로 빨아들여 하천(河川)이 풀천으로, 하수천으로 변해 버렸다.

4대강 사업으로 22조 원을 들여 강바닥에 있는 모래, 자갈을 퍼내고 강물을 여러 군데 막아 보(洑)를 설치했는데 지금은 또 보를 부순다고 많은 예산을 쓰면서 갈등을 빚고있다.

개울·도랑·냇가를 옛 모습으로 돌려놓아야 한다. 살려내야 한다. '윗물이 맑아야 아랫물이 맑다'고 하지 않는가.

조상 대대로 물려받은 우리의 금수강산을 그때의 깨끗한 모습으로 돌려놓는 것은 후손인 우리의 도리인 것이다. 절대로 훼손된 상태로 후손에게 물려줄 수 없다.

"두껍아, 두껍아, 헌집 줄 게 새집다오."

그때의 냇가, 자갈, 모래밭이 그리워진다.

역사를 모르면
미래가 없다

역사를 모르면 미래가 없다. 인류는 긴 역사 속에서 나라의 정체성을 찾고, 역사 속에서 교훈을 얻어 왔다.

중국, 일본, 북한에 둘러싸인 우리나라는 언제나 생존과 존립의 시련 속에서 반만년 역사를 이어왔다. 몇 해 전부터 중국이 동북공정에 열을 올리는 이유는 무얼까. 고구려의 역사가 한국의 역사가 아닌, 중국의 변방사임을 강조하기 위해서다. 일본은 청소년들에게 그들의 정체성을 확립시키기 위해 역사교육을 강화하고, 자기나라에 유리하게 서술된 역사교과서 편찬에 열을 올리고 있다. 북한도 현대사(체제 유지를 위한 혁명 역사) 교육을 강화하는데 대한민국은 북한 역사에 동조하는 사람들이 우리 역사를 왜곡하고 있다.

어쩌면 6·25 전쟁을 누가 먼저 일으켰는지는 중요하지 않을 수도 있다. 더 큰 문제는 30년, 혹은 50년 앞을 내다보는 국가 비전으로 국사를 기술하고 가르쳐야 함에도 현실은 푸대접으로 일관하고 있다.

역사교육의 변천사를 살펴보면 국사과목이 사회과목으로 편입된 것은 1954년이었다. 그러다 3차 교육과정 이후, 그러니까 1973년 이후 국사는 초·중·고·대학 전 과정에서 필수과목이 되었다. 모든 국가고시에 국사는 필수과목으로 지정되었고 고등고시 때는 국사가 5개 필수과목 중 하나였다.

1993년 김영삼 정부가 출범하면서 인식이 달라졌다. "국사가 유신정권의 국책과목이었다"며 "국제화 세계화에 저해된다"는 이유로 필수과목에서 제외했다. 국사 과목을 '국사'와 '한국 근현대사'로 쪼개어 '국사'는 고교 1학년 때 필수로 배우지만 '근현대사'는 선택과목으로 아예 배우지 않아도 그만이었다.

1997년에는 사법고시에서 국사가 폐지되었고 2005년에는 모든 국가고시에서 국사과목이 사라졌다. 단 9급 공무원 시험에서만 국사가 겨우 부활되었으나 O, X 문제로 비중이 낮아졌다.

이명박 정부가 들어서면서 역사교육의 필요성에 눈 뜨기 시작했고 좌편향 역사서에 대한 반성이 일어났다. 초등학교 6학년 때 처음 배우던 역사교육을 5학년부터 가르치기 시작한 것은 2011년이었다. 또 고교 '국사'와 '한국 근현대사'를 '한국사'로 통합해 검인정 체제를 마련한 것도 2011년이었다. 다만 국사 대신 다른 사회과 과목(윤리, 지리 등)을 이수하면 안 배워도 그만이었다.

2012년부터 고교 한국사 과목이 필수과목이 되었다. 문과, 이과 계열에 관계없이 수업을 이수해야 했다. 수능의 한국사 과목이 필수과목으로 바뀐 것은 2016년이다. 대학에 진학하기 위해선 반드시 한국사 과목을 응시해야 하고, 아무리 다른 과목 성적이 좋아도 한국사를 안 치면 불합격되도록 위상을 높였다.

역사교과서 국정화 논란이 가시지 않았고 대한민국 역사가 밀쳐지고 있는 상황이지만, 국사교육을 소홀히 하면 나라의 정체성이 무너진다는 사실을 잊지 말아야 한다.

역사를 기억하지 않는 사람에게 역사는 똑같은 역사를 되풀이하게 함으로써 응징을 준다고 한다.

정치와 행정에는 지리와 함께 역사가 기본이다. 특히 지도자에겐 필수다. 어느 대통령은 광복절 경축사에서 "안중근 의사가 하얼빈의 차디찬 감옥에서 순국했다"고 말했다가 창피를 당했다.

지난날의 이야기지만 재일동포 자녀교육과 관련하여 북한은 1957년부터 교육비 원조와 장학금을 지원하여 일본에서 영향력을 키워왔다. 북송사업은 또 어떤가.

1959년 12월 재일교포 975명을 태운 북송선이 일본 니가타(新潟)항을 출발한 뒤 1984년까지 25년간 180차례에 걸쳐 9만3000여명이 일본을 떠나 '지상의 낙원'에 정착했다.

재일동포들의 고향이 대개 경상도와 제주도다. 북한에 혈연도 지인도 없었는데 어떻게 해서 고향으로 오지 못하고 북송까지 이르게 되었는지 참으로 아픈 역사다.

현재 조총련계는 일본 내에 1개 대학과 12개 고교, 54개 중학교, 80개 소학교가 있다고 한다. 그러나 민단계는 4개 고교, 4개 중학교, 3개 소학교가 있다. 재일동포에 대한 우리 정부의 지원은 북한보다 미흡했던 것이다.

요즘 발해와 고구려의 역사 이야기를 많이 하는데 어린 시절 내가 용정에 살아서인지 구한말 잃어버린 간도땅이 안타까움으로 다가온다. 간도는 우리 민족이 많이 살아 예전부터 청나라 간 영토분쟁이 있었던 곳이었다.

그러나 1905년 대한제국의 외교권을 빼앗은 일본은 청나라와 간도문제 교섭을 통해 1909년, 남만주 철도 부설권과 푸순탄광 개발권을 얻는 대가로 간도를 청나라에 넘겨주는 간도협약을 체결했다. 이렇게 하여 우리나라 역사에서 간도는 사라지고 말았다. 통탄할 일이 아닐 수 없다.

중국과 일본의 역사왜곡을 탓하기만 할 게 아니라 우리 스스로 역사를 제대로 알고 대응하는 것이 중요하다. 역사교육을 강화하여 우리나라의 뿌리와 그 위에 존재하는 각자 '나'의 정체성을 알고 지켜나가야 한다.

지리를 모르면
나라가 없다

역사와 함께 지리는 아무리 강조해도 지나침이 없다. 역사를 모르면 미래가 없고 지리를 모르면 나라가 없다고 한다. 모든 현상은 지리 위에서 일어나기 때문이다.

지리를 알지 못하면 세상을 제대로 이해할 수 없는 시대가 되었다. 하물며 정치나 행정의 지도자에겐 더욱 기본적이다. 국가지도자는 그 나라의 지리에 정통해야 함은 물론 세계지리에도 정통해야 한다. 사드, 남중국해, 인도태평양 전략, 일대일로 전략, 중동지역분쟁, 유럽의 분열, 무역전쟁 등 모든 것이 지리에서 시작된다. 북극해, 우주, 기후변화 모두가 지리다.

또한 독도가 역사적 지리적 국제법적으로 대한민국의 고유영토라는 지극히 평범한 사실도 지리에 근거한다. 마찬가지로, 작은 섬 마라도가 중요한 것은 대한민국 국토 최남단의 상징성 때문만이 아니다. 수많은 희귀생물로 가득한 해양 생태자원의 보고인 마라도는 섬 자체가 천연기념물(제 423호)로 지정되어 있다. 독도와 마라도를 빼고 우리 영토와 지리를 논할 수 없는 이유다.

몇 해 전 나라의 안보를 책임지는 국방부 차관이 사드 배치 문제로 엄중한 성명을 발표하는 자리에서 경북 성주와 상주를 제대로 알지 못하고 두 번씩이나 실수를 반복했다. 본인이 모르는 것도 문제이고 써준 대로 읽었다면 그것 또한 문제다. 격렬 시위 중이던 성주 군민들은 얼마나 기가 찼겠는가. 공직자 출신인 내가 얼굴이 화끈거렸으니까….

이 정도는 약과다. 대통령의 '체코'방문 때 외교부는 26년 전 국가명인 '체코슬로바키아'를 썼다. 또 '발틱'국가들을 '발칸'국가로 잘못 표기해 항의를 받기도 했다. 어쩌다 엘리트 집단인 외교부가 이렇게 추락하는지 서글퍼진다. 외교는 지리에서 시작되고 지리에서 끝난다.

나에게는 지리와 역사 공부가 생활의 일부가 되어있다. 지금도 나의 거실에는 우리나라 지도와 세계지도, 우리나라 역사책과 서양사, 동양사 서적들이 가장 눈에 잘 띄고 손닿기 쉬운 곳에 꽂혀 있다. 우리나라 지도와 세계지도는 머릿속에 넣고 읽어낸다. 나는 우리나라의 높은 산과 섬, 휴전선 일대를 두루 찾아다녔다. 백령도, 고랑포, 펀치볼, 명파리 모두 인상적이었다. 군수 때는 군내 전 마을을, 도지사 때는 도내 모든 읍·면을, 내무부 근무 때는 전국 시·군을 두루 찾았다. 지금도 카메라를 들고 곳곳을 찾아 다니고 있다. 끝이 없다.

외국에 나가면 국경지대, 변경지대를 꼭 방문한다. 중국 옌볜(延邊)에서

훈춘(琿春)을 거쳐 중국 영토의 끝부분인 평촨(防川)까지 가보았는데 그곳에서 북한-러시아를 연결하는 두만강 철교를 매우 인상 깊게 보았다.

타이완에 속한 금문도와 마조도는 중국 대륙에 붙어 있는 많은 섬들 가운데 하나다. 중국 사람들은 금문도를 일주하며 관광을 한다. 섬을 지키는 타이완 군인들은 손을 흔들어 준다. 우리와 대조적이다.

고산자 김정호 선생이 발로 찾아다니면서 그린 대동여지도를 보면 그저 놀랍기만 하다. 국토를 사랑하는 마음이 간절했기 때문이라 하겠다.

서경덕, 이지함 선생도 우리나라 곳곳을 많이 다녔다. 그분들은 "내 나라 내 땅을 내가 찾지 않으면 얼마나 서운해 할까"라면서 찾아다녔다고 한다. 애국심은 국토 사랑에서 가장 잘 나타난다.

우리 땅을 많이 찾아가고 잘 가꾸어서 물려주어야 하는데 요즘 국토 훼손과 방치가 너무 심한 것 같아 매우 안타깝다.

한자(漢字)는
배우고 써야 한다

우리나라 국어의 70% 이상이 한자어다. 초등학교에서부터 한자교육을 실시해야 한다.

한자 보급 없이는 아시아의 국제화에도 따라가기 어렵다.

한글전용(專用)을 특별한 애국인 것처럼 생각해선 곤란하다.

북한 같이 우리말 전용도 아니고 글자만 전용한다고 애국인가. 세종대왕은 어리석은 백성들이 쉽게 배워 쓸 수 있도록 한글을 창제했으니 그 목적이 달성되었다. 문자 쇄국주의 현상은 끝내야 한다. 한글전용을 한다면 말도 북한과 같이 우리말 전용이 되어야 할 것 아닌가.

말의 뜻은 한자에 담겼는데 이를 그대로 두고 소리글만 전용한다니 말이 되는가. 우리나라 중국 일본 모두 한자를 같이 쓰는데 읽는 소리만 다를 뿐이다.

서양에서도 한자 붐이 일고 있다고 한다.

1970년 한글 전용화 정책으로 초등학교 교과서에서 한자가 사라섰나. 우리나라 초등학교에선 단 한 글자도 안 가르친다. 중·고교 교육용 1800자뿐이다.

한글전용이 단순 문맹률(文盲率)은 낮췄지만 고급어휘, 문화어의 이해도 역시 낮아졌다. 다시 말해 실질적 문맹률은 더 높아졌다는 얘기다. 이해력이 떨어지니 학문이나 문화의 질도 떨어질 수밖에 없다. 편협한 애국과 국수주의로 광복 후 국어의 황폐화와 언어능력의 저하를 가져왔다.

이후 많은 단체와 지식인, 학자 등이 한자교육의 부활을 촉구하는 주장과 청원이 있었다. 지난 2008년 9월에는 역대 국무총리 20인이 '초등학교 정규 교육과정에서 한자교육을 촉진하는 건의서'를 정부에 제출한 일도 있다.

그나마 정부가 몇 해 전 교육과정을 개정해 2018년부터 국어와 사회 교과서 중요 낱말에 한자를 병기(倂記)해 자연스레 익히도록 했다. 그렇다고 별도의 한문 과목이 초등학교에 개설되지는 않았다.

어느 국문학자는 우리나라에서 쓰는 한자(漢字)를 '한자(韓字)'라고 이름을 붙인다. "2000년 동안 우리나라에서 쓰는 한자(漢字)는 한국의 사상·정서를 고스란히 담아 한자화(韓字化)됐다"는 것이 그 이유다.

선진국치고 말이 빈약한 나라는 없다. 말과 글은 생각의 바구니다. 말과 글의 바구니가 허술하면 좋은 사상을 담기 어렵다. 우리나라 말의 70% 이상이 한자어인데, 한자를 추방한 채 글의 뜻도 모르고 텅 빈 수수깡 같은 말만 되풀이하고 있다.

한자전용이나 한글전용 모두 고식적(姑息的)이고 편벽된 정책이다. 한글은 한자와 혼용해야 우수성이 발휘된다. 한자는 한글과 함께 배우고 써야 한다.

일본 소학교에서는 1006자를 가르치고 모든 교과서에 한문을 혼용하고 있다. 5~6학년이면 한자투성이 신문도 거뜬히 읽는다고 한다. 소·중학교 상용한자는 2136자다.

우리말을 전용하는 북한에서도 인민학교 5~6학년부터 고등학교 1학년까지 6년간 3000자를 가르친다.

중국은 현재 2500자의 상용한자와 1000자의 차(次)상용한자를 가르치고 있다.

우리가 쓰면 문자든 기술이든 우리 것이 된다는 적극성과 진취성을 발휘할 때다. 이웃나라 일본은 오래전부터 그렇게 해왔다. 우리는 분명히 한자문화권에 속해있다. 세계 영어권 인구와 한자권 인구는 각각 15억 명 정도로 맞먹고 있다.

국민적 캠페인이
절실하다

어느 나라든 선진국이 되려면 국민운동, 국민적인 캠페인이 필요하다. 선진국의 조건으로 의식 수준이 중요하기 때문이다. 애국심 고취서부터 질서지키기 운동에 이르기까지 국민의 의식수준을 끌어올려야 선진국이 될 수 있다.

국민적 캠페인은 민간이나 사회단체 주도로 이루어질 수 있으나 보다 효과적인 추진을 위해서는 정부가 나서야 한다. 우리나라도 1970~80년대에 걸쳐 많은 캠페인을 추진하여 국민적 호응과 더불어 엄청난 성과를 거두었다.

내용들을 보면 새마을운동, 자연보호운동을 비롯해 물자절약, 어른 공경, 어린이 교육, 질서, 청결, 친절 운동에서부터 범죄와의 전쟁, 바르게살기, 새생활운동, 산림녹화와 산불예방, 전 국토의 공원화에 이르기까지 많은 국민운동이 이루어졌다.

이때 강력한 행정력도 뒷받침되었다. 당시 내무부는 도(道), 시(市), 군(郡)의 지방행정을 총괄하였다. 인사, 예산, 감사를 통해서 지방행정을 지도하고 또 중앙행정 기관에 대해 지방의 의사를 대변하고 지원했었다.

초가지붕을 없애는 일, 산속의 화전민 주택, 무속인 시설 등을 정리하는 일, 미풍양속을 지키는 일, 하천을 정리하는 일 등은 많은 국민들의 호응을 얻으면서 단기간에 이루어 냈다.

산림녹화 당시 등산로 입구에서 라이터나 인화성 물품은 모두 수거해 보관하도록 하고 큰 산불이 나면 시장·군수는 직위 해제까지 되었다. 지금은 '자연인'이 어떻고 하면서 사연 있는 사람들이 혼자 산속에 주거시설을 마련하고 생활하는 모습을 TV방송에서 예사로 내보내고 있다.

지금 생각하면 타율적인 면도 있었으나 그런 홍역을 치른 결과, 나라의 기초가 어느 정도 다져졌다 하겠다.

우리나라는 짧은 기간에 너무 급격히 바뀌었다. 물질문명은 빠른 속도로 발전하는데 문화는 따라가지 못하고 있다. 또 민주화 시대라 해서 자유·평등만 주장하다 보니 아래 위가 없어지고 권위도 사라졌다. 자율형 사립고와 특수목적고도 없애고 평준화(平準化)하려 한다. 평준화는 올려서 하는 것이지 내려서 하는 것이 아니다. 세계 어느 나라든 일류학교는 있기 마련이다. 문제가 있으면 보완해 나가면 되는 것이다. 사다리는 세워 놓아야지 옆으로 눕혀놓는 것이 아니다.

공동체라는 수레는 앞에서 끌어주고 뒤에서 밀어주고 옆에서 응원해야 잘 굴러간다. 지금은 뭐가 뭔지 앞에서나 뒤에서나 옆에서나 누구도 제 역할은 하지않고 남의 탓만 하고 있으니 참으로 안타까운 일이다.

시급 우리가 추진해야 할 국민운동 가운데 질서와 청결과 친절 운동이 매우 중요하다.

질서는 줄서기뿐만 아니라 법을 지키는 일, 자리를 잃고 주변을 맴도는 제도를 제자리에 안착시키는 일 등을 모두 포함한다.

청결은 정리 정돈은 물론 보건위생, 먹거리, 그리고 거리청결, 집안청결, 개인청결, 나아가 마음의 청결까지 연결된다.

친절은 수신(修身)의 첫걸음이다. 남에 대한 배려·염치·예의 등이 모두 수신에 속한다. 그러나 수신제가도 못하면서 치국(治國)을 하겠다는 사람들이 의외로 많다.

문화운동도 시급하다. 전화문화, 자동차문화, 지하철문화, 식당문화 등 의식운동, 공중 도덕운동이 펼쳐져 나라의 품격을 높혀 나가야 한다.

역사 속의 개혁과
현실 속의 개혁

개혁이란 대부분의 사람에게 매력적인 선전 문구다.

누구나 현실에 만족하는 사람은 없기 때문에 새로운 변화의 약속은 늘 기대감을 안겨주기 마련이다.

역대 정권이 개혁을 부르짖었지만 구호로만 요란하고 제대로 된 개혁과 변화는 이루지 못했다.

그것은 새 옷을 입으려면 먼저 입은 옷을 벗어야 하듯이, 기득권을 내려놓는 것이 전제가 되어야 하는데 그러지 못했기에 실패하고 말았다.

TV 사극을 보면 왕은 언제나 위풍당당하고 모든 신하들은 바닥에 엎드려 머리를 조아리며 "성은이 망극하옵니다" 식으로 순종한다.

그러나 역사 속에는 신하는 체제에 순응적이고 타성에 젖어 있는 인물들만 있었던 것이 아니다. 우리 역사 속에도 급진적이며 개혁적인 인물이 의외로 많았다.

그중에서 대표적인 인물을 꼽아 본다면 고려 말의 신돈(辛旽), 15세기 말에서 16세기 초까지 과감한 개혁과 급진적인 모험을 시도했던 조광조(趙光祖), 구한말의 김옥균(金玉均)을 들 수가 있다.

신돈은 잘 알려진 대로 경남 창녕군 계성면에 있는 옥천사(玉泉寺)에서 종살이를 하던 노비의 아들로 태어났다. 그는 우연한 기회에 노국공주를 잃고 비통에 잠겨있던 공민왕에게 천거되었다. 처음에는 잠을 못 이루는 왕 곁에서 말벗이나 해주던 거사 신분이었다. 사람들은 그를 청한거사(淸閑居士)라고 불렀다. 그러나 공민왕은 곧 그가 비범한 인물이라는 것을 알아차렸고, 점점 그의 지혜에 의탁하게 되었다. 그래서 그는 편조(遍照)라는 승명을 버리고, 신돈이라는 정객의 이름을 얻어 그 정치의 일선에 서서 개혁을 진두지휘 하게 되었다.

우선 첫 번째로, 그는 종묘와 사원, 학교와 지방 창고에 얽힌 부정을 타파하고, 토지를 독점하는 지방 토호들의 발호를 억제하기 위하여 과감한 토지개혁 정책을 폈다. 지금으로부터 600여 년 전, 기득권자들의 토지를 빼앗아 천민들에게 나누어 준다는 사실은 정말로 급진적이며 혁명적인 시도라고 볼 수 있다.

그리고 두 번째로는 농노나 여비들을 자유롭게 풀어주는 노비 안검법을 실시했다. 누구든지 노예 신분에서 벗어나고자 한다면 양민이라는 증표를 나누어 주었으니, 이 제도 역시 계층과 신분을 타파하는 어마어마한 개혁이 아닐 수 없다.

그리고 그는 국운과 지운이 다 되어 가는 송도를 버리고, 과감히 지금의 평양이나 충주지역으로 수도를 옮겨야 한다는 국토개혁과 왕조체제의 개혁론까지 부르짖었다.

사실상 신돈의 주장대로 수도를 옮기고 기강이 해이해진 고려 말기의 낡은 제도를 혁파했더라면 왕실의 사직도 온전할 수 있었고 고려라는 그 유서 깊은 왕조도 온전했을지 모른다.

그러나 노비 출신으로서 노비를 해방시키는 개혁에 앞장서고, 땅 한 마지기도 없던 무산자의 신분으로 토지개혁을 시도하며, 정치가가 아닌 거사 출신으로 거대한 국가개혁 프로젝트를 감당하기에는 역부족이었던지 그는 끝내 좌절하고 만다.

물론 역사에는 그가 간신으로 묘사되고 있다. 역사는 승리한 자의 기록이니까.

그러나 그 엄한 계급 사회와 왕조 사회에서 천민 출신으로 왕실의 최고 권력핵심에까지 진출하여 거대한 야망의 뜻을 7년간이나 펼쳤던 점은 그가 결코 범상한 인물이 아니라는 것을 반증해 주고 있다.

신돈은 놀라운 풍운아였으며 급진주의자였고, 혁신과 개혁을 실천한 선각자였는지 모른다. 그러나 결과적으로 그는 실패했고, 죽음을 맞게 되었다.

신돈이 세상을 떠난 지 110년 뒤에 태어난 조광조는 일단 신분 면에서는 신돈과 달랐다.

무오사화 때 모함을 당해서 유배지로 왔던 당대의 석학 김굉필을 스승으로 삼고, 양반의 자제로서 정진했던 조광조는 29세 때에 장원 급제하였고, 34세 되던 해에 성균관 유생 중에서 제일 출중한 인물로 뽑혔다.

그래서 그는 사간원 정언을 거쳐 대사헌에까지 이른다.

조광조는 조선조 초기까지 높이 평가되던 문학 위주의 공허한 선비사회의 기풍을 거두어 내고, 당시로서는 실천 철학이라고 할 수 있는 노학 사상을 주장했고 그의 정치이념 역시 맑고 깨끗한 도학 정치의 구현이었다.

그는 초야에 묻혀 있는 재야인사들을 발탁하기 위해 현량과(賢良科)라는 파격적인 과거제도를 개설해서 실천력이 높고 덕망 있는 선비들을 찾아냈으며, 국가의 기강을 철저하게 바로 잡았다.

그리고 개국 공신의 후손이라고 자부하는 보수 공신파들의 기득권을 인정하지 않았다.

조광조는 국가 경영, 인사, 예산 집행에 이르기까지 모든 국사를 집행함에 있어 당시 자신이 모시던 중종 임금을 위해 가장 바른 길을 걸으려 애썼다.

그러나 보수 공신파에 속하는 남곤, 심정과 같은 원로대신 즉, 기득권파에 의해 모함을 받아 큰 뜻을 제대로 펼쳐 보지도 못한 채 38세의 젊은 나이로 사약을 받고 말았다.

이처럼 조선조 중기까지 시도되었던 몇 차례의 급진적이고 과감한 개혁은 좌절되고 중단되다가 조선조 말에 들어와 김옥균에 의해서 다시 한 번 시도된다.

김옥균은 유명한 안동김씨 가문의 후손이었고, 지체 높은 양반 출신이었다. 그러나 그는 수백 년 동안 유지되고 운영되어 왔던 양반제도 자체를 폐지하자는, 그야말로 경천동지할 개혁론을 내세웠고, 우리가 잘 아는 국가의 개방과 개혁을 위한 실천에 들어갔다.

그는 독립당이라고도 불리던 개화당을 조직하고, 마침내 삼일천하로 끝난 쿠데타까지 일으켜 그 유명한 14개조의 신정 강령을 공표하였다.

그 내용은 문벌의 폐지, 탐관오리의 숙청, 인민 평등과 자주독립에 이르기까지 방대한 것이었다. 아마도 19세기 말 김옥균이 부르짖은 개혁과 개방은 한국판 페레스트로이카나 글라스노스트였을 것이다. 그가 부르짖은 인민평등이나 자주독립 같은 이념이 순조롭게 정착할 수 있었다면 한일병탄과 같은 국치를 면하면서 우리 스스로의 힘으로 근대화를 이룩했을지도 모른다.

그러나 갑신정변이라는 현실적인 쿠데타까지 시도해 본 그는 결국 실패해서 일본으로 망명하였고 중국 상하이로 유인된 뒤 보수파에 의해 암살당하고 말았다.

역사 속에서 보듯이 급진적인 개혁과 역사적 변혁을 시도했던 신돈, 조광조, 김옥균의 꿈은 찬란했지만 결국 그들은 현실의 벽에 부딪치고 좌절하였다는 데에 공통점을 가지고 있다.

신돈이 개혁을 추구하되 너무 속도를 내지 않고 당시에 이미 기득권을 가지고 있으며 자신의 실족을 기다리고 있는 반대 세력이 있다는 점을 감안하면서 보다 포용성 있는 개혁을 시도했더라면 실패하지 않았을 것이다.

조광조도 자신만이 옳다는 유아독존식 개혁을 하지 않고, 개혁에서 불이익을 당하는 상대편의 의견을 조금씩 수렴해 가며 7년이 아닌 몇 십년쯤의 개혁으로 생각하고 급진적인 태도를 누그러뜨렸다면 그의 개혁은 성공했을지 모른다.

김옥균 역시 갑작스럽게 신분 제도를 철폐하고 국민정서를 무시하는 외래 사조의 반입이라든지 갑신정변과 같은 조급하고 과격한 행동을 삼갔더라면 성공할 수 있었다는 가설이다.

개혁은 과격해서도 안 되고 서둘러서도 안 된다.

역사는 급진적인 방법으로 개혁되거나 당위성만으로 변혁을 밀어붙일 수 없는 속성을 가지고 있다. 개혁에는 대의와 공감이 전제되어야 하고 도덕성이 뒷받침 되어야 한다.

부모 형제
이야기

내리사랑은 본능이지만 치사랑은 학습의 결과다. 요즘 본능은 살아 있지만 학습은 사라지고 있다. 자식들이 무관심해진 만큼 부모들도 인색해지고 있다. 동기간의 우애도 옛날 같지 않다.

나는 나의 세대가 조상님을 모시는 마지막 세대이고 자손들에게서 잊히는 첫 세대가 될 것 같아 마음이 무겁다. 현대인들이 지난날을 보면서 한번쯤 주변을 둘러보면 좋을 것 같다.

아버지가 아들에게 나이 드신 할머니를 깊은 산속에 데려다 놓고 오라고 했다. 아들은 할머니를 삼태기에 앉혀 지게에 메고 산속으로 가서 할머니를 두고 돌아왔다. 아버지는 아들이 삼태기를 가지고 온 것을 보고 "삼태기는 거기에 그냥 두고 오지 왜 가져 왔느냐"고 했다. 그러자 아들은 "이 다음에 아버지를 산속에 데려갈 때 다시 쓰려고요" 하고 대답했다. 아버지는 매우 놀랐다.

옛날에는 부모님을 산속에 버렸지만, 요즘은 요양원에 맡긴다.

그때와 다른 점은 장례절차가 남아 있다고나 할까.

장사익의 노래 '꽃구경'의 가사다.

어머니 꽃구경 가요

제 등에 업히어 꽃구경 가요

세상이 온통 꽃 핀 봄날

어머니는 좋아라고 아들 등에 업혔네

마을을 지나고 산길을 지나고

산자락에 휘감겨 숲길이 짙어지자

아이구머니나, 어머니는 그만 말을 잃더니

꽃구경 봄구경 눈감아 버리더니

한 움큼씩 한 움큼씩 솔잎을 따서

가는 길 뒤에다 뿌리며 가네

어머니는 지금 뭐 하나요

솔잎은 뿌려서 뭐 하나요

아들아 아들아 내 아들아

너 혼자 내려갈 일 걱정이구나

길 잃고 헤맬까 걱정이구나

형제가 길을 가다 금덩어리를 주웠다. 형제는 한 덩어리씩 나누어 가진 뒤 강을 건너게 되었다. 강 한복판에서 동생이 금덩어리를 강물에 던져 버렸다. 형도 바로 던졌다. 강을 건넌 뒤, 형이 동생에게 "귀한 금덩어리를 왜 던졌느냐"고 물었다.

동생은 "금덩어리를 나누어 가진 뒤부터 형님에 대한 생각이 달라졌어요. 그래서 던져 버렸어요"라고 대답했다. 형은 "내 생각도 그랬다"고 하면서 형제간의 우애를 더욱 두터이 했다.

《열하일기》의 연암 박지원은 태어나자마자 아버지가 돌아가시고 16세에 결혼하여 처숙부 밑에서 공부를 시작했다.

50세가 되던 그해 1월 부인이 타계하고 얼마 후 맏며느리가 죽고 7월에 형님(희원)이 돌아가시자 다음의 시로 형님을 애도했다.

우리 형님 얼굴은 누굴 닮았나
아버지 생각나면 형님을 봤지
이제 형님 생각나면 누구를 보나
시냇물에 내 얼굴 비추어 보네

근사한
대통령들

존경할만한 대통령들에 대한 이야기를 모아 보았다.

1953년 6월 어느 날 미국에서 평범한 중산층이 타는 크라이슬러 자동차 한 대가 지붕에 여행가방 꾸러미를 싣고 미주리주 인디펜던트 시를 떠나 동부로 향했다. 노부부는 길가 레스토랑에서 과일 한 접시로 점심을 하고 5달러짜리 모텔에 들었다. 저녁은 70센트짜리 닭튀김을 시켰다. 식당 주인은 물론 주유소 종업원들도 그들이 6개월 전에 퇴임한 트루먼 대통령 부부라는 것을 알지 못했다.

퇴임 후 첫 여름, 전직 대통령 부부는 직접 차를 몰며 여행길에 오른 것이다. 가는 도중 친구 집에 들르기도 했고, 고속도로에서는 규정 속도보다 늦게 간다고 교통순경한테 딱지를 받기도 했다. 당시는 퇴임 후 경호도 없었고 전직에 대한 예우도 없었다. 그가 받은 것은 고작 월 112달러의 육군(소령) 연금뿐이었다. 물론 그때도 여러 회사에서 그에게 고문직 자리를 제의했다. 그러나 트루먼은 대통령직을 상업적으로 이용하지 않겠다는 결심으로 이를 모두 거절했다.

그것이 대통령의 명예를 지키는 길이라고 생각했다. 1958년 그는 생계를 위해 가족농장까지 팔았다. 그해 말에야 미 의회는 전직 대통령 예우법을 만들었다.

베트남의 호찌민(胡志明) 주석은 일생을 독신으로 살면서 오로지 베트남의 해방과 통일을 위해 싸웠다. 그가 평생을 독신으로 산 것은 가족이 있으면 식민지 해방투쟁에 부담이 되지 않을까, 또 권한을 갖게 되면 처자식이 국민에게 부담을 주지 않을까 하는 생각에서인 것 같다. 오직 조국 베트남을 위해 살다가 통일이 되기 전에 세상을 떠났다. 사후에도 전 국민의 존경과 사랑을 받고 있다.

드골 대통령은 퇴임한 다음해 세상을 떠났는데 그는 유언에서 자신의 장례를 가족장으로 하고 대통령이나 장관, 국회의원들의 조문을 거부했다. 반면 같이 싸웠던 전우들의 조문은 허용했다. 그는 파리에서 300km 떨어진 고향땅에 평민관(棺) 그대로 묻혔다. 어려서 죽은 딸 옆에 묻혔다. 위인무덤을 거부했다.

1995년 5월 대통령 전용차가 엘리제궁을 나왔다. 경찰 모터사이클 에스

코트가 콩코드 다리 앞에 멈춰서더니 늙수그레한 남자가 내렸다. 전임자 미테랑 대통령이다. 다리 앞에 주차된 소형 르노차에 운전하는 그의 아들이 기다리고 있었다. 세느강 건너 사저인 아파트에 도착할 때까지 몇 차례 교통신호에 막히기도 했다. 죽은 뒤, 그는 고향땅 공동묘지의 친지들 곁에 묻혔다. 그의 묘지 앞으로 가려면 같은 크기의 여러 묘소를 지나야한다. 드골과 함께 가장 존경받는 대통령이다.

이스라엘 국부로 추앙받은 초대수상 벤구리온은 77세에 총리직에서 물러나 자기가 개발계획을 추진하던 사막마을에 가서 살았다. 87세에 세상을 떠날 때 국립묘지를 마다하고 사막 한가운데에 묻혔다.

우루과이의 호세 부히카 전 대통령은 은행 계좌가 없다. 예금할 돈이 없기 때문이다. 유일한 개인 재산이라곤 1987년형 폴크스바겐 한 대뿐이다. 우루과이는 수리남에 이어 남미에서 둘째로 작은 나라다. 하지만 아르헨티나 칠레에 이어 셋째로 발전된 국가다. 그럼에도 그에게 돈이 없는 까닭은 대통령 재직 당시 월급의 약 90%를 자선 단체에 기부했기 때문이다. 대통령 관저에서 살지 않고 부인이 일군 야채와 꽃 농장의 허름한 집에서 출퇴근 했다. 관저는 노숙자들의 쉼터로 쓰도록 내놓았다. 그런데도 정작 본인은 이렇게 말했다.

"필요한 건 다 있습니다. 재산 축적에 관심 없습니다. 내 월급의 10%만으로도 살 수 있습니다. 그보다 훨씬 더 적은 돈으로 살아가는 국민이 많습니다."

바람은
머물지 못합니다

요즘 세태를 보면 걱정이 앞선다.

사람들 사이에서 옳다 그르다는 가치 논리를 찾아보기 어렵고, 좋다 싫다는 감정 논리만이 득세하고 있지 않은가. 이성적 판단은 간데없고 감성, 이미지, 이벤트, 인기만이 삶의 무대를 장식하고 있는 것 같다. 내용은 빈약하나 겉보기 좋은 디자인만이 우리 사회를 가득 채우고 있지 않은지 돌이켜 볼 일이다.

"머플러가 예쁘다", "얼굴이 잘생겼다", "쌍꺼풀 수술이 잘 됐다"고 말할 뿐 그 사람 속의 진짜 얼굴인 가치관이 어떤지, 이념이나 사고는 어떤지 궁금하게 여기지 않는다. 손에 흙 묻히지 않고 이미지만 가꾸고 남 일할 때 화장만 하고 있는 사람이 땀 흘려 일하는 사람보다 더 대접받고 있지 않은가.

내공있는 겸손한 실력자보다 말 잘하는 자아도취자가 더 인정받는 것은 아닌가.

산업화와 함께 찾아온 혼돈(chaos)은 내가 살고 있는 현실만을 중시할 뿐 뿌리를 생각하지 않는데 원인이 있다. 뿌리가 없는 꽃은 죽은 꽃이다.

아파트만 하더라도 래미안, 자이, 파크, 캐슬과 같은 화려한 이름만 중시할 뿐, 그 아파트를 짓는 기업의 역사와 성과라는 뿌리는 외면하고 있다.

서구사회에서도 이러한 바람이 한때 몹시 불었다. 그러나 결국은 뿌리를 중요시하는 현재의 모습으로 돌아왔다.

바람이 좋은 것은 아니다. 무도 사람도 바람이 나거나 들면 좋지 않다. 바람은 지나가는 것일 뿐 머물지 못한다.

혼돈은 멀지 않아 제자리로 돌아올 것이다. 그 시간에 많은 것을 잃어서는 안 된다. 뿌리를 찾고 무게중심을 찾고 실리와 실속을 찾고 콘텐츠도 찾아야 한다.

그렇지 않으면 먼 길을 돌아 오랜 시간을 후회해야 할지 모른다.

비전과 정체성 없는 이미지는 속 빈 강정과 다름없다. 내일을 기약할 수 없기 때문이다.

이미지 과잉의 시대, 가치 혼돈의 시대 앞에 우리가 추구해야 할 진정한 가치는 무엇인지 다시 생각해 봐야 할 시점이다.

연설 속에, 생활 속에

듣는 이의 마음을 움직일 한 마디,

촌철살인의 한 문장,

의표를 찌르는 간결한 말과 글이 절실할 때가 있습니다.

제가 즐겨 쓰던 명언·명문이나 정겨운 격언들을 모아봤습니다.

배추 고갱이 같이 알차고 맛있는 표현들입니다.

정치·행정의 현장에서 조금이라도 도움이 되었으면 하는 바람으로 명언·명문 노트를 덧붙입니다. 소납(笑納) 바랍니다.

오래전부터 적어 두었던 말과 글이라 출처파악에 소홀함이 있음을 아쉽게 생각합니다.

정치·행정

국민이 정부를 믿고 의지하도록 해야지, 국민이 정부를 걱정하게 해서는 안 된다.

집안이 가난하면 좋은 아내가 생각나고, 나라가 어려우면 어진 신하가 생각난다. (家貧思良妻 國難思賢臣)《사기》

시대가 인물을 만들지만, 인물이 시대를 만들기도 한다.

정치를 외면한 가장 큰 대가는 가장 저질스러운 인간들에게 지배당하는 것이다. (플라톤)

전쟁을 억지하는 것은 군사력의 균형(balance of power)이 아니라 공포의 균형(balance of fear)이다.

배가 항구에 정박 중일 때에는 아무런 위험이 없다. 하지만 배는 그러라고 있는 것이 아니다.

힘을 가지지 못한 정의는 무력(無力)하고, 정의를 가지지 못한 힘은 폭력이다. (파스칼)

정의란 함께 사는 사회의 미덕을 키우고 공공선을 고민하는 것이다. (마이클 샌델)

자기 몸을 닦는 것이 가장 먼저이고, 그다음 집안을 가지런히 하는 것이며, 이후에 나라를 다스리는 것이다. (修身 齊家 治國)《대학》

윗사람이 위엄을 너무 세우면 아랫사람이 실력을 발휘하지 못하고,

위엄이 너무 없으면 아랫사람을 통솔하지 못한다.

#돈과 권력을 너무 가까이하면 타 죽고, 너무 멀리하면 얼어 죽는다.

#백성은 적은 것을 탓하지 않고, 고르지 못함을 탓한다. 가난함을 탓하지 아니하고, 불안함을 탓한다. (不患寡而 患不均 不患貧而 患不安) 《논어》

#지도자가 언행이 바르면 명령하지 않아도 백성들이 잘 따르지만, 자신이 바르지 않으면 비록 명령을 해도 따라오지 않는다. (其身正 不令而行 其身不正 雖令不從) 《논어》

#영국이 파트너로선 나이가 들었지만 구름 낀 날 앞을 내다보는 데는 여러분보다 낫다고 생각한다. (영국여왕, 미국 의회연설, 1991)

#바다는 민심이고 정권은 그 위에 떠 있는 배와 같다. 물은 배를 띄우기노 하시반 뒤엎기도 한다. (水能載舟 亦能覆舟) (공자, 순자)

#최상의 정치는 국민의 마음을 따라가는 것이고 최악의 정치는 국민과 다투는 것이다. 《사기》

#민주사회에서 정치가의 위치는 항상 위험이 가득하다. 백성 뜻만 추종하려고 하면 그들과 함께 망하게 되고 그들의 뜻을 거스르면 그들의 손에 망하기 때문이다. 《플루타크 영웅전》

#권력은 나눌수록 커지고, 함께 할수록 오래간다.

#부(富)와 권세는 어떻게 형성하느냐도 중요하지만, 어떻게 행사하느냐가 더 중요하다.

#임금은 임금다워야 하고, 신하는 신하다워야 한다. 아버지는 아버지다워야 하고 자식은 자식다워야 한다. (君君臣臣 父父子子)《논어》

#20세기 문맹자는 글을 읽지 못하는 사람을 말했지만, 21세기 문맹자는 마음을 읽지 못하는 사람을 말한다.

#선거는 과거에 대한 심판이자, 미래에 대한 선택이다. 선거는 후보자의 과거가 아니라 유권자의 미래에 대해 이야기하는 것이다.

#반대세력의 적과는 친구가 되고 반대세력의 친구와는 적이 된다.

#전쟁에 이기는 자는 먼저 이겨 놓고 싸우고 전쟁에 둔한 자는 먼저 싸움부터 벌려놓고 이기려 한다. (손자)

#죽어야 실뽑기를 그치는 누에처럼, 재가 되어야 눈물을 그치는 촛불처럼, 조국에 대한 사랑은 죽어서야 그칠 것이다. (원자바오)

#믿음이 없으면 나라가 존립하기 어렵다. (無信不立)《논어》

#지도자는 사람을 알아볼 수 없으면 안 되고, 알아보지만 임용할 수 없으면 안 되고, 임용할 수 있지만 신임할 수 없으면 안 되고, 신임할 수 있지만 간여하도록 하면 안 된다.

#리더의 권위는 인사에서 나온다.

#집권자가 인사를 장악하지 못하면 나라가 어려워진다.《한비자》

#적재적소(適材適所)는 사람이 먼저고, 적소적재(適所適材)는 일이

먼저다. 일을 먼저 생각하고 사람을 정하는 것이 맞다.

#'선거캠프'란 궤도에 진입하지 못했거나 궤도에서 이탈된 사람들이 찾는 곳이다. 그래서 일류들은 사양하는 곳이다.

#훌륭한 지도자는 능력 있는 사람을 골라 쓰고, 나쁜 지도자는 말 잘 듣는 사람을 골라 쓴다.

#리더에겐 싫은 소리, 쓴 소리를 내색하지 않고 들어주는 인내심이 필요하다.

#큰일을 할 군주에게는 반드시 자기가 함부로 다루지 못하는 버거운 신하가 있어야 한다. (맹자)

#현명한 군주는 인재를 얻는 데 애쓰고, 멍청한 군주는 세(勢)를 불리는 데 애쓴다. (순자)

#리더는 조짐을 읽는 예민함을 가진 사람이다. 조짐을 조짐으로 읽지 못하면 리더가 아니다. 다가올 미래를 먼저 읽어야 한다.

#사람이 상황을 관리하지 못하면 상황이 사람을 삼켜버린다.

#인재가 부족하다고 말하는 것은 인재를 보는 시각이나 인재를 구하는 방법이 편협하기 때문이다. (유성룡)

#근친혼은 쇠망한다. 정치·권력도 끼리끼리는 금물이다.

#하나의 이익을 얻는 것이 하나의 해를 제거함만 못하고 하나의 일을 만드는 것이 하나의 일을 없애는 것만 못하다. (칭기스칸의 책사, 야율초재)

정치 쪽에서는 믿을 수 있는 적이 믿지 못할 동지보다 낫다.

가장 정확한 심판은 신의 심판이고, 가장 무서운 심판은 역사의 심판이다.

역사는 승리한 자의 기록이다. 한편 기록하는 자의 승리이기도 하다.

법률은 거미줄이다. 하늘소는 찢고, 파리는 잡혀 버린다.

법은 신분이 귀한 자에게 아부하지 않고, 먹줄은 나무가 굽은 모양에 따라 구부려 사용되지 아니한다. (法不阿貴 繩不撓曲)《한비자》

미국인은 법으로 살고, 한국인은 도덕으로 살아 왔다. 미국인은 준법정신이 강한 반면 한국인은 도덕 불감증이 되고 있다.

나는 자리를 차지하려고 막부(幕府)정권을 쓰러뜨리는 것이 아니다. 세상 사람들은 모두 나만큼 똑똑하기에 사심을 품으면 바로 알아차린다. 오직 대의를 위해서만 손을 내민다. (메이지유신의 주역, 사카모토 료마)

'스마트폰'과 SNS의 발전은 민주주의의 보약이면서 독약이다. 잘 쓰면 민주주의 발전에 기여하는 소통의 도구지만 잘못 쓰면 민의를 왜곡 조작하는 선전 선동의 수단이 된다.

강한 자가 이기는 것이 아니라 이긴 자가 강한 것이다.

군주는 대중에게 사랑보다 두려움을 느끼게 하는 것이 훨씬 안전하다. 하지만 미움은 피해야 한다. 두려움은 적절한 통치수단이지만 미움은 군주에게 치명적이다. (마키아벨리)

\# 명군이 신하를 다스리는 바는 상(賞)과 벌(罰) 두 가지뿐이다. 《한비자》

\# 여자는 자기를 알아주는 이를 위해 얼굴을 다듬고, 선비는 자기를 알아주는 자를 위해 목숨을 내놓는다. 《자객열전》

\# 사교(邪敎)를 맹신하면 처자식을 버리지만, 그릇된 사상을 맹신하면 국가를 버리게 된다.

\# 좋은 새는 나무를 골라 보금자리를 정하고, 현명한 신하는 임금을 골라 섬긴다. (良禽擇木而棲 賢臣擇主而事) 《삼국지》

\# 지도자는 백성이 좋아하는 바를 좋아하고, 싫어하는 바를 싫어해야 한다. 그래서 백성의 부모라고 하는 것이다. 《대학》

\# 개혁이란 대부분에게 매력적인 선전 문구다. 누구나 현실에 만족하는 사람은 없기에 새로운 변화의 약속은 늘 기대감을 안겨주기 마련이다.

\# 새 옷을 입으려면 먼저 입고 있는 옷을 벗어야 하듯이 개혁을 하려면 먼저 기득권을 내려놓아야 한다.

\# 정치꾼(Politician)은 다음 선거를 생각하고 진정한 정치가(Statesman)는 다음 세대를 걱정한다. (토마스 제퍼슨)

\# 공성(功成)보다 수성(守成)이 어렵다.

\# 낮은 자리에서 살아본 뒤라야 높은 자리의 위태로움을 알게 된다.

\# 이 세상을 골고루 들여다보며 깊은 경륜을 쌓은 사람, 허나 나이

가 지긋해도 생각이 한곳에 머물지 않는 그런 사람이 있어야 한다. (광해군)

#마상(馬上)에서 천하를 잡을 수는 있으나 마상에서 천하를 다스리지는 못한다. 젖은 땅에 발을 딛고 서야 한다.《육가》(칭기즈칸)

#보장된 권리 위에 잠자는 자의 권리는 보장받지 못한다. (루돌프 폰 예링)

#성공적인 국정운영은 정책 능력과 민주주의의 합작품이다. (린드 블룸)

#일을 위해 자신을 희생하는 사람이 있고, 자신을 위해 일을 희생시키는 사람이 있다.

#백성이 억울한데도 그 억울함이 풀리지 않는 것은 윗사람이 제대로 하지 않기 때문이다. (설선)

#정치라는 것은 바로잡는 것이다. 그대가 바르게 통솔하면 누가 감히 올바르지 않겠는가. (政者正也 子帥以正 孰敢不正)《논어》

#행동하지 않는 양심은 악(惡)의 편이다. (김대중 대통령)

#일본은 고대사 콤플렉스로, 한국은 근대사 콤플렉스로 저마다 격렬하게 반응하고 있다. (한일관계)

#이웃집과 사이가 나쁘면 이사 가면 되지만, 이웃 나라와는 사이가 나쁘다고 이사할 수 없다.

#작전실패는 용서해도 경계실패는 용서할 수 없다. (맥아더 장군)

#협상에서 권력자가 가진 것을 내놓으면 양보가 되지만, 반대입장에서는 패배가 되는 것이다.

#보수는 부패로 망하고, 진보는 분열로 망한다.

#진보는 모두가 입 다물고 있을 때 소리 내는 것이요(입을 여는 용기로 인정받는다). 보수는 모두가 떠들 때 침묵하는 것이다(절제하는 책임감으로 믿음을 얻는다).

#보수가 진보의 요소를 내포하지 않으면 보수의 존재 가치를 발휘할 수 없고, 진보가 보수의 요소를 내포하지 않으면 안정적 성장을 도모할 수 없다. 진보와 보수는 상호 보완적인 관계다.

#북쪽이 하자는 대로 따라가 본들 저쪽의 계산은 내 마음 같지 않았던 것이 우리의 역사다.

#벼슬길에 나아가면 크게 이룬 것이 있어야 하고 물러나 은거하면 굳게 지킨 것이 있어야 한다. (出則有爲 處則有守) (元 허형)

#백성에게 빵과 서커스를 베풀어라. 그러면 절대 반란이 안 일어난다. (유베날리스)

#고기를 잡아서 입에 넣어주는 정치보다 낚시대를 만들어 주어 제손으로 잡아먹게 하는 정치가 되어야 한다.

#한국의 보수주의를 살리기 위해선 시장과 실용만으로는 안 된다. 윤리와 도덕을 지키고, 전통 문화와 민족주의에 호소할 수 있어야 한다.

#가진 사람들에겐 자제와 공동체 의식이, 덜 가진 사람들에겐 승복과 수혜자 의식이 요구된다.

#그릇이 큰사람은 작게 받아들일

수 없고, 그릇이 작은 사람은 크게 받아들일 수 없다. (이승소)

#거짓말에는 세 가지가 있다. 거짓말, 새빨간 거짓말 그리고 통계. (디스렐리)

#모든 민주주의에서 국민은 그들의 수준에 맞는 정부를 가진다. (알렉시스 토크빌)

#세상의 악은 특권에서 나온다. (존 스티븐스)

#권력은 부패하게 마련이며 절대권력은 절대부패하게 마련이다. (액튼)

#일을 꾸미는 것은 사람이지만 그것이 이루어지느냐는 하늘에 달려있다. (謀事在人 成事在天) (제갈량)

#자기를 굽히는 사람은 중요한 자리에 오를 자격이 있으며, 이기기만 좋아하는 사람은 반드시 적을 만나게 된다.《경행록》

#사람의 발이 밟는 면적은 불과 몇 촌(寸)에 불과하다.
그런데 몇 척(尺)이나 되는 길을 걷다가 발을 헛디뎌 낭떠러지에 떨어지고, 아름드리 통나무 다리 위를 걷다가 미끄러져 강물에 빠지기도 한다. 여지가 없기 때문이다. 사람이 오해를 사고 의심을 받는 것도 그렇다. 그 사람의 언행이 명성을 쫓느라 여지가 없기 때문이다. (顔氏家訓)

#이웃은 농경사회에선 서로 돕는 상대이지만 산업사회에선 경쟁상대가 되고 있다.

#후진국과 선진국의 차이는 경제적으로 잘 사느냐 못 사느냐가 아

니라 국민이 소유가치 (to have)를 추구하느냐, 존재 가치(to be)를 추구하느냐로 가름한다. (에리히 프롬)

검증되지 않은 정치인은 검증되지 않은 약보다 위험하다.

전쟁에서 이기기 위해서는 천시 (天時), 지리(地利), 인화(人和)를 바탕으로 해야 한다. (맹자)

비전은 단순한 아이디어 차원이 아니라 구체적이고 현실성이 있어야 한다.

프라이드가 지나치면 오만이 되고, 콤플렉스가 지나치면 적의를 품게 된다. 국가지도자에겐 프라이드와 콤플렉스 모두 금물이다.

자기 절제와 자기 통제를 모르고

사는 사람에게서 공동체 의식을 기대할 수 없다.

내 나라 내 땅을 내가 찾아가지 않으면 얼마나 서운해할까. (서경덕, 이지함, 김정호)

매사에 '타이밍'이 중요하다. 정책도, 경영도, 나아감도, 물러남도 모두 타이밍이 맞아야 한다.

지옥에서 가장 뜨거운 자리는 정치적 격변기에 중립을 지킨 자들을 위해 예비되어 있다. 기권은 중립이 아니다. 암묵적 동조다. (단테)

삶의 도전에서 선택은 숙명이다. 선택은 위험을 동반하지만, 그 두려움으로 선택조차 않으면 정체한다. 《신곡》(단테)

큰 바다를 항해하는 배의 제일 밑

바닥 짐처럼, 상품의 가치가 적으면서도 배의 균형을 지켜주는 존재가 같이 필요한 것 아닌가.

#변화를 위해서는 이를 가능케 할 경륜과 지혜와 준비가 필요하다.

#인류문명의 불균형은 총, 균, 쇠 때문이다. 무기, 병균, 금속은 인류의 운명을 바꾸었다. (재레드 다이아몬)

#구리(유리)거울로 의관을 바르게 할 수 있고, 옛것(역사)을 거울로 삼아 흥망을 알 수 있으며, 사람을 거울로 삼아 득실을 밝힐 수 있다. 나는 항상 이 세 가지 거울로 나의 허물을 막아 왔다. (唐 태종)

#이편저편이 하나의 마음이라면 7번 국도를 걸어 동해안에서 보는 해나 17번 국도를 걸어 서해안에서 보는 해가 같을 것 아닌가. (지역화합)

#사회에서 가장 약자에 속하는 사람에게 이득이 돌아가는 경우에만 불평등을 인정한다. (존 롤스)

#모두를 만족시키겠다는 정책이야말로 최악의 선택이다. (영국 금언)

#좋은 연설은 공감을 불러일으키거나 몰랐던 것을 알게 해주는 것이다.

#서서하는 연설에는 축하 대상, 감사 대상, 에피소드가 들어가야 하고, 앉아서 하는 대화는 잘 들어야 하고, reaction을 잘하는 것이 좋다.

#시대의 흐름을 따라가지 못하는 사람은 바로 여명이 오는데도 촛불에 의지하고 있는 것이다.

#충동적 구매와 충동적 투표는 후회가 따르지만 충동적 입법과 정책은 더 큰 문제를 일으킨다.

#성을 쌓고 남은 돌(餘石)과 산속의 큰 나무(大木)는 반드시 쓰일 날이 있을 것이다. 그러나 그때까지 버려지고 베어질까 걱정이다.

#재벌은 자식이 원수 같고, 권력은 측근이 원수 같다.

#강한 자는 지난 일을 잊으려 하고, 약한 자는 지난 일을 기억하려 한다.

#선출된 권력보다 시장(市場) 권력이 더 막강하다.

#어느 도시나 겉모습은 비슷하다. 그러나 골목길은 그 수준을 가지고 있다.

#지난 70년의 역사를 보면, 미국과 일본은 대한민국을 있게 한 나라고 중국과 북한은 침략한 나라다.

#나라의 품격을 높이는 국민적 캠페인은 없어지고 집단의 권익을 위한 투쟁적 데모만 있다.

#무능은 부패보다 더 나쁘다. 부패엔 분노하지만 무능엔 포기해 버리기 때문이다.

#높이 올라갈수록 밑으로부터 멀어진다. 잘 보이지 않고 잘 들리지 않는다.

#정치인과 기저귀는 자주 갈수록 좋다. (마크 트웨인)

#(아무리 맛이 좋아도) 어린아이에게 매운탕을 먹일 수는 없다. (1995년 전면적 지방자치)

#하늘은 백성을 불쌍히 여기기 때문에 백성이 원하는 바를 반드시 따른다. (周 무왕)

#비전은 한두 가지만 뚜렷이 제시되어야 한다. 여러 가지를 제시하면 한 가지도 제대로 되기 어렵다.

#정치인은 하고 싶은 얘기가 많고 대중은 듣고 싶은 얘기가 많다.

#국가지도자는 사심(私心)이 없어야 한다. 등용과 물리침을 확실하게 하고, 상과 벌을 공정하게 해야 한다.

#나의 바람대로만 상대를 변화시키려는 소통은 한정적이다. 상대의 말은 경청하지 않은 채 자신의 주장을 되풀이 해놓고 소통했다고 하는 것은 아주 잘못된 생각이다.

#선비가 행하는 모든 행위는 겨울 살얼음 냇물을 건너듯 하라. (若冬涉川) (공자)

#정치지도자가 "헌법을 준수한다"고 선서하는데 헌법을 한 번이라도 읽어보았을까.

#누군가에게 길들여진다는 것은 눈물을 흘릴 것을 각오하는 것이다. (생텍쥐페리)

#난세에는 이름을 날리는 것보다 이름을 지키는 것이 소중하다.

#사람들은 Data와 Fact에 약하다.

#Fact는 흔들 수 없지만, 통계는 구부릴 수 있다. (마크 트웨인)

#분노는 무분별하게 시작되어 후회로 끝을 맺는다. (피타고라스).

#저 달 속에 계수나무 베어내고 무궁화를 심고 싶다. (한용운)

#정상이 비정상이 되었다. 다시 정

상으로 돌려놓는 일이 정상적인 일이 되었다.

#거짓을 분별하지 못하는 사회는 오래지 않아 자유를 잃고 무질서에 빠지게 된다.

#나를 다스려야 남을 다스릴 수 있다.

#응집적인 집단은 자기 과신과 폐쇄성에 매몰되어 집단사고를 유발한다.

#공인은 무대 위에 벌거벗은 모습으로 서 있는 것이다. 늘 객석을 의식해야 한다.

#홀로 있을 때에도(어느 누구도 지켜보고 있지 않지 않는데도) 도리에 어그러짐이 없도록 몸을 삼가 한다. (愼獨)《中庸》《大學》

#집에 어진 아내가 있으면 남편이 나쁜 화(禍)를 만나지 않는다.

#벼슬살이의 두 가지 교훈은 사욕을 버리는 것과 청렴결백하게 하는 것이다.《채근담》

#청렴은 선정(善政)의 바탕이다.

#청렴은 세상에 없는 큰 장사다. (후일 높은 지위에 오르려면)

#미물인 닭도 물 한 모금 입에 물고 하늘을 쳐다본다.

#세상 살아감은 나그네처럼, 공직에 있는 것은 손님같이 한다. (在世如旅 在官如賓) (성대중)

#공직은 남을 위한 것이지 자기를 위한 것이 아니다. 백성을 편안하게 하려는 정치 이상을 실현하는 것

이지 자신의 영달을 위한 것이 아니다. 《격몽요결》

행정은 정직이 생명인데, 정치판의 거짓말이 전이(轉移) 되어 행정에도 나타나고 있다.

공직자에게 돈, 이성, 술, 권력남용은 감옥의 네 벽이다.

공직자는 그 자리에서 떠날 무렵, 너무 게을러도 안 되지만 너무 부지런해도 좋지 않다.

사람들이 그대를 필요로 하면 적극적으로 일하고, 원치 않으면 조용히 뒤로 물러나라. (공자)

물러날 시기가 오면 미련 없이 물러설 줄 알아야 한다. (노자)

"퇴임 후에도 대통령직을 상업적으로 이용하지 않겠다." 그것이 대통령의 명예를 지키는 길이다. (트루먼)

모든 공직자는 정부라는 기계의 한 부속품이다. 너트 하나라도 제자리를 지키지 않으면 그 기계는 못쓰게 된다.

조작된 통계는 약간의 사람을 영영 속이거나 모든 사람을 잠시 속일 수 있을지 모른다. 그러나 사람을 영영 속일 수는 없다. (링컨)

나라를 이끌어 가는 Leader는 드물고 국민의 눈치만 보는 Follower는 많다.

사람의 마음을 얻는 것은 어려운 일이나 사람의 마음을 잃는 것은 한순간이다.

남의 눈에 들기는 어려워도 그 눈

밖에 나는 것은 한 순간이다.

#정치와 행정은 역사를 종축(縱軸)으로 하고 지리를 횡축(橫軸)으로한 좌표 속에서 이루어져야 한다. 그 위에 입체축(立體軸)을 하나 더 보태면 국제·미래가 되는 것이다.

#역사를 모르면 미래가 없고, 지리(자연, 인문)를 모르면 국가가 없다.

#역사는 과거와 현재의 끊임없는 대화다. (E.H.카)

#역사에서 배워라. 국가운영의 모든 비결은 역사 안에 있다. (처칠)

#역사는 기억하지 않는 사람에게 똑같은 역사를 되풀이하게 함으로서 응징을 준다. (조지 산타야나)

#과거를 잊은 민족에게 미래는 없다.

#과거에 눈을 감는 자는 현재도 장님이 된다. (와이제카 독일 대통령)

#과거는 그대로 반복되지 않을지라도 분명 그 운율은 반복된다. (마크 트웨인)

#최고 경영자의 임무는 결정하는 것이다. (잭 웰치)

#공직자는 자기가 맡은 일을 분명히 알고, 그 일에 정성을 쏟고, 최선을 다해야 한다.

#말을 많이 하지 말고, 가볍게 처신하지 말라. (口無多言 身不輕動)

#막말실력을 키우지 말고 세련된 언어력을 키워라. 꽃을 자라게 하는 건 천둥이 아니라 비다. (루미)

‘남아일언 중천금’인데 국가지도자 일언은 중억만금이다.

정부 공직자는 말 한마디 하려고 할 때마다 이 말이 국민들에게 이익됨이 있는지 없는지를 고려하기 때문에 많은 말을 하지 못한다.

고위 공직자나 대기업은 저마다 아킬레스건이 있어서 상대의 불의를 알고도 결정적인 대처를 하지 못한다.

개념 없는 직관(直觀)은 맹목(盲目)이요, 개념 없는 사고(思考)는 공허하다. (칸트)

경험이 수반되지 않는 지식은 천박하다. 경험은 배울 수도 없고, 돈으로 살 수도 없는 것이다.

저우언라이(周恩來)의 여섯 가지 없음 (6無)

－죽어서 유골을 남기지 않았다.
－살아서 후손을 두지 않았다.
－관직에 있었지만 드러내지 않았다.
－당을 조직했어도 사조직을 꾸리지 않았다.
－고생을 해도 원망하지 않았다.
－죽으면서 유언을 남기지 않았다.

공무원은 영혼이 없다. (막스 웨버, 공무원의 중립과 전문성을 강조한 말)

상사는 부하로 하여금 자기(상사)의 일을 하게 하지 말고, 부하 자신의 일을 하게 하라. (시켜서 하는 일보다 하고 싶어 하는 일이 되도록 하라.)

매사에 힘을 빼야 한다. 자신이 가진 힘의 4분의 3정도의 힘으로 작품이나 일을 완성시키는 것이 가장 적당하다. (노래도 운동도 처세도 정치도)

자동차에 브레이크가 있듯 어떤

조직이든 악역을 맡는 사람이 있어야 한다.

#정부의 권력부서나 지방의 권력 관서에 민간위원회를 두는 것은 그 순기능보다 폐단이 더 크다.

#똑똑한 제도는 국민을 지혜롭게 만들고 사회적 책임을 고취시키지만, 멍청한 제도는 국민을 탐욕과 도덕적 해이로 눈을 어둡게 만든다.

#큰 일이 터지면 선진국은 제도를 탓하지 않고 그 운영의 잘잘못을 따지는데, 후진국은 운영이 잘못 됐을 때도 으레 제도 탓으로 돌리고 제도와 조직을 바꾸려고 한다.

#정부의 정책이 있으면 이를 피해 가려는 사람들의 대책이 있기 마련이다. (上有政策 下有對策) (중국)

#여론조사는 지표로 활용하는 것이지 결정요소로 삼는 것이 아니다.

#여론조사에는 Data massage가 따른다.

#여론조사는 '흐린 수정구슬'을 들여다보는 것과 같다. (영국)

#정보 보고를 받는 사람에겐 정책 정보가 중요한데 인적 정보에 관심이 더 많다.

#정부의 비관적 예측은 국민의 불안을 키운다. 반면 낙관적 예측은 빗나가면 신뢰가 무너진다.

#자기가 원치 않는 것을 남에게 시키지 말라. (己所不欲 勿施於人) 《논어》

#남이 알지 못하게 하려면 행동하지 말고 남이 듣지 못하게 하려거든

말하지 말라. (정약용)

#한 시대 지도자가 내린 결단은 한 나라의 흥망성쇠를 결정짓는다.

#기업인과 정치인은 난처한 일이 발생하면 재산을 사회에 환원한다고 하면서 대부분 자기 재단에 넣고 관리한다.

#미국은 사회기부금의 80%가 개인이고, 한국은 80%가 법인이다.

#기부금품 모집이나 성금 모금은 모금단체의 인건비와 모금 비용을 줄이고, 어려운 사람에 대한 지원이 확대되도록 해야 한다.

#수령직은 흐르는 강물과 같고 하위직은 구르지 않는 돌과 같다. (정약용)

#청년은 나라의 주인이며 주체가 된다. 청년들의 바람과 열정이 낡은 세대의 잘못된 틀과 행태를 보지만 말고 투표라도 제대로 하라. 4·19도 6·29도 청년들이 해냈다.

#지금 청년들에게 필요한 것은 위로와 힐링이 아니라 현실을 바꿔주는 개혁이다. 그것이 정부와 기성세대가 해야 할 일이다.

#후진국을 돕는 캠페인이 경쟁적으로 벌어지고 있다. 하지만 우리사회의 한쪽을 먼저 살펴야 한다.

#우리나라는 선출직 공직자의 떡이 너무 크다. 가진 쪽은 뺏기지 않으려고, 못가진 쪽은 뺏으려고 사생결단이다.

#별것 아닌 적산가옥을 근대문화공간이라고 정부 예산을 들여 보존하면서 3·1운동의 발상지인 탑골

공원과 그 주변은 방치되고 있다. 적산보존은 옛 중앙청(일제 총독부 건물) 철거로 이미 끝난 일인데….

미국은 유니폼 공무원(경찰, 소방, 군)의 행정력이 막강하고, 한국은 감사, 조사, 수사공무원의 행정력이 막강하다.

전통도 유행만큼 중요하다. (유행을 좇는다고 전통을 버리지 말라)

모방만 하다 보면 2등 밖에 못한다.

가장 우리 것이 세계적인 것이다. (토종, 토속, 토산)

끝까지 싸우는 국가는 져도 다시 일어설 수 있지만 순순히 굴복하는 국가는 영영 일어날 수 없다. (처칠)

정치인과 파리의 공통점은 신문한테 맞아 죽는다./ 되기까지 몹시 힘들다./ 지저분한 곳에 끼어 든다.

장사꾼이 '밑지고 판다'는 말과 정치인이 '국민의 심부름꾼이 되겠다'는 말은 같은 거짓말이다.

세상에 가장 강한 사람은 도와줄 사람이 많은 사람이다.《채근담》

공직자의 재산증식?
'아내가 한 일이라 나는 몰랐다', '남편이 한 일이라 나는 모른다' 그럴 수도 있는가.

'어떻게 말하는가'는 당신이 '어떤 사람인가'를 말해주는 척도가 된다.

소수자의 의견은 존중되어야 한다. 하지만 그것은 다수자의 의견이 존중되는 범위 내에서이다.

말은 한자(尺)나 하면서 행함은 한치(寸)만 하다.(宋 조변)

#의논할 때는 객관적이어야 하고 책임질 때에는 적극적이어야 한다.

#우리가 한 결정이 바로 우리 자신이다. (We are our choices) (사르트르)

열 마디 말에 아홉이 옳아도 남들이 칭찬하지 않지만 한마디만 틀리면 꼬집어 허물이라 들고 나온다. 《채근담》

#나쁜 오케스트라는 없다. 그저 나쁜 지휘자가 있을 뿐이다. (한스 폰 뷜로)

#최대 다수의 최대 행복은 도덕과 입법의 기초다. (제러미 벤담)

#반듯해도 남을 해치지 않고, 청렴하되 남에게 상처 입히지 않으며, 곧아도 교만치 아니하고, 빛나되 번쩍거리지 않는다.《도덕경》

백옥은 진흙에 던질지라도 그 빛을 더럽힐 수 없고, 군자는 혼탁한 땅에 갈지라도 마음을 어지러움에 물들일 수 없다.《익지서(益智書)》

#군자의 기상과 태도에는 세 가지 변화가 있다. 멀리서 바라보았을 때는 가까이하기 어려운 위엄이 있다. 가까이 대하게 되면 그 인품의 따뜻함을 느끼게 된다. 그의 말을 들으면 움직일 수 없는 날카로움을 느끼게 된다. (자하(子夏))

#군자는 남과 친하되 아첨하지 않고 소인은 아첨하되 친하지 않는다. 군자는 남과 화목하게 지내되 남과 부화뇌동하지 않는다. 소인은 남과 부화뇌동이나 잘하고 남과 화(和)할 줄을 모른다. (공자)

#자본주의 국가란 풍부한 자원을 불공평하게 분배하는 나라이고, 사회주의 국가란 빈곤을 공평하게 분배하는 나라다. (처칠)

#소통을 가장 어렵게 만드는 장애를 하나만 꼽자면 소통이 잘 되었다고 착각하는 것이다. (버나드 쇼)

#세 사람이 우겨대면 없는 호랑이도 만들어낸다.

#객관성, 보편성과 소통하지 못하는 사상은 억지요 고집일 뿐이다. 《지식인의 아편》(레이몽 아롱)

#사람은 스스로를 모욕한 후에 남이 모욕하고, 나라는 스스로를 친 후에 남이 쳐들어온다. (맹자)

#되(升)글 가지고 말(斗)글로 써먹는다.

사회·문화

#무·배추와 사람은 산지(産地)에
서는 제값을 받지 못한다.

#하인한테 영웅이 될 수 있는 주인
은 없다. (헤겔)

#바람개비가 돌지 않을 때에는 앞
으로 달려가면 돌게 된다.

#빛이 강해지면 그림자도 짙어진다.

#연탄재 함부로 차지 마라. 너는 누
구에게 한번이라도 뜨거운 사람이
었느냐. 〈너에게 묻는다〉 (안도현)

#녹은 쇠에서 생기고, 그 쇠를 먹는
다. 《법구경》

#쇠는 쇠가 단단하게 하고, (녹슨)

쇠가 쇠를 먹는다.

#녹슬어 망가지는 것보다 닳아버
리는 것이 더 낫다. (컴버랜드)

#바람은 촛불을 끄지만, 더 큰 불
을 일으킨다.

#나무는 큰 나무 덕을 못 보아도
사람은 큰 사람 덕을 본다.

#길도 다니지 않으면 막히고 친구
도 만나지 않으면 남이 된다.

#자(尺)질은 여러 번하고, 가위질
은 한 번만 한다. (자르는 것은 함부
로 하지 마라.)

#어린 것은 다 아름답다. (어린아

이, 새싹, 병아리, 강아지)

모든 죄는 도둑질의 변형이다. 《연을 쫓는 아이》(할레드 호세이니)

세찬 바람이 불어야 어느 풀이 강한지 안다. (疾風知勁草)

한치의 기쁨마다 한자의 고민이 있다.

향나무는 자기를 찍은 도끼날에도 향을 묻혀 떠나보낸다. (루오)

밭에서 바로 뽑은 배춧잎은 부서지지만 소금물에 절인 배춧잎은 오래간다.

비바람에 절은 조기는 천천히 썩어도 방금 뜬 생선회는 금방 맛이 간다.

설익은 과일은 신선하다고 할지 모르나 맛이 시고 떫어 먹을 수가 없다.

곱게 물든 단풍은 예쁘게 핀 꽃보다 더 아름답다. (霜葉紅於二月花) (杜牧)

선철(銑鐵·무쇠)에 고철(古鐵)을 섞어야 강철(鋼鐵)이 된다.

태양을 향해 쏜 화살은 해바라기를 향해 쏜 화살보다 더 멀리 간다.

시간은 지나가는 것이 아니라 쌓여가는 것이다. (과거 위에 현재, 현재 위에 미래)

역사는 쌓여가는 것이지, 토막 나거나 단절되는 것이 아니다.

지나간 과거는 고칠 수 없지만, 다가올 미래는 고칠 수 있다.

깃대만 보고 가면 들꽃을 보지 못하고, 행운의 클로버도 밟고 지나간다.

인생의 마지막 장면에서 인생을 설계하라.

대체로 강한 바람과 급한 비는 한때를 놀라게 하지만, 이내 조용히 잦아든다. (노자)

남이 나를 알아주지 않는 것을 탓하지 말고, 내가 남을 알아보지 못함을 걱정하라.《논어》

그림 그리는 사람은 지붕부터 그리고, 집 짓는 사람은 주춧돌부터 놓는다.

난사람보다 된사람이 되라. 튀는 사람보다 뛰는 사람이 되라.

자는 사람은 깨울 수 있지만 자는 척하는 사람은 깨울 수 없다.《잠언집》

역사학자는 이미 일어난 일을 다루고 소설가는 앞으로 일어날 수 있는 일을 그린다.

큰 물고기는 깊은 물속에 있어야지 얕은 물로 나오면 잡히게 된다.

못에 물이 마르면, 못가 얕은 물에 사는 피라미가 먼저 죽는다. (경제상황)

윗물에 사는 고기가 있고, 깊은 물에 사는 고기가 있다.

오늘의 최선의 방법이, 내일의 최선의 방법이 될 수 없다.

같은 일을 되풀이하면서 다른 결과를 바라는 것은 어리석은 일이다. (리타 메이 브라운)

#미래는 정해지지 않았다. 지금 하기에 달렸다.

#내일은 내일의 바람이 분다.

#내일은 내일의 태양이 뜬다. (마거릿 미첼)

#우물을 깊게 파려면 넓게 파야 한다.

#황새다리 끊어 뱁새에 붙인다고 공정해지나.

#춘향과 이 도령만으로는 춘향전이 안 된다. 방자와 향단이도 있어야 한다.

#인생은 한 권의 책을 읽는 것과 같다. (어리석은 사람은 대충 읽지만 현명한 사람은 공들여 책장을 넘긴다.)

#인생은 바둑과 같다. (초반 포석, 중반 전투, 후반 끝내기.)

#인생은 낯선 여인숙에서의 하룻밤과 같다. (테레사 수녀)

#남을 손가락질할 때 세 손가락은 자기를 향하고 있다는 것을 언제나 명심하라.

#매의 알이 작지만 그 속에서 송골매가 나오고, 솔씨가 작지만 그 속에서 낙락장송이 나온다.

#아름드리 나무도 터럭 끝에서 나오고 천리 길도 발밑에서 시작된다.

#은혜는 물결 위에 새기고, 원한은 바위에 새긴다.

#인간은 백번 잘해줘도 한 번의 실수를 기억한다.

#흘러간 세월은 좇을 수 없고, 가버린 부모는 다시 볼 수 없다.

#기억은 유한하고, 기록은 영원하다.

#사람의 일생은 무거운 짐을 지고 먼 길을 가는 것과 같다. 그러니 서두르지 마라. (도쿠가와 이에야스)

#매가 조는 듯 호랑이가 병든 듯 처신하면 사람이 모인다. 실력이 있더라도 드러내지 말고 모자란 듯하라.《채근담》

#총명한데 어리석게 보이기는 힘들다. 자신의 본 모습을 숨기고 일을 도모한다. (難得糊塗) (淸 정섭)

맛있는 과실나무는 말하지 않아도 찾아오는 사람이 많아 그 나무 밑에는 저절로 오솔길이 생긴다. (桃李不言 下自成蹊)《사기》

내가 멀리까지 내다볼 수 있었던 것은 거인(선배 위인)들의 어깨 위에 올라선 덕분이다. (아이작 뉴턴)

잘못이 있으면 덮으려 하지 말고 고쳐나가는 것이 최대의 선(善)이다.

자기를 미워하는 사람은 사랑할 수 있지만, 자기가 미워하는 사람은 사랑할 수 없다.

상대방에 대한 배려는 아무렇지도 않은 듯이 해라. 말보다 행동이 먼저면 더 좋다. 생색을 내는 것은 배려가 아니다. (영화 〈인턴〉 중에서)

#금지가 욕망을 자극한다. (프로이트)

#족(足)함을 모르는 사람은 아무리 부자여도 가난하다.

#제 몸도 제 마음대로 못하면서 남을 제 마음대로 하려 한다.《법구경》

인생은 놀이(play)의 연속이다.

어린이이는 방관적 놀이를 즐기고 조금 자라면 상대적 놀이를, 더 자라면 협동적 놀이를 즐기게 된다.

'노세 노세 젊어 노세'는 결코 부정적인 말이 아니다.

일하다(work)의 반대는 놀다(play)가 아니고 우울함(depression)이다. 《플레이》(스튜어트 브라운, 크리스토프 본)

모든 것에는 결이 있다. 결대로 따라야 한다. (숨결, 물결, 나뭇결.)

등불 밑에서의 진실이 반드시 햇빛 아래서도 진실은 아니다.

햇빛에 바래지면 역사가 되고 달빛에 물들면 전설이 된다. (이병주)

물은 가려서 마실 수 있지만 공기는 가려서 숨쉴 수 없다.

간절함이 있을 때 기도는 이루어진다.

운명에 저항하면 끌려가고, 운명에 순응하면 업혀 간다. (세네카)

매사에 방정과 방심은 금물이다.

대나무 그림자 바람에 왔다 갔다 해도 낙엽을 쓸지 못하고 달빛이 맑은 물 뚫어도 흔적 하나 없다. 《금강경》

하늘은 늘 그 하늘인데 흐렸다 개였다 할 뿐이다.

해가 동쪽에서 떴다가 서쪽으로 진다고 하지만, 해는 움직이지 않고 그 자리에 있다.

#달이 찼다 기울었다 하지만 달은 언제나 그대로일 뿐이다.

#햇빛과 별빛을 모르고 사는 사람은 우리 속에 갇혀 사는 것과 같다.

#생각은 말이 되고, 말은 행동이 되며, 행동은 습관이 되고, 습관은 인격을 형성하며, 인격은 운명을 좌우한다. (마거릿 대처)

#할까 말까, 망설일 때는 안 하는 것이 낫다.

#모든 일은 안 하고 후회하기보다 하고서 후회하는 편이 낫다. 하고 나서 하는 후회는 반성이 되어서 앞을 보게 되지만, 안 하고 나서 하는 후회는 미련이 남아 자꾸 뒤를 돌아보게 된다.

#생각을 나누는 것은 온라인이고, 마음을 나누는 것은 오프라인이다. 메시지는 생각을 나누고 편지는 마음을 나눈다.

#세상이 아름다운 것은 그것이 영원하지 않고 사라지기 때문이다.

#사람에게 다시 태어나서 잘되고 못된 것을 취사선택해서 살라고 한다면 모두가 잘살 것이다. 역사도 마찬가지다. 그러나 인생이나 역사에는 연습이 없다.

#다리에 난간이 없으면 지나가기 어렵다. 그러나 사람들은 난간의 고마움을 잘 모른다. 지게 작대기도 마찬가지다. 이것이 없으면 짐을 지고 일어설 수 없다.

#이 세상에 쓸모없는 것은 없다. 사람들은 쓸모 있음의 쓸모만 알고, 쓸모없음의 쓸모는 모른다. (장자)

#사람은 각자 운(運)이 있다. 그 운은 최선을 다할 때 찾아온다.

#과학이 아무리 발달해도 현미경으로 하느님을 볼 수 없고 보리알 하나도 생명을 가진 것을 창조하지 못한다.《위대한 선물》(스베덴 보리)

#인생은 언제나 지금부터다. 그래서 현재(present)는 선물(present)이다.

#현재에 집중하라. 순간순간을 살아라. '지금' '여기'에 충실히 살아라.

#과거는 지나갔고 미래는 아직 오지 않았다.

#모든 것은 있어야 할 자리에 있어야 한다. (식칼은 도마 위에 있어야지 침대 위에 있으면 흉기가 된다.)

#사람은 더불어 살아간다. (이웃, 자연, 믿음과 함께)

#옹달샘의 물은 계속 퍼주어야 한다. 그냥 두면 청태도 끼고 물구멍도 막혀 못쓰게 된다.

#말이 입안에 있을 때는 내가 말을 지배하지만 입 밖에 나오면 내가 말의 지배를 받는다. (유태)

#평생 입을 지키면 망언이 없고, 몸을 지키면 망행이 없으며, 마음을 지키면 망동이 없다. (허목)

#입은 적을 만들고, 귀는 친구를 만든다.

#지혜는 듣는데서 오고, 후회는 말한 데서 온다.

#화는 입(말)에서 나오고 병은 입(음식)으로 들어간다.

말이 적으면 근심이 없고, 말을 삼가면 허물이 없다.

사람이 만든 책보다 책이 만든 사람이 많다.

물에 빠진 사람 구하려면 물에 들어가야 한다.

남의 결점은 귤껍질 까듯이 하고 자기 결점은 화투 패 감추듯 한다.

누구나 자기 허물은 잘 모른다. (自過不知)

금가루도 거울에 묻으면 때가 된다.

버리지 않으면 떠날 수 없고, 얻을 수 없다.

비워야 가벼워지고, 비워야 채울 수 있다.

우물쭈물 하다가 내 이럴 줄 알았다. (버나드 쇼의 묘비명)

가는 세월을 잡을 수는 없다. 하지만 늦출 수는 있다.

사이가 좋아야 행복한 사람이다. (時間, 空間, 人間 모두 사이(間)다.)

서로간의 거리조절이 인간관계의 기본이다.

우리는 한(恨)이 많고 흥(신명)이 많은 민족이다.

평생 살 것 같이 꿈을 꾸어라. 그리고 내일 죽을 것처럼 오늘을 살아라.

티를 내지 않는 사람이 좋은 사람이다. (부자 티를 안 낸다. 공무원 티를 안 낸다.)

#아무것도 가진 게 없다고 좌절할 것인가. 더 이상 잃을 것이 없다고 한번 해 볼 것인가.

#내가 상상하는 만큼 세상 사람들은 나에 대해 그렇게 관심이 없다.

#한국에서는 '남이 보는 나'에게 관심이 크고 미국에선 '나'에 대한 관심이 주(主)다.

#한국인은 체면이 중요하기 때문에 늘 나를 과시 하려 한다. 그러나 남에 대한 배려는 부족하다.

#인간의 고민은 모두 인간관계에서 비롯된 고민이다.《미움받을 용기》(기시미 이치로)

#사람이 자신의 일을 대하는 방식은 세가지로 구분된다. 직업(job), 경력(career), 그리고 천직(calling)이다. (로버트 벨라)

———

#꾸민 말은 향기 없는 꽃과 같다. (자연스럽게 우러남이 좋은 것이다.)

#세차게 흐르는 물에서는 거슬러 오르려는 노력이 있어야 현상 유지라도 된다.

#지금 거울을 보라, 내 생애 가장 젊은 얼굴이다.

#이성은 감성에 잘 속는다.

#몸에 밴 결점은 파리와 같다. 아무리 쫓아도 다시 날아와 붙는다.

#세상에 좋은 사람은 둘 밖에 없다. 죽은 자와 태어나지 않은 자.

#인생을 살아가는 데는 오직 두 가지 방법밖에 없다. 하나는 아무것도

기적이 아닌 것처럼, 다른 하나는 모든 것이 기적인 것처럼 살아가는 것이다. (아인슈타인)

세상에는 두 종류의 사람이 있다. 일을 책임지고 맡아서 하는 사람과 일을 되도록 남에게 떠넘기려는 사람.

세상에 끌려가는 사람이 있고, 세상을 앞서가는 사람이 있다.

발돋움하여 서는 자는 서 있을 수 없고, 양다리 벌리고 서는 자는 걸을 수 없다. (노자)

놋그릇도 닦으면 금 그릇처럼 보인다.

설교를 하는 사람은 남의 설교를 잘 듣지 않는다.

웃음이 없는 하루는 낭비한 하루

다. (찰리 채플린)

한 번 웃으면 인상이 바뀌고, 매일 웃으면 인생이 바뀐다.

행복해서 웃기도 하지만 웃기에 행복해질 수도 있다. (윌리엄 제임스)

참다운 유머는 지혜로 가득 차 있다. (마크 트웨인)

거울은 먼저 웃지 않는다. 내가 먼저 웃어라. (거울은 먼저 울지도 않는다.)

그림자가 곧 나다. 그림자가 바뀌려면 내가 바뀌어야 한다.

꿈은 내가 좋아하는 70과 내가 싫어하는 30을 완수해야 비로소 이루어진다. 하기 싫은 30을 잘 공략해야 한다.

술병에 술이 반이 남았을 때, 반병 밖에 남지 않았다고 하는 비관적인 사람과 반병이나 남았다고 하는 낙관적인 사람이 있다. (낙관적, 긍정적인 삶이 중요하다.)

소중한 교훈들은 어려움과 좌절에서 생겨난다. 비관주의가 나쁜 것만은 아니다. 극복하려는 노력을 하게 된다. 〈역경의 선물〉(노먼 로젠탈)

괴테는 행복의 조건으로 건강·인내·희망·자비심과 경제적 여유를 꼽았다.

사회 변화에 가장 민감한 분야는 예술(인)이고, 제일 늦게 변하는 분야는 법률(인)이다. (창작과 안정)

천사의 말을 할지라도 사랑(진실)이 없으면 꽹과리 소리가 난다.

사과(謝過)에는 유감, 책임, 치유와 보상, 이 세 가지가 따라야 한다. 〈사과의 힘〉(베버리 엥겔)

사과는 타이밍이 맞아야 하고, 진정성이 있어야 한다.

사막에선 지도를 보지 말고 나침반을 보라.

뜨거운 난로 뚜껑에 앉았던 고양이는 다시는 뜨거운 뚜껑 위에 앉지 않겠지만, 식은 뚜껑에도 결코 앉으려 하지 않는다. (마크 트웨인)

가난하게 자라 일만 해온 세대가 있고, 많이 놀고 더 챙기려는 세대가 있다.

비밀을 지키는 것, 여가를 선용하는 것, 모욕을 참는 것은 어려운 일이다. (키케로)

#냉정에는 두 가지가 있다. 하나는 무정함이고 다른 하나는 엄격함이다.

#제대로 생각하는 사람이 되려면 사람과 교제할 것, 책을 읽을 것, 정열을 가질 것, 이 세 가지가 필요하다.

#사실이란 모래에 묻힌 도시와 같다. 시간이 지날수록 모래가 쌓여 점점 깊어지는 경우가 있고, 시간의 경과에 따라 모래가 날아가서 그 모습이 드러나는 경우도 있다.

#세상이 풍요할수록 야성만 남는 것 같다. 배웠지만 더 몰상식하고 가졌지만 더 가지려 한다.

#인간은 부모의 죽음은 빨리 잊어도 손실은 잊지 않는다. (마키아벨리)

#가난한 자가 욕심을 버리기보다 부자가 욕심을 버리기가 훨씬 더 어렵다.

#가난한 사람에겐 적이 적고, 부자에게는 친구가 적다.

#한여름 매미소리 요란하다고 매미만 사는 게 아니다.

#여름 벌레에게는 얼음이야기를 할 수 없다.

#사람 사이는 가까울 땐 난로지만, 멀어지면 냉동실이다.

#믿음직한 말은 꾸밀 필요가 없고, 꾸민 말은 믿을 수 없다. (信言不美 美言不信) (노자)

#눈 온 뒤에 처음 가는 길이 중요하다. 뒷사람의 이정표가 되기 때문이다. (서산대사)

#훤히 뚫린 길보다 발밑을 조심하라. (照顧脚下) (宋 법연의 제자 오조)

#경주마는 달리기 위해 생각을 멈추지만, 야생마는 생각하기 위해 달리기를 멈춘다.

#아침나절에만 사는 버섯은 그믐과 초승을 알지 못하고, 쓰르라미는 봄과 가을을 알지 못한다. 이것은 연륜 때문이다. (장자)

#매미가 노래만 한다고 탓하지 말라. 1주일을 지내기 위해 땅속에서 7년을 살았다.

#넘어진 곳, 그곳을 짚고 일어날 수밖에 없다.

#인생의 가장 큰 영광은 결코 넘어지지 않는데 있는 것이 아니라 넘어질 때마다 일어서는데 있다. (넬슨 만델라)

#불꽃은 꺼지게 되어 있고, 상처는 아물게 되어 있다.

#완벽함이란 보탤 것이 없을 때가 아니라, 뺄 것이 없을 때 이루어진다. (생텍쥐페리)

#한자(尺)나 되어도 짧아서 못 쓸 때가 있고 한치(寸)일지라도 길어서 못 쓸 때가 있다.

#궁하면 변하라, 변하면 통한다. (窮卽變 變卽通) (주역)

#극에 달하면 반전이 일어난다. (極則反)

#올바른 모범을 보여주는 것은 무한한 자선보다 낫다. (마키아벨리)

#풀잎 위의 이슬도 무거우면 떨어지기 마련이다. (도쿠가와 이에야스)

#다른 사람의 지식으로 박식해 질 수는 있어도 다른 사람의 지혜로 현명해 질 수는 없다. (몽테뉴)

#지식은 바깥에서 들어오지만, 지혜는 안에서 나오는 것이다.

#지혜는 명상, 모방, 경험에서 얻을 수 있다.《어떻게 살 것인가》(톨스토이)

#복(벼슬)을 다 받지 말라. 반드시 재앙이 따른다.
기운(권력)은 다 쓰지 말라. 반드시 욕됨을 당한다.
말을 다하지 말라. 기밀해지지 못한다.
규칙을 다 행하려 하지 말라. 더불어 살기가 어렵다. (宋, 법연의 4계)

#돈, 이성, 명예의 종이 되지 말고 주인이 되라.

어디서나 주인의식을 가지고 일하라. (隨處作主) (唐 임제선사)

#사람은 이름나는 것이 두렵고, 돼지는 살찌는 것이 두렵다.

#훔친 사과가 더 맛있고 금지된 사랑이 더 짜릿하다.

#언덕은 내려다보아도 사람은 내려다보지 마라.

#높이 오르려면 받쳐주는 사람이 필요하다. 혼자서는 스타가 될 수 없다. 스타는 다른 사람들에게 베푸는 것이 보답하는 것이다.

#가까이서 보면 조금만 보이지만, 멀리서 보면 많이 보인다.

#물러서서 보아야 잘 보이고, 떨어져서 보아야 제대로 보인다.

\#사람은 서 있는 위치에 따라 사물을 다르게 본다.

\#일 잘하는 사람보다 말 잘하는 사람이 처세에 유리한 세상이다.

\#능력보다는 얘기를 듣기 좋게 늘어놓는 언변이 더 먹히는 세상이 된 것 같다. 겉만 보고 뽑지 말라(勿取以貌)고 했는데….

\#얼굴은 잊어도 그와의 잡담은 기억된다.

\#인간이 세계를 지배하는 종(種)이 된 것은 뛰어난 공감능력(눈치)을 가졌기 때문이다.《공감의 시대》(제러미 리프킨)

\#몸에 살(근육)이 붙어야 하듯 마음에도 사회생활에도 살이 붙어야 한다.

\#성공한 사람이 되려하지 말고 가치있는 사람이 되려고 하라.(아인슈타인)

\#하루를 연습하지 않으면 내가 알고, 이틀을 연습하지 않으면 아내가 알고, 사흘을 연습하지 않으면 청중이 안다. (레너드 번스타인)

\#하늘 아래 정말 새로운 것은 없다. 단지 새로운 조합이 있을 뿐이다. (빌 게이츠)

\#창의력이란 그저 사물들을 연결하는 것이다. (스티브 잡스)

\#빌 게이츠는 대단히 똑똑한 사람이지만, 스티브 잡스는 대단히 독창적인 사람이다. (아이작슨)

\#무소유란 아무것도 갖지 않는 것이 아니라 불필요한 것을 갖지 않는다는 것이다. (법정)

#사람과 재물은 꽉 쥐지도 말고 확 풀지도 말라.

#순수하고 진지한 침묵이 사람을 설득시킨다. (셰익스피어)

#사람은 실패할 때 무너지는 게 아니라, 포기할 때 무너진다.

#부귀와 명성이 높은 집안은 귀신이 해치려 틈을 엿본다.《계원필경》(최치원)

#보이는 것은 잠시뿐이지만 보이지 않는 것은 영원하다.

#삶을 지탱하고 있는 것은 산비탈이지 산꼭대기가 아니다. (로버트 피어시그)

#새우잠을 자더라도 고래 꿈을 꾸어라. (김선재)

#물을 끓게 하는 100℃와 그렇지 않은 99℃는 단 1℃의 차이다.

#시간보다 중요한 것은 오직 하나다. 시간을 함께 보낼 사람이다. (리어 크리스토프)

#칭찬을 받았을 때 한 사람은 몹시 부끄러워하고, 다른 한 사람은 더욱 자만해진다.

#한쪽만 잘못인 다툼은 오래가지 않는다.《잠언집》

#불우함은 반전을 낳는다.
(불우함 속에서 마키아벨리는 《군주론》, 단테는 《신곡》, 사마천은 《사기》, 정약용은 《목민심서》를 남겼다.)

#Yesterday's homeruns don't win today's games.

#우리는 우리의 희망에 따라 약속하고, 우리의 두려움에 따라 약속을 실전한다.《삼언십》

#미쳐야 미친다. 미치지 않으면 미치지 못한다. (不狂不及)

#지우개는 지우는 것이지만 다시 쓰게 하는 것이다.

#수요가 공급을 창출하지만 공급이 수요를 창출하기도 한다.

#나무는 뿌리가 튼튼해야 큰 나무가 되고, 사람은 향리(鄕里)가 든든해야 큰 인물이 된다.

#문명(물질)에 따른 문화(의식)가 함께 하지 않으면 선진국이 될 수 없다.

#늘 본다고 싫증내지 말고 거슬린다고 울컥 화내지 말라.

#경쟁이 치열한 사회일수록 자신의 잘못이나 책임을 인정하려 하지 않고 변명이나 발뺌으로 일관하려 든다.

#바른 몸가짐은 눈(얼굴빛)과 입(말)과 손발(행동)에 달렸다.

#인사할 때는 세 가지를 갖추어야 한다. 눈을 마주치고, 인사말을 건네고, 몸짓(악수, 절, 포옹)을 하는 것이다.

#이것또한지나가리라.(월튼스미스)

#일어날 일들은 일어나는 법, 너무 걱정 말고 운명에 맡겨라.

#끝날 때까지 끝난 게 아니다. (It ain't over till it's over) (요기베라)

#할 수 있는 사람은 그것을 한다

할 수 없는 사람은 그것을 가르치려 든다.(버나드 쇼)

#내게 있어 세상은 상식에 대한 도전이다. (르네 마그리트)

#재미있는 것은 의미가 없고(허망하고) 의미 있는 것은 재미가 없다(지루하다).

#One's destination is never a place but a new way of seeing things. (헨리 밀러)

#있던 자리는 떠나면 그만이다. 다만, 테두리를 약간씩 벗어난 것은 자기 것으로 남는다.

#같은 말이라도 '아' 다르고 '어' 다르다. (맛과 멋, 설날과 살날)

#'시간이 없어서'라는 변명은 가장

못난 변명이다. 시간이 없는 사람은 죽은 사람이니까. 시간이 없는 게 아니라 시간을 낼 마음이 없는 거다.

#세상에서 가장 긴 것도 시간이고, 가장 짧은 것도 시간이다.

#다르다고 틀린 건 아니다. 자신의 생각이 늘 옳은 것이 아닐 수 있다.

#소수의 생각과 행동이 공공의 규범 안에서이면 '다름'을 인정받지만, 공공의 규범 밖에서이면 인정받지 못한다.

#온 세상이 틀렸다고 하는 사람은 스스로 틀렸을 가능성이 크다.

#나폴레옹은 1769년 코르시카 섬에서 태어나 황제까지 되었다. 이 섬은 나폴레옹이 출생하기 3년 전 루이 15세가 제노아 영주로부터 사서

프랑스 땅이 된 것이다. (운명)

#미래는 예측하는 것이 아니라 선택하는 것이다.

#이길 것이라면 근소한 차이가 아니라 압도적으로 이겨야 뒤탈이 없다.

#뛰어난 공격수 앞에는 태클이 많이 들어온다.

#마음이 한쪽으로 굳어진 사람은 다른 한쪽을 모르고 살아간다.

#피는 물보다 진하고 돈은 피보다 진하다. (재벌가 형제의 난)

#중요한 것은 속도가 아니라 방향이다. 그렇지만 방향만 옳다고 속도가 없는 것도 문제다.

#자전거의 내려간 한쪽 페달은 다른 한쪽 페달로 올려주어야 한다.

#어선이 고기를 잡아 항구까지 오는 동안 죽지 않게 하기 위해 고기 물통 속에 사나운 고기 한 두 마리를 집어넣는다. (메기효과)

#깨진 유리창을 그대로 두면 범죄가 발생하고 쓰레기는 한 번 버려진 곳에 계속 쌓이게 된다. (깨진 유리창 법칙)

#비 올 무렵 빨래 걷은 사람은 여럿이고 상추밭에 오줌 눈 사람은 아무도 없다.

#한국인은 강한 나라엔 '놈'자를 붙이고 다른 나라들엔 관대하다. (미국놈, 일본놈, 중국놈, 소련놈, 베트남 사람, 아프리카 사람)

#옳다 그르다는 없고, 좋다 싫다

만 있다. 도리보다는 마음 편한 대로다.

#비관주의자는 모든 기회에서 역경을 보고, 낙관주의자는 모든 역경에서 기회를 본다. (처칠)

백리를 가는 사람은 구십리를 절반으로 한다. (行百里者半九十) 《戰國策》

#남에게 밧줄을 던져줄 때는 반드시 한쪽 끝을 잡고 있어라.

#국민소득 5천불이 넘어서면 4촌이 멀어지고, 1만불이 넘어서면 부모가 부담되고, 2만불이 넘어서면 자식이 귀찮아지고, 3만불이 넘어서면 부부가 서로 불신하게 된다. (지안스님)

#대개 사람들은 상대방의 부(富)가 자기 것의 10배가 되면 그에게 욕을 하지만 100배가 되면 그를 두려워하고 1000배가 되면 그의 밑에서 일을 하게 되는데 이것은 만물의 이치다.《사기》

자연·인생

#대나무는 곧아도 기둥으로 쓸 수 없다.

#갈수록 약초는 줄고, 독초만 무성하다.

#부드러운 것이 강한 것을 이긴다. (柔能制剛) (노자)

#아무리 똑바른 막대라도 물속에 들어가면 구부러져 보인다.

#태풍에 뽑히는 것은 거목(巨木)이지 잡초가 아니다.

#산속에 있는 난(蘭)은 바람이 불어서 알려진다.

#모르면 잡초 알면 약초다.

#꽃필 때가 되면 꽃샘추위가 있게 마련이다.

#밉게 보면 잡초 아닌 풀이 없고 곱게 보면 꽃 아닌 풀이 없다.

#잡초는 아직 그 장점(유용성)이 발견되지 않은 풀이다. (에머슨)

#잡초는 못난 존재처럼 비치기도 하지만 (물이 부족해도 거름을 따로 주지 않아도 잘 자라는) 강인한 생명력과 번식력을 지니고 있다. 다만, 인간의 선택을 받지 못했을 뿐이다.

#바람보다 빨리 눕고 바람보다 먼저 일어난다. (풀의 생명력, 김수영)

#벌 떼, 새 떼, 물고기 떼는 무리지어

집단행동을 하면서도 충돌이나 이탈이 없다. (인간생활에 도입 된다면…)

장미는 어떤 다른 이름으로 불리더라도 똑같이 향기로울 것이다. 《로미오와 줄리엣》

#장미꽃이 시든다고 해서 장미꽃을 좋아하지 말아야 하나.

꽃은 시들기 때문에 아름다운 것이다. 계속 활짝 피어 있으면 그건 조화(造花)다.

산이 높아야 골이 깊고, 골이 깊어야 넓은 강을 낼 수 있다.

하얀 감자 꽃은 캐보나 마나 하얀 감자다.

북극곰, 남극펭귄, 열대우림을 지키는 것은 지구인의 책임이다.

아무리 큰 나무도 그 꽃과 잎은 뿌리에 떨어진다. (노자)

높은 산꼭대기에는 좋은 나무가 없고, 물이 너무 맑으면 고기가 없다. 사람도 너무 결백하면 남이 잘 따르지 않는다.

풀·나무가 철(계절)이 먼저 든다. 철을 먼저 안다.

나무는 뿌리부터 시들고, 사람은 다리부터 먼저 늙는다.

칡덩굴은 오른쪽으로, 등나무는 왼쪽으로 감아 뻗는다. (그래서 葛藤이다)

매화는 일생 추워도 향기를 팔지 않는다. (신흠)

나무는 열매로 알려지지 잎으로 알려지지 않는다.

#자세히 보아야 예쁘다. 오래보아야 사랑스럽다. 너도 그렇다.〈풀꽃〉(나태수)

#곧은 나무는 그림자가 굽을까 걱정하지 않는다.

#나무는 꽃을 버려야 열매를 맺을 수 있고, 강물은 강을 버려야 바다에 이를 수 있다.《화엄경》

#나팔꽃은 아침에 피고 달맞이꽃은 저녁에 핀다.

#꽃이 화려할수록 열매는 시원찮고, 고운 구름일수록 쉽게 흩어진다. (名花無實 彩雲易散)

#모든 생물은 환경에 지배 된다. (삼밭의 쑥, 코이와 키위)

#한곳에 오래 고인 물은 썩지만 흐르는 계곡물은 언제나 맑다.

#흐르는 물은 앞을 다투지 아니한다. (流水不爭先) (노자)

#흐르는 물은 웅덩이를 채우지 않고는 다음으로 흐르지 않는다.《논어》

#바다는 깨끗한 물 더러운 물을 가리지 않는다. (海不讓水) (관자)

#눈은 올 때가 좋고 비는 그칠 때가 좋다.

#나무도 고목(古木)이 되면 오던 새도 안 온다.

#단단한 나무일수록 안에서부터 갈라진다.(내부분열)

#가벼운 눈송이도 (쌓이면) 나뭇가지를 부러뜨린다.

세월에 저항하면 주름이 생기고, 세월을 받아들이면 연륜이 생긴다.

자식은 내 자식이 커 보이고, 벼는 남의 논의 벼가 커 보인다.

남의 아들은 칭찬해도 남의 동생 칭찬은 하지 말라.

노인 말 틀린데 없고, 어린이 말 거짓 없다.

아버지는 똑똑한 자식을, 어머니는 못난 자식을 더 사랑한다.

아무리 가난한 사람이라도 자기 밭에서 나는 채소와 과일을 먹는 사람은 밭을 갖고 있지 않는 부자보다 훨씬 더 좋은 것을 먹는다.

꼼짝달싹 못하게 가두어 놓고 먹이만 주어 살만 찌우는 소, 돼지, 닭 (달걀)은 스트레스 덩어리다. 이것을 인간들은 매일 먹는다.

자기가 먹기 위해서 생산(사육) 하는 것과 돈과 바꾸기 위해 생산 (사육) 하는 것은 전연 다른 것이다. 음식 또한 같다.

잘생긴 얼굴은 사흘이 지나면 싫증이 나고, 못생긴 얼굴은 사흘이 지나면 익숙해진다.

가는 사람 잡지 말고 오는 사람 막지 말라.

사람들은 잃어버리고 난 뒤에야 그 소중함을 안다.

속세에서 살지만 속세를 벗어나라. (석가)

행복은 나비와 같아라. 잡으려고

하면 항상 저 멀리 달아나지만 가만히 앉아 있으면 스스로 그대의 어깨에 내려앉으니. (호손)

#과거는 안타깝지만 망각의 손에 맡기고 회한과 괴로움은 곧바로 없애라. 그리고 미래는 신의 손에 맡겨라. (쇼펜하우어)

#부자로 죽지 말고 부자로 살아라.

#큰 부자에게 아들은 없다. 다만 상속인이 있을 뿐이다.

#인생의 성공에는 엘리베이터가 없다. 계단이 있을 뿐이다.

#정성이 지극하면 하늘도 감동한다. (至誠感天)

#최선을 다하고 기다려라. (盡人事待天命)

#사랑은 서로 마주 보는 것이 아니라, 같은 방향을 바라보는 것이다.(생덱쥐페리)

#고독하면 병든다. 사람들과 어울려 살아야 한다.

#좋은 관계를 유지한다는 것은, 주고받는 것이다.

#노인의 비극은 늙는 것이 아니라 한때 젊었다는 것이다. (오스카 와일드)

#노인이 되지 말고 어른이 되라.

#나이 들면, 젊은 사람들이 묻거든 가르쳐 주고, 이기려고 하지 말라

#누굴 걱정하는 것은 그 사람을 사랑하기 때문이다.

#딸은 시집가도 딸이지만, 아들은

장가갈 때까지만 이라고 한다.

#자식도 품안의 자식이고, 내외도 이부자리 속에서 내외다.

#새는 알에서 나오려고 투쟁한다. 알은 세계이다. 태어나려고 하는 자는 하나의 세계를 깨뜨려야 한다. (헤르만 헤세)

#고개를 숙이고 있다면 당신은 절대 무지개를 볼 수 없을 것이다. (찰리 채플린)

#'늙었다'는 말은 그 어떤 여자도 참기 힘든 모욕이다. 늙은 사람도 싫어하는 말이다.

#사람들은 자기 자랑하는 사람을 싫어하고 남을 비난하는 사람도 싫어한다.

#인생의 전반부는 태어난 얼굴로, 후반부는 자기가 가꾼 얼굴로 산다.

#젊을 때는 얼굴이 먼저고, 늙어지면 마음이 먼저다.

#오늘은 지금까지 살아온 삶의 마지막 날이고 살아갈 인생의 첫 날이다.

#오늘은 어제 죽은 사람의 간절한 내일이다.

#할 수 있을 때 하지 않으면 정작 하고 싶을 때는 할 수 없다.

#효도를 할 수 있을 때에는 효도를 모르다가 효도를 할 수 없을 때에는 효도를 알게 된다.

#늙은이는 잘못하면 노망으로 치고, 젊은이는 잘못하면 철없는 것으로 친다.

윗어른이 말하면 잔소리라 하고 아랫사람이 말하면 대든다 한다.

몸은 나이를 먹어도, 생각은 나이를 먹지 않는다.

모든 일에는 정성이 들어가야 한다. (음식·농사·자식공부)

젊은이들은 규칙만 알지만, 노인들은 그 예외도 안다.

행복한 결혼생활에서 중요한 것은 서로 얼마나 잘 맞는가보다 다른 점을 어떻게 극복해 나가는가이다.

부부간에는 좋아하는 것을 해주는 것보다, 싫어하는 것을 안 하는 것이 더 좋다.

부부는 가장 가까운 사람, 신세를 제일 많이 지고 있는 사람이다. 그 사람의 몸과 마음을 해치는 것은 내 몸과 마음을 해치는 것이다.

부부는 서로 매력을 잃어서는 안 된다. (일심동체라 하지만 부부유별이라 했다.)

결혼 생활에서 사랑을 지속하기 위해 가장 필요한 것은 말(對話)이다.

부부사이는 무촌(無寸)이다. 아주 가깝기도 하지만 아주 멀 수도 있다.

너 스스로의 팬이 되어라. 너 자신과 처·자·손을 자랑스럽게 생각하고 응원하라.

가장 멋진 모임은 부부와 아들 딸 그리고 손자녀와의 만남이다. (高會夫妻兒女孫) (김정희)

젊음이 노력으로 얻은 상이 아니

듯, 늙음도 잘못해서 받는 벌이 아니다.《은교》(박범신)

#한 아버지는 열 아들 양육할 수 있어도, 열 아들은 한 아버지를 봉양하기 어렵다.

#부모는 자식에게 생명을 주지만, 자식은 부모에게 죽음을 준다. (발자크)

#자식은 어머니가 못생겼다고 싫어할 수 없고, 개는 주인집이 가난하다고 싫어할 수 없다.

#인걸은 지령이다. 잉태의 순간은 명당 터, 좋은 날, 건강한 남녀를 고루 갖추어야 하는 것이다.

#아름다운 사람은 머문 자리도 아름답다.

#머물던 자리는 깨끗이 정리하고 잊어라. 미련이나 아쉬움을 남기면 추해진다. 그 자리에는 나 대신 다른 사람이 있다.

#남을 대할 때에는 봄바람처럼 대하고, 자신에 대해서는 가을서리처럼 하라. (接人春風 臨己秋霜)《채근담》

#남의 것을 받을 때는 앞에 서지 말고, 남에게 줄 때는 뒤에 서지 말라.

#인생은 배구 경기와 같다. 볼이 네트를 넘어오면 받아넘기고 기다린다. 받아 넘기지 못하면 지는 것이다.

#인생은 자전거를 타는 것과 같다. 중심을 잡으려면 계속 움직여야 한다. (아인슈타인)

#나이 들면 앉고 서고 눕고 일어나는 그 모든 것을 조심스럽게 해야 한다. 함부로 살면 한 번에 무너지

고 만다. 발 한 번 잘못 디디면 깊은 나락으로 떨어진다.

나이 들면 이름을 날리는 것보다 이름을 지키는 것이 중요하다.

규범의 틀 속에서 주어진 대로 사는 사람은 별나게 될 수밖에 없다.

정해진 한길로만 살아온 사람은 샛길·옆길을 모른다.

작은 사랑은 잘 보이지만 큰 사랑은 잘 보이지 않는다.

젊어서는 이치에 맞게 살고, 늙어서는 너그럽게 살아라.

나쁜 짓은 안 가르쳐도 하지만, 착한 일은 가르쳐야 한다.

자식 사랑(내리사랑)은 본능이지만, 부모사랑(치사랑·孝)은 학습의 결과다.

대우는 받는 것이 아니라, 해주는 것이다. 대우를 받으려고 하면 푸대접을 받게 된다.

Life is moving, 나이 들수록 많이 움직여라.

TV는 눈과 귀로, 독서는 눈과 머리로 한다. 그래서 독서가 노인 건강에 좋은 것이다.

"요즘 젊은이들 할 수 없지…" 하고 보고만 있을게 아니다. 그렇게 된 것이 나이든 사람들이 제대로 가르치지 못한 탓도 있다.

사치하면 불손해지고, 검약하면 고루해진다. 공손하지 못함보다 고루함이 낫다. 《논어》

인정이 없으면 어울려 살기 어렵고, 인정이 많으면 떠내려간다.

자리가 바르지 않으면 앉지 않는다. (席不正不坐)《논어》

행복은 지족(知足)이다. (노자)

행복의 반대말은 불행이 아니라 불만이다.

행복 속에 재앙이 숨어 있고, 재앙 속에 행복이 숨어 있다.

인생은 선택의 연속이다. 그래서 놓치고 후회하는 일이 많다.

Your life is what happens to you while you are waiting for it to happen.

사람은 만나는 데는 한 시간, 사랑하는 데는 하루가 걸리지만 그를 잊는 데는 평생이 걸린다.

늙은이는 아침 시간이 길고, 젊은이는 저녁 시간이 길다.

노인은 젊음을 경험했지만, 젊은이는 늙음을 경험하지 못했다.

노년을 잘 보내려면 욕심을 버리고, 절교하더라도 험담은 하지 말라.

남에게 있는 것이 나에겐 없지만, 나에게 있는 것이 남에게 없을 수도 있다.

Life isn't hard to manage when you have nothing to lose.《무기여 잘 있거라》, (헤밍웨이)

산다는 것은 호흡(呼吸)하는 것이 아니라 행동(生活)하는 것이다. (루소)

\# 생활의 나이와 생존의 나이는 다르다. 생활의 나이가 중요하다.

\# 젊은이에겐 하루하루는 빠르게 지나가고 한 해 두 해는 늦게 지나가지만, 나이 든 사람에겐 하루하루는 늦게 지나가고, 한 해 두 해는 빠르게 지나간다.

\# 나이들수록 자신을 멋지게 포장하라.

\# 품격을 잃지 않으려면 살면서 늘 긴장해야 한다.

\# 나이 들면 인간관계도 양보다 질, 넓이보다 깊이가 필요하다.

\# 인간은 늙어지면 너나없이 평등해진다.

\# 나이를 과식(過食)하는 사람이 있고, 나이를 소식(少食)하는 사람이 있다.

\# 인생은 마음먹기에 따라 10년은 젊게 나이들 수 있다.

\# 자기가 젊다고 생각하는 사람은 자기가 늙었다고 생각하는 사람보다 더 젊게 산다.

\# 자기중심으로 다른 사람을 보지 말고, 인간 중심으로 세상을 보지 말라.

\# 보았지만 못 보았고 들었지만 못 들었다. 마음에 없으면 보아도 보이질 않고, 들어도 들리지 않는다. (視而不見 聽而不聞) (노자)

\# 나이 들면 더 자세히 보고 더 진지하게 들어야 늙음을 줄일 수 있다.

\# 잔디가 자라는 속도, 담쟁이가 담을 오르는 속도, 그런 속도로 살아갈 수 없을까. (slow city 운동, 파올로 사투르니니 / slow life 운동, 쓰지 신이치)

#가정은 생명의 원천이며 행복의 근원이다.

#가정은 인성교육의 학교다. 가정이 인간을 만든다.

#가정은 자녀들에게 가장 매력적인 곳이 되어야 한다.

#사람은 어른 밑에서 커야 한다. (리콴유 수상, 탈무드, 유교교육)

#정승 같이 키우면 정승이 되고 머슴 같이 키우면 머슴이 된다. 아이는 엄마의 믿음과 정성에 달렸다.

#사니까 사는 거지, 살맛나서 사는 사람이 얼마나 될까.

#어느 집이나 남이 보기엔 행복한 듯싶어도 보이지 않는 어려움 하나씩은 안고 산다.

#하루 선행을 하면 복은 금방 찾아오지 않더라도 화는 저절로 멀어지고, 하루 나쁜 일을 하면 화는 금방 찾아오지 않더라도 복은 멀리 달아난다.

#인생은 두루마리 화장지다. 끝으로 갈수록 빨리 사라진다.

#인생은 약속의 연속이다.

#노인이 넘쳐나고 사회보장적자가 심해지면 젊은이들은 노인들을 '자기 몫의 회전목마를 돌고도 내리지 않는 사람들'로 여긴다.

#나이 든 사람이 염치와 배려를 놓치면 어르신에서 '꼰대'로 주저앉는다.

#고령화 사회가 되면서 가난한 노인은 짐이 되고, 부유한 노인은 미움을 받는다.

#자식들이 무관심한 만큼 부모들도 인색해졌다.

#퇴근해서 집에 오면 넥타이를 풀듯, 퇴직해서 물러나면 넥타이를 푸는 것 아닌가.

#A가 아니라 일, 여가, 가족 등 요소들이 균형 잡힌 B의 삶을 지향하라.

#어떤 사람이 태어난 고장의 말씨는 그의 말투뿐만 아니라 마음과 가슴에 남아있다.《잠언집》(라로슈코프)

#내가 대어(大魚)를 낚는 것 보다 상대가 대어를 놓친 것에 마음이 더 간다.

#재수 좋은 사람은 엎어져도 돈함지에 엎어지고, 재수 없는 사람은 뒤로 넘어져도 코가 깨진다.

#우리는 절대로 생각하는 만큼 불행하지도, 희망하는 만큼 행복하지도 않다.《잠언집》

#기쁠 때 너무 기뻐하지 말고, 슬플 때 너무 슬퍼하지 말라.

#근심 속에 낙(樂)이 있고 낙 가운데 근심이 있다. (이황)

#괴로워하는 사람에게 위안을 주는 일이야말로 인간다운 일이다. (데카메론)

#행복할 때는 행복을 느끼지 못하다가도 불행이 닥치면 그때가 행복했구나 하고 깨닫게 된다.

#행복을 생각하는 순간, 인간은 불행해진다. (존 스튜어트 밀)

#행복한 가정들은 모두 엇비슷하

다. 그러나 모든 불행한 가정은 불행한 이유가 제각기 다르다.《안나 카레리나》(톨스토이)

행복은 다른 사람과 비교하지 않는 것이다. 행복은 좋아하는 사람과 함께 있는 것이다.《꾸뻬씨의 행복여행》(프랑수아 를로르)

행복은 기쁨의 강도(强度)가 아니라 빈도(頻度)다.

잘 보낸 하루가 행복한 잠을 가져오듯이, 잘 쓰여진 인생은 행복한 죽음을 가져온다. (레오나르도 다빈치)

자신의 이익만 좇다 보면 남의 노예가 된다.

이 세상에서 가장 친한 벗도, 가장 나쁜 벗도 자기 자신이다. 나를 구할 수도 있고, 타락으로 이끌 수도 있다

화를 품고 사는 것은 마음속에 독을 품고 사는 것과 같다.

오늘이 지나면 다시 못 볼 사람처럼 가족을 대하라.

젊은이는 하늘을 보고 걷고, 늙은이는 땅을 보고 걷는다.

화는 혼자 오지 아니하고 복은 같이 오지 아니한다. (禍不單行 福不竝行)

건강하게 나이 드는 조건은 자기관리 50, 환경(자연, 사회) 30, 의술 10, DNA 10이라고 한다. (미국 의학지)

"못 생겨서 죄송합니다." 이 말 한 마디에 모든 단점은 장점으로 변했다. (이주일)

남을 꾸짖는 데는 모두가 밝지만 자기 꾸짖는 데는 현명한 사람도 어둡다.

\#자신을 다른 사람과 비교하지 말라. 그것은 자신을 모욕하는 것이다. (알렌 스트라이크)

\#물건한테도 존댓말을 쓰고(事物尊稱) 물건보고 얘, 쟤 한다.(擬人化)

\#말(言)도 아닌 말이 쓰여 지고 있다. '너무' 축하한다. '완전' 감사한다.

\#자신의 생각과 자신이 한 일을 얼버무린다. '…것 같아요.'

\#어른 앞에서 '나' 라고 하면서 우리나라를 말할 때는 '저희나라' 라고 한다.

\#영어 철자 틀리는 건 부끄럽게 생각하면서, 우리말 잘못 쓰는 건 창피한 줄 모른다.

\#우리말을 제대로 쓰면 더욱 품위 있어 보인다.

\#셰익스피어의 9가지 교훈
-학생으로 계속 남아 있어라.
-과거를 자랑하지 마라.
-젊은 사람과 경쟁하지 마라.
-부탁받지 않은 충고는 하지 마라.
-삶을 철학으로 대체하지 마라.
-아름다움을 발견하고 즐겨라.
-늙어가는 것에 불평하지 마라.
-젊은 사람에게 다 넘겨주지 마라.
-죽음에 대해 자주 말하지 마라.

\#가장 좋은 교훈은 손수 모범을 보여주는 것이다.

\#친구가 많이 있다고 해도 언제나 내편을 들어줄 절친은 5명을 넘지 못한다. (로빈 던바)

\#노인은 병풍 역(役)이다. 큰 일 있을 때 꼭 필요하다. 경계, 장식이다. 그래서 병풍은 좋은 글과 그림이 되어야 하고, 간수가 잘 되어야 하며,

일찍 걷어져야 한다.

#인간은 자연에서 태어나 자연의 혜택 속에서 살고 자연으로 돌아간다. (〈자연보호헌장〉 앞부분)

#지금까지 내가 시간을 함부로 썼는지 이제 (나이가 드니) 시간이 나를 함부로 대하네.《리차드 2세》(셰익스피어)

#지금 내게 불행이 있다면 그것은 언젠가 내가 잘못 보낸 시간의 보복이다.

#남자는 이익이 되는 사람에게 끌리고, 여자는 자기 기분을 알아주는 사람을 곁에 두려한다.

#남자는 보이는 것에 약하고 여자는 분위기에 약하다.

#균형되고 적당하고 상식적이면 아름다운 것이고, 기울거나 지나치거나 튀는 것은 눈 밖에 나는 것이다.

#콩나물을 기르는 시루에 물을 주면 물이 밑으로 흘러서 빠져나간다. 그러나 계속 주다보면, 어느새 콩나물은 자란다.

#모든 생명체의 기본 기능은 생명유지와 번식이다. 번식은 하지 않고 당장의 쾌락과 편안함만 찾는다.

#천신만고 끝에 성장하여 온갖 위험을 무릅쓰고 산란 장소까지 찾아와서 산란하고 죽는 연어. 알이 부화되고 새끼가 성장할 때까지 결사적으로 보호하고 키우다가 지쳐 죽는 수놈 가시고기. 종족번식은 모든 동·식물의 기본적 임무다.

#모든 동식물은 어떤 대가를 치르더라도 다음 세대를 남기고 간다.

#옷깃만 스쳐도 인연이라고 한다. 첫 만남은 하늘에서 연결해 주는 것이고, 그 다음은 사람이 만들어가는 것이다.

#인연 맺은 것들, 인연 맺은 사람들과의 좋은 관계를 유지하도록 노력하는 사람, 그는 성공한 사람이다.

#고운 사람 미운 데 없고 미운 사람 고운 데 없다.

#다른 사람에게 미움 받는 것을 겁내지 말라. 모두와 잘 지내기 위해 애쓸 필요는 없다.

#오래 살기 위해 이 세상에 온 것이 아니다. 사는 날 하루하루를 잘 살아가면 되는 것이다.

#Live this day as if there is no tomorrow, today is tomorrow.

#돼지 눈에는 돼지만 보이고 부처님 눈에는 부처만 보인다. (무학대사)

#예술에도 삶에도 진정한 의미를 부여하는 색깔은 오직 하나다. 그것은 사랑의 색이다. (마크 샤갈)

#평생 남을 의식하면서 살아온 사람은 제 삶을 제대로 살아보지 못한 것이다.

#Best보다 Only One이 되어라.

속언 · 격언

가까운 남이 먼 일가보다 낫다.

가난 구제는 나라도 못한다.

가는 날이 장날이다.

가랑비에 옷 젖는다.

가랑잎이 솔잎더러 바스락거린다고 한다.

가루는 칠수록 고와지고, 말은 할수록 거칠어진다.

가지 많은 나무 바람 잘날 없다.

각설이 대목장날 실수한다.

간이 커야 널 장사 한다.

감나무 밑에 누워서 홍시 떨어지기를 기다린다.

개가 짖어도 기차는 간다.

개같이 벌어서 정승같이 산다.

개구리 올챙이 적 생각 못한다.

개도 나갈 구멍을 보고 쫓아라.

개도 닷새가 되면 주인을 안다.

개떡 수제비에 입천장 덴다.

개똥밭에 굴러도 이승이 낫다.

개 못된 것은 들에 가서 짖는다.

개밥 주다가 손 물린다.

개천에 나도 제 날 탓이다.

거미도 줄을 쳐야 벌레를 잡는다.

겨울이 다 되어야 솔잎이 푸른 줄 안다.

고슴도치도 살 친구 있다.

고양이 보고 반찬가게 지키라 한다.

곧은 나무가 먼저 꺾인다(찍힌다).

곳간에서 인심난다.

공짜 치즈는 쥐덫 위에만 있다. (러시아)

광대, 북데기 힘 믿고 재주 부린다.

구겨진 종이가 멀리 날아간다.

구더기 무서워 장 못 담글까.

구르는 돌에는 이끼가 끼지 않는다.

구멍 속으로 들어간 뱀의 길이 누가 아나.

국수 잘하는 솜씨 수제비 못 뽑으랴.

국에 덴 사람은 냉수도 불어서 마신다.

굴러온 돌이 박힌 돌 뺀다.

굽은 솔이 선산 지킨다.

귀신 씨나락 까먹는 소리.

급할수록 돌아간다.

긁어 부스럼 낸다.

기와 한 장 아끼다가 대들보 썩힌다.

긴병에 효자 없다.

길가 집 3년 가도 다 못 짓는다.

길이 아니면 가지를 말고, 말이 아니면 갚지를 마라.

까마귀 날자 배 떨어진다.

꽃의 시절은 짧고 잎의 시절은 길다.

꽃이 좋아야 나비가 모인다.

꾸어다 놓은 보릿자루.

꿀도 약이라면 쓰다.

꿈보다 해몽이 좋다.

꿩 잡는 게 매다.

나락가리에 불 질러 놓고 튀밥 주워 먹는다.

나무는 그대로 있으려 해도 바람이 그냥 두지 않는다.

나무에 오르라 하고 흔든다.

나이 들면 버릴 것밖에 없다.

나중에 온 게 위가 된다. (중국)

낙엽 한 잎 떨어지는 걸 보고 천하에 가을이 왔음을 안다. (일본)

낙하산과 얼굴은 펴져야 산다.

남의 떡이 커 보이고, 남의 여자가

곱게 보인다.

#남의 염병이 내 고뿔만 못하다.

#남이 장에 간다니까 거름지고 따라간다.

#남 잘되는 꼴 못 보는 사람치고, 자기 잘되는 꼴 보여준 적 없다.

#내가 할 말 사돈이 한다.

#내 못 먹는 밥에 재 뿌린다.

#넘어진(엎어진) 김에 쉬어간다.

#네가 있어야 내가 있다. (相生)

#누울 자리 봐가며 발을 뻗어라.

#눈에서 멀어지면 마음에서도 멀어진다.

#늦게 배운 도둑이 날새는 줄 모른다.

#늦게 핀 꽃이 더 아름답다.

#닭 쫓던 개 지붕 쳐다보기.

#대충하면 빚이 되어 돌아온다.

#덤불이 커야 도깨비 난다.

#도끼가 제 자루 못 찍는다.

#도둑을 맞으려면 개도 안 짖는다.

#도둑질을 해도 손발이 맞아야 한다.

#도랑에 든 소다 (이쪽저쪽 마음대로 풀을 뜯는다.)

#독사가 허물 벗는다고 구렁이 되나.

#돈이면 귀신도 부린다. (중국)

돌다리도 두들겨 보고 건넌다.

돌부리를 차면 발부리만 아프다.

동냥은 안주고 쪽박만 깬다.

돼지발톱에 봉숭아 물들인다.

될 성부른 나무는 떡잎부터 알아본다.

둥지를 떠난 새는 둥지를 돌아보지 않는다.

드는 정은 몰라도 나는 정은 안다.

듣기 좋은 꽃노래도 한두 번이다.

떡 본 김에 제사 지낸다.

떡 방아 소리 듣고 김칫국 찾는다.

뚝배기보다 장맛이다.

때리는 시어머니보다 말리는 시누이가 더 밉다.

떼어 놓은 당상(堂上)이다.

Late is better than never.

Leader는 Reader다.

마음을 다스리는 자가 모든 것을 얻는다.

말 많은 집 장맛도 쓰다.

말(言)은 빵을 씹는 것 보다 더 잘 씹어야 한다. (러시아)

말 타면 경마 잡히고 싶다.

망치가 가벼우면 못이 솟는다.

#매도 먼저 맞은 사람이 낫다.

#매미는 눈을 모른다. (蟬不知雪)

메뚜기는 오뉴월이 한철이다.

모난 돌이 정 맞는다.

모두의 친구는 누구의 친구도 아니다.

모로 가도 서울만 가면 된다.

모진 사람 옆에 있다가 벼락 맞는다.

못 오를 나무는 쳐다보지도 말라.

#물건을 모르거든 금(값)을 보고 사라.

물 들어올 때 노 저어라.

#물 속은 건너봐야 알고, 사람 속은 겪어봐야 안다.

물에 빠지면 지푸라기라도 움켜쥔다.

#물에 빠진 사람 건져줬더니 보따리 내놓으라 한다.

#물이 깊어야 고기가 모인다.

#물이 깊을수록 소리가 없다.

#물 좋고 정자 좋은 곳 없다.

#미꾸라지 한 마리가 온 웅덩이를 흐려 놓는다.

#미운사람 떡 하나 더 준다.

#믿는 도끼에 발등 찍힌다

바늘 가는데 실 간다.

바늘구멍으로 황소바람 들어온다.

바람 불 때 연 날린다.

배 고픈 것은 참아도 배 아픈 것은 못 참는다.

배보다 배꼽이 더 크다.

배 주고 속 빌어먹는다.

백번 듣는 것 보다 한번 보는 게 낫다.

백지장도 맞들면 낫다.

뱀을 두들겨 독사 만든다.

버드나무 가지가 장작을 묶는다.

번데기 앞에서 주름 잡는다.

법 밑에 법 모른다.

변죽을 치면 복판이 운다.

보기 좋은 떡이 먹기도 좋다.

보리밥에는 고추장이 제격이다.

봄볕에 며느리 내보내고 가을볕에 딸 내보낸다.

부지런한 물방아는 얼 사이도 없다.

비 온 뒤에 땅 굳는다.

빈 수레가 요란하다.

빈 자루는 똑바로 설 수 없다.

빚 얻어 잔치 하니 맏며느리 춤춘다.

#빨리 가려면 혼자 가고 멀리 가려면 함께 가라. (인디언)

#뿌린 대로 거둔다. (독일)

#사과를 딸 때 사과나무를 심은 사람을 잊지 않는다. (베트남)

#사람은 말(言)을 만들고 말은 사람을 만든다.

#사람이 하는 일은 하늘이 알고 있다.

#사촌이 논 사면 배 아프다. (시샘의 뜻과 함께 거름 준비의 뜻도 된다.)

#삶은 돼지, 뜨거운 걸 두려워하랴. (도마 위의 고기가 칼 무서워하랴)

#새도 가지를 가려 앉는다.

#생선과 손님은 사흘이 지나면 냄새가 난다.

#서툰 복수 연장 탓한다.

#서툰 무당 장구 나무란다.

#석수장이 눈깜작이부터 배운다.

#선무당이 사람 잡는다.

#설거지 하는 사람이 그릇도 깬다.

#성공하면 아버지가 여럿이고, 실패하면 고아가 된다.

#섶 지고 불로 들어가려 한다.

#세 번 생각하고 한 번 말하라. (三思一言)

#세 살적 버릇 여든까지 간다.

#소가 웃을 일이다.

#소금 먹은 놈이 물켠다.

#소도 언덕이 있어야 비빈다.

#소도 잡아본 사람이라야 간이 어디 붙었고, 쓸개가 어디 붙었는지 안다.

#소 잃고 외양간 고친다.

#속이 빌수록 겉치장을 많이 한다.

#손님이 오지 않는 집은 천사도 오지 않는다. (사우디아라비아)

#손바닥으로 하늘을 가린다.

#손톱 밑에 가시 드는 줄은 알아도 염통 밑에 쉬 스는 줄은 모른다.

#솔잎이 버스럭거리니 가랑잎은 할 말이 없다.

#송충이는 솔잎을 먹고 산다.

#술·노름·여행은 사람을 알게 한다.

#시어머니 역정에 개 옆구리 찬다.

#쉽사리 용서해주면 잘못을 반복시킨다. (프랑스)

#싸움은 말리고 흥정은 붙인다.

#아는 길도 물어간다.

#아는 만큼 보인다.

#아니 땐 굴뚝에 연기 날까.

#아랫돌 빼서 윗돌 괴고, 윗돌 빼서 아랫돌 괸다.

앓고 나면 철든다.

양반은 얼어 죽어도 겻불은 안 쬔다.

어둠을 탓하기보다 촛불을 켜라. (인도)

어물전 망신은 꼴뚜기가 시킨다.

업어다 난장 맞힌다.

없는 사람이 찬밥 더운밥 가리랴.

여자는 약하나 어머니는 강하다.

여인의 변신은 무죄다.

염불에는 마음이 없고 잿밥에만 마음이 있다.

오뉴월 겻불도 쬐다 나면 섭섭하다.

오해는 비극을 낳는다. (영국)

외손뼉이 소리 날까. (손바닥도 마주쳐야 소리가 난다.)

우는 아이 젖 주고 무는 개 돌아본다.

우물가에서 숭늉 찾는다.

우물 안 개구리에겐 바다를 말하지 말라.

우물을 파도 한 우물만 파라.

우선 먹기는 곶감이 달다.

원숭이도 나무에서 떨어진다.

Waste not, want not. (낭비가 없으면 부족도 없다)

You get back what you put in. (심은 대로 거둔다.)

#유머는 하늘이 내린 보약이다.

#이야기 장단에 도끼자루 썩는다.

#이 없으면 잇몸으로 산다.

#인생은 놀이(play)의 연속이다.

#일 다 하고 죽은 무덤 없다.

#일색 소박은 있어도 박색 소박은
없다.

#일찍 일어나는 새가 벌레를 잡는다.

#자라보고 놀란 가슴, 솥뚜껑 보고
놀란다.

#자물쇠 마다 맞는 열쇠가 다르다.

#자식은 쳐다보고 돈은 내려다 보라.

#자주 쓰는 열쇠는 언제나 반짝거
린다.

#장 잘 봐준다고 말하니 제 돈 보태
가면서 사다 준다.

#정의가 지나치면 비정해 진다.

#제 도끼에 제 발등 찍힌다.

#제집 두레박줄 짧은 것은 탓하지
않고 남의 집 우물 깊은 것만 탓한다.

#졸(卒)만 가지고 장기가 되나.

#종로에서 뺨 맞고 한강에 가서 눈
흘긴다.

#죽 쑤어 개 바라지한다.

#죽은 정승이 산 개만 못하다.

#좋은 일에는 남이요, 궂은 일에는 일가다.

#지갑이 가벼우면 마음이 무겁다.

#지나간 것은 다 그립다.

#집 나가는 며느리가 보리방아 찧어놓고 가나.

#짖는 개는 물지 않는다. (무는 개는 짖지 않는다.)

#쭈구렁 밤송이 석 삼년 간다.

#차면 넘치고 차면 기운다.

#참깨 들깨 노는데 아주까리 못 놀까.

#참새가 방앗간을 그저 지나랴.

#참외 밭에서 신발 끈 매지 말고,

배나무 밑에서 갓 끈 매지 말라.

#처서(處暑)가 지나면 모기도 입이 삐뚤어진다.

#천리마 꼬리에 붙은 쇠파리도 천리를 간다.

#청명(淸明)에 죽으나 한식(寒食)에 죽으나. (하루 차이)

#추녀 물은 늘 제자리에 떨어진다.

#친구는 옛 친구가 좋고, 옷은 새 옷이 좋다.

#침 뱉은 우물 다시 먹는다.

#칭찬은 고래도 춤추게 한다. (블랜차드)

#콩 심은데 콩 나고 팥 심은데 팥 난다.

Time and tide wait for no man

탐스러운 가지가 먼저 꺾인다.

팔이 안으로 굽지 밖으로 굽나.

팥으로 메주를 쑨대도 곧이 듣는다.

평안감사도 저 싫으면 그만이다.

핑계 없는 무덤 없다.

하늘이 무너져도 솟아날 구멍이 있다.

하던 놀이도 멍석 깔아 놓으면 안 한다.

하루 물림(遲延)이 열흘 간다.

하룻밤을 자도 만리장성을 쌓는다.

하룻강아지 범 무서운 줄 모른다.

한쪽 날개만으로 날 수 있는 새는 없다.

한평생 돈 벌려고 몸을 쓰다가 결국 몸 고치려고 모은 돈 다 쓴다. (중국)

향단이 쌍꺼풀 한다고 춘향이 되나.

호미로 막을 걸 가래로 막는다.

호박에 줄 긋는다고 수박되나.

홍시 먹으려 절 드나들다 출가한다.

후회 없는 쾌락은 없다

흉보면서 닮는다.

흘러간 물로는 방아를 찧을 수 없다.

목민심서는
읽었지만

초판 1쇄 발행 2019년 12월 31일
–

발행인 이동한 | **지은이** 이상배 | **진행** 김태완 | **디자인** 유미정
–

발행 (주)조선뉴스프레스
주소 서울시 마포구 상암산로 34 DMC 디지털큐브빌딩 13층
등록 제301-2001-037호 **등록일자** 2001년 1월 9일
문의 tel. (02)724-6875 / fax. (02)724-6899